情满人间

繁昌好人录

芜湖市繁昌区精神文明建设指导委员会办公室
芜湖市繁昌区文学艺术界联合会 ◎主编

安徽师范大学出版社
ANHUI NORMAL UNIVERSITY PRESS
·芜湖·

图书在版编目（CIP）数据

情满人间：繁昌好人录 / 芜湖市繁昌区精神文明建设指导委员会办公室，芜湖市繁昌区文学艺术界联合会主编 . — 芜湖：安徽师范大学出版社，2023.11
ISBN 978-7-5676-6538-5

Ⅰ.①情… Ⅱ.①芜… ②芜… Ⅲ.①区(城市)—人物—先进事迹—芜湖
Ⅳ.①K820.854.4

中国国家版本馆CIP数据核字(2023)第215910号

情满人间——繁昌好人录

芜湖市繁昌区精神文明建设指导委员会办公室　◎主编
芜 湖 市 繁 昌 区 文 学 艺 术 界 联 合 会

责任编辑：房国贵
责任校对：胡志恒　平韵冉
装帧设计：张德宝
责任印制：桑国磊
出版发行：安徽师范大学出版社
　　　　　芜湖市北京中路2号安徽师范大学赭山校区　　　邮政编码：241000
网　　　址：http://www.ahnupress.com
发 行 部：0553-3883578　5910327　5910310(传真)
印　　　刷：安徽联众印刷有限公司
版　　　次：2023年11月第1版
印　　　次：2023年11月第1次印刷
规　　　格：700 mm×1000 mm　1/16
印　　张：19.75　　插　　页：1
字　　数：238千字
书　　号：ISBN 978-7-5676-6538-5
定　　价：80.00元

凡发现图书有质量问题,请与我社联系(联系电话0553-5910315)

本书编委会

顾问单位　芜湖市繁昌区精神文明建设指导委员会
　　　　　芜湖市繁昌区新时代文明实践中心
　　　　　中共芜湖市繁昌区委宣传部
主编单位　芜湖市繁昌区精神文明建设指导委员会办公室
　　　　　芜湖市繁昌区文学艺术界联合会
协助单位　芜湖市作家协会　芜湖市繁昌区作家协会

顾　　问　瞿　辉　许有龙　王永璋　唐兴耿　邓辉林　鲁胜启
　　　　　刘　棋　刘修林　秦文涛　张　伟　桂　严
主　　任　刘　斌
副 主 任　张俊彪　汪华锋　洪　莹
主　　编　汪华锋
副 主 编　袁开宝　张晓辉
执行主编　张诗群
执行副主编　黄在玉
编　　委　操守东　杨文意　吴明飞　胡晓春　张大炜　丁　冬
撰　　稿（以姓氏笔画排序）
　　　　　王玉洁　朱幸福　汤昌根　李莉莉　吴黎明
　　　　　汪成友　张诗群　张承斌　罗光成　郑芳芳
　　　　　俞　民　夏　娜　徐世宝　唐玉霞　黄在玉
　　　　　崔卫阳　董金义　蒋诗经　程红旗　解　帮

群星闪耀的风景

余同友

读完《情满人间——繁昌好人录》时，正是仲秋的一个深夜，突然想起一句话，"吹灭读书灯，一身都是月"，其实那时的夜空中是很难看到月光的，可是我的内心充盈着澄澈之光。是的，是书中所报告的这些好人的事迹，他们身上闪耀着的钻石般的道德光芒，将我身心照彻，霎时激动而不能言，只愿自己深深地浸润在那片光里，去接受那份精神的滋养。

这，就是好人的力量。

何为"好人"？可能不同的人有不同的理解，但我想这本书描绘的 20 个好人就是对这个词所作的最好的注释。

这 20 个好人，尽管身份、职业、年龄等皆不相同，然而，爱、善良、勇敢，却是他们共同的底色。

感谢作家朋友们，他们以文学的方式，以平和的视角，以精彩的语言，将一个个好人的光芒立体地呈现在我们的面前：

为了中国水泥工业的海外发展，胡文钊在遥远的印度尼西亚（简称"印尼"）荒野之地工作八个月之久；

背负几十万元债务的王声林，在唾手可得的500万元巨奖面前，拒绝了贪欲，而选择了诚信；

2007年，63岁的农妇万甫兴，独守长江孤岛，深夜与六个盗挖文物的不法分子迎面遭遇时，她以惊人的勇气赶走他们，尽到了守矶人的责任，岛上的一砖一草竟没有丢失；

50出头的顾忠霞，29年来，她用全部生命让另一个不幸的命运获得了新生；

中学教师陈家荣，三十多年，命运不断叩打她的痛苦之门，八个月的儿子被确诊为"脑瘫"，人到中年罹患"乳腺癌"，她却奇迹般地让儿子"站"了起来，也坚强地让自己"站"了起来；

作为一名急诊科护士，汪飞燕捐献造血干细胞，用爱心托起一个异国他乡陌生女人的生命……

读完一个个好人的故事，我非常惊讶，在繁昌这样一个不算太大的地方竟然涌现出如此多的好人。要知道，曾几何时，"好人难寻"的论调在社会上颇为流行，"好人难做"更是较为普遍的大众心态。这让我想起少年时曾经读过的一部小说，大体的故事情节是，一个少年因家庭原因自甘沉沦，自认为遭受到不公正待遇的他，有一个偏激的观点，那就是"世上无好人"，但他的老师告诉他，要相信"世上还是好人多"，他自始不信。但经过一段时间后，在老师爱、勇敢、善良的感召下，他最后终于信服了。他说："世上还是好人多。"他还说："做个好人真好！"

是的，"世上还是好人多。"

是的，"做个好人真好！"

这本书书写的20个好人，如同20颗闪光的星子，缀在寥廓的夜幕上，而道德的光芒是可以无限传递的，由孤星而众星，由晦暗而澄明。我们每个人都可以成为照亮彼此的星星，如此，由20而200而2000而至恒河沙数，那该是多么美丽的群星闪耀的风景啊！这本书描绘的就是这样一幅风景，从这个意义上来说，它书写的不仅仅是20个好人的故事，更是对好人社会的深情呼唤，对无数知名的或不知名的好人的由衷致敬，而如果能通过他们的故事，让我们从中学习到爱、勇敢、善良，则功莫大矣。

是为序。

余同友，安徽省文联专业作家，安徽省网络作家协会主席，中国作协会员，一级作家。曾在《人民文学》《十月》《长江文艺》《诗刊》等刊发多部作品，曾获澎湃新闻首届非虚构写作大赛特等奖，多次获安徽省社科奖文学类政府奖。

目　录

第一编　敬业奉献

第二编　诚实守信

第三编　助人为乐

第四编　孝老爱亲

第五编　见义勇为

第一编 ◇ 敬业奉献

此生甘做水泥人

——记"中国好人"胡文钊

李莉莉

车子驶进安徽荻港海螺水泥股份有限公司大门，首先映入眼帘的是披满绿色植物的山墙上的四个鲜红的大字"荻港海螺"。这四个饱满圆健的大字，在山墙脚下碧绿的草坪和周围苍翠的树木映衬下显得格外醒目，它似乎象征着一种企业精神。

走进镌刻着"CONCH"独特标记的办公楼，来到四楼的副总经理办公室，见到了我的采访对象，"中国好人"——安徽荻港海螺公司党委委员、副总经理胡文钊。

眼前的他中等个头，身材微胖，明亮的眼镜下，一双温和的眼睛闪着睿智的光，线条柔和的脸上挂着佛陀一般的笑容，直觉告诉我，这是个有亲和力的人。他的办公室不大，但收拾得庄重大气，正面墙体的办公橱柜里镶嵌着一幅庄严的壁画，绘就了气势磅礴的万里长城，右面的墙上挂着两张地图，一张中国地图，一张世界地图，这大概是每个企业管理者的标配，管理企业，就要胸怀天下。

我们的交谈是在轻松愉快的气氛中进行的，虽初次见面，但几句寒暄后，竟有一见如故的感觉。他侃侃而谈，毫无保留，很高兴，我遇到了一个健谈的人。

启航——扎根海螺

地处安徽省东南部的宁国市周边，群山连绵，云雾缭绕，溪水淙淙，这个矿产资源丰富的宝地，自然成了水泥之乡。在青山隐隐的港口镇，20世纪80年代初就坐落着两个生产规模较大的水泥厂——宁国水泥厂和上海胜利水泥厂，他们是海螺集团的发祥地。1985年年底，刚刚17岁的胡文钊，带着满脸的稚气，走进大山里的胜利水泥厂，成为一名水泥人。刚进厂那会儿，他被分在化验室搞配料，这是个技术核心部门，不是每个人都能干的。能在化验室干下来，既是领导对他的信任，也是他自身勤奋好学、刻苦钻研的结果。在化验室工作的两年，他掌握了水泥配料等方面的核心技术，可以说，为他以后几十年里在水泥行业摸爬滚打奠定了良好的业务基础。两年后，他调到了矿山分厂，在那里他几乎干过所有的岗位。从设备操作，到班长、工段长、分厂调度、公司调度、厂长助理、副厂长、厂长、总经理助理，再到副总经理，他凭着自己的踏实肯干，一步一个脚印，一路坡道前行，从青涩走向成熟，成为水泥业的行家里手。每个流程、每道工序，他都了如指掌，现已成为集团的中坚力量。其间，他经历了企业改制兼并的风潮。1992年，上海胜利水泥厂交由宁国水泥厂管理，后成立胜利分厂。1996年，安徽海螺集团有限责任公司成立，成为全球最大的水泥建材企业集团之一，在全国和世界范围内拥有6百多家子公司，员工总数达6万人，胡文钊也成为一位名副其实的海螺人。2001年2月，他离开了工作17年的宁国水泥厂，被集团调到了池州海螺公司。水泥厂大多依山而建，从宁国的大山里，来到池州的大山里，虽不太远，但毕竟离开了家乡，从此他成了一个"快乐的单身汉"。在池州海螺公司，他一干就是七年，在这里，他搞企业管理，先在矿山，后到总经办，再到制造分厂、生产品质处，他的岗位总在不断变动中，但他一如既往，服从组织的安排。七年间，他带领他的团队，发扬特别能吃苦、特别能战斗、特别讲奉献的精神，一下子建了七条水泥生产线。"那时真像带兵打仗一样。"他颇为感慨地说。

常言道："人怕出名猪怕壮。"突出的工作业绩，让他成为领导心中记挂着的后备人选，一到关键时刻就想起了他。

2004年，海螺集团收购了湖南省娄底市新化县雪峰水泥厂。新化县地处湘西，当时属全国贫困县，而这家水泥厂原是省属企业，由于产能落后，加上管理不善，企业面临倒闭的危险。集团收购后，百废待兴，急需技术管理人员。湖南海螺某领导相中了有着丰富管理经验的胡文钊，他直接找集团要人，又担心胡文钊不愿意去，毕竟湖南海螺比较偏远，条件也差。于是一天晚上，那位领导到胡文钊家吃饭，席间他邀请胡文钊去湖南海螺那边"看看、玩玩"，胡文钊可从没想过去湖南工作。但盛情难却，胡文钊是个讲交情的人，于是，答应去那边"看看、玩玩"，谁知就这么"看看、玩玩"，那位领导竟将他留在了湖南。2008年5月，胡文钊正式调到了湖南海螺。至今他还调侃着说："一餐饭骗去了湖南。"当然，最后的决心还是他自己下的，他自己不愿意，别人总不能将他绑架去，谁叫他骨子里是个软心肠，又生就一种勇于挑战的性格哩。

虽说到湖南海螺有点"受骗上当"的感觉，可既然去了，就只能冲锋在前了，那批人先后一起去了九个，胡文钊在矿山分厂当厂长。

当时的湘西由于地处偏僻、交通闭塞，民风桀骜彪悍，比较排外。那里的人崇尚武术，经常用拳头解决问题。水泥厂边上的生活区，经常会遇到抢劫、斗殴事件。面对落后的工作环境，初来乍到的胡文钊感到工作任务的艰巨，他们力图与当地老百姓友好相处，老百姓对他们也比较热情，但在涉及自身利益的问题上，老百姓一点也不妥协。在征地过程中老百姓闹事，公司遇到了多起集体冲突。针对一些一蛮三分理的老百姓，胡文钊坦言："我们采取的管理办法是'耐得烦，伴得蛮'，用这种办法，我们平息了多起事态，顺利完成了征地任务"。

征地完成后，领导层对水泥厂开始了新技术的投入，集团也进行输血，投入资产达六个亿，将原先的生产线拆除，建立了数字智能化生产线，很快扭转了当时的局面，产能一下子翻了六七倍，工人的工资也翻了三倍。经济效益好了，招人也好招了，地方经济也带动了起来，当地的民风也有了改善，抢劫打架的少了，这一切都是连锁效应。

胡文钊原本打算在湖南干一年就走，谁知一干就是四年，他毫不避讳地说，这四年是他人生的转折，不如意的事多，困难也非常多。除了生产上的事，职工管理也面临着许多棘手的问题。由于公司地处偏远贫困地区，职工常年在外，生活单调枯燥，胡文钊却始终坚守着自己，他说"人应该有定性"，我们虽工作在外，但要对自己负责，更要对家庭负责。

征程——筑梦海外

几度风雨，几度春秋，胡文钊总是那个追赶风雨，或者说是被风雨追着跑的人。他像一个植树人，种下一颗种子待生根发芽结出果实时，又要奔赴人生的下一站。

2012年4月的某一天，湖南海螺公司会议室正在召开生产经营分析会，会议中途，胡文钊接到一个电话通知，让他到双峰海螺公司开会，他看看表，已5点多了，便立即出发，当晚赶到了双峰海螺公司驻地。来了后，才知道，根本不是开会，而是区域领导找他谈话，谈话的内容则大大出乎他的预料。

区域主任盯着他带着疑问的眼睛说："根据组织安排，我正式通知你，调你到印尼西巴布亚公司工作。"

胡文钊一下子蒙了，他做梦也没想到组织上会调他去海外，他似乎不相信地反问："印尼西巴布亚公司？"

"是的，到西巴布亚公司任总经理助理，你去还是不去？"领导语气认真，态度严肃，有着某种不可抗拒的威严。

胡文钊沉默了，他深知，印尼西巴布亚公司还在筹建中，那将是一个拓荒牛的角色，但这时他来不及多想，脱口而出："服从组织安排。"

他回答得很干脆，尽管那是个他从没想过会去的遥远的异乡，家属不一定会支持，但他心里清楚，面对组织的决定，没有讨价还价的余地。他忽然想起，春节期间，他坐了近20个小时车赶回芜湖海螺公司总部，参加"海外项目矿山推进会"，那次是部室推荐，他以矿山专业委员会委员的身份参加的，看来公司早已瞄准了他。

在国内产能过剩、新增产能被严控的情况下，国家鼓励有条件的企业实施"走出去"战略，海螺集团决定响应国家号召——"走出去"。东盟国家，地处海上丝绸之路的十字路口，与中国经济有着千丝万缕的联系，发展"一带一路"，必须要打好"东盟牌"，海螺将目光聚焦到了印尼。从2011年上半年开始，海螺集团领导先后4次派遣考察组赴印尼考察。印尼虽是一个欠发达的国家，基础设施相对落后，但它的煤炭、有色金属等资源非常丰富，后期发展的潜力巨大。

2011年6月30日，海螺集团与印尼工业部、安徽省国资委在雅加达共同签署了"水泥项目合作备忘录"，拟在印尼南加里曼丹省、东加里曼丹省等地投资建设水泥厂，印尼成了海螺集团走出国门的第一站。

集团走出去，人必须要先走出去，胡文钊成了第一批拓荒者。

2012年5月，从没坐过飞机的胡文钊，只身一人登上了广州飞往印尼首都雅加达的国际航班。飞机穿云破雾，振翅翱翔，经过数小时的飞行，到达了那个东南亚岛国，望着云层下灯火璀璨的雅加达夜空，他的心情既兴奋又忐忑。他知道，这不是一次心旷神怡的旅行，而将是一场风雨如磐的战斗。

大约晚上9点，他下了飞机，可偌大的机场，竟看不到一个中国人，他有点茫然，幸好开通了国际漫游，他打通了印尼公司的电话，公司派出租车将他接到了住地。

初次来到光照气候、自然环境、宗教文化和生活习惯与国内迥异的异国他乡，胡文钊一时难以适应。赤道横穿印尼，这里温度高、降雨多、风力小、湿度大；印尼又是个有100多个民族，约87%的人口信奉伊斯兰教，是世界上穆斯林人口最多的国家。胡文钊看到当地的土著人，个个皮肤黝黑，头发卷曲，更为奇特的是，许多人不穿上衣……

在国外，首先要过的是语言关，语言不通，寸步难行。

他扶扶眼镜笑着说："记得刚到雅加达时，就闹了个笑话。"

刚去时，他跟总经理住一套公寓。一天，总经理让他去买洗发用品，由于语言不通，又不认识当地的文字，他没敢进超市，竟跑到附近的一家理发店，打着手势买了一瓶洗发水回来，总经理知道后，指着他哭笑不得地说："真有你的。"

为尽快融入当地社会，他每天晚上自学印尼语培训课程，背印尼日常用语、印尼语在城市里常用的标志，他像小学生一样，念呀、记呀，十分刻苦，一个月竟背了800多个单词。临阵磨刀，不快也亮，经过一个多月的刻苦学习，他出门基本上不要翻译了。

在雅加达待了一个半月后，2012年8月初，他奔赴印尼西巴布亚水泥公司，这是远离集团总部最遥远的海外子公司。西巴布亚省，风景秀丽，拥有丰富的矿产资源和印尼政府赋予的高度自治权力。但与优美的生态环境形成鲜明对比的是当地社会经济发展落后，资源利用及基础设施建设亟待开发。

踏上这个充满神秘色彩的荒野之地，胡文钊发现，这里还是一片原始森林，没有冒烟的烟囱，家家都用发电机发电。当地的土著十分野蛮，由于厂区位置比较偏僻，在印尼的驻外员工，经常会遇到一些抢劫犯，甚至面临着人身安全。一次胡文钊找了个向导，竟不穿衣服。他问他为什么不穿衣服。那人说："皮肤划破了能长出来，衣服划破了买不起。"可见那些土著贫穷又落后。

刚去那会儿，胡文钊租了间民房，是简易的木头房子，饮食、通讯等都面临着诸多困难，他一个人住了八个月。提起那段不堪回首的日子他至今心有余悸。他说："只有自己一个人，不能上网，电话打不通，快被孤独逼疯了。"但他知道不能退缩，只能在极度困难的条件下开展工作。他穿行深山老林，穿着胶靴趟洪水、过沼泽地，探勘地形、观察水文和风浪，取水化验……炙热的阳光像火炉熏烤着他的脸，刷刷的雨丝如鞭子抽打他的身体，他拄着棍子，一步一个脚印奋力前行，渴了摘个椰子喝，累了坐在土堆上歇口气。一个人饭烧不起来，他就烧个火锅吃三天，就这样他咬着牙挺过了最艰难的八个月。

在印尼，最具挑战性的还不是施工难度，而是与当地文化的融合。胡文钊除了学习当地语言文字外，还广泛涉猎和熟习当地的法律法规和宗教文化，了解当地土著的思维和行为习惯，尽可能地融入当地的生活、民风和礼仪，使自己能够在面对棘手问题时灵活应对。

在对外征地拆迁过程中，因两国文化的冲突、语言的不通、思想的隔阂等，他们陷入了种种困境。印尼的土地为私有制，土地所有者不同意卖地，再好的工程也无法开工。胡文钊说，"我们不通过中间人，自己一家一户去跑、去谈。经常背着一麻袋钱去村民家，他们的土地证有不同时期的，需要仔细确认。我们给所有征地的人办了身份证。"这样的工作方式，让公司掌握了主动权。在团队的不懈努力和顽强奋战下，2014年1月10日，西巴布亚公司盛大的工程机械进场仪式和祭典隆重上演，标志着公司自营工程全面开始，西巴布亚这片神奇的土地上出现了热火朝天的繁忙景象。

2014年9月，在西巴布亚驻守了两年四个月后，胡文钊调到了南加海螺公司，分管矿山系统工作。南加的天很蓝，白云朵朵，这里成了他又一个追梦的地方。拓荒的路依然艰难而曲折，在那里，他们自己开路，自己找水，自建电站，做"三通一平"。人们看到，他穿着那身熟悉的灰色工作服，戴着黄色的安全帽，勘探、征地、测量、论证、画图纸、跑工地、开会、接受项目检查、接待领导视察，他像只陀螺，日复一日地奔忙在第一线。经过600多个日日夜夜的艰苦奋战，2014年11月18日，海螺集团海外首条日产3200吨水泥熟料生产线顺利点火投运。2015年1月，厂门口排起了长长的车队，南加海螺首批水泥出厂了。2016年5月28日，第二条日产3200吨水泥熟料生产线点火。

这中间，胡文钊晋升为南加海螺公司副总经理，并主持工作。

南加海螺在印尼的快速发展，引起了国内媒体和有关部门的关注，CCTV"一带一路"采访组和安徽企业东盟调研采访团，先后来到了南加海螺。在厂区，他们看到，高高的预热器、塔吊、圆顶的料库、绵延7.5公里的输送廊道，特别是红顶的海螺标志建筑，在蓝天下格外耀眼。胡文钊是他们的重点采访对象，他自豪地告诉他们："我们将'五位一体'的海螺特色工程管理模式复制到南加，一切进展很快。在海螺之前，外资投资建设一条水泥生产线通常需要5到8年时间，而南加海螺项目工程建设工期仅仅用了不到两年，创造了印尼同类工程建设的奇迹，我们用'海螺速度'刷新了外资企业在印尼建设水泥厂的纪录，并且已经成为海螺布局国际市场的一个样板。"

印尼的地方官员说："海螺是个很好的企业，他们招收当地人在海螺工作，解决了印尼人的就业困难。"目前，南加海螺的中国和印尼员工比例已接近1∶9。这是一个令人惊叹的数字，但面对中国、印尼员工在价值观、风俗文化、宗教信仰、工作和生活习惯等方面存在着的巨大差异，如何将两国员工紧密地融合到一起，让企业有凝聚力，员工有归属感，对管理者来说却是个严峻的考验。为此，胡文钊想了很多办法，并投入了大量精力。他在公司设立意见箱，收集员工心声，及时解决员工工作、生活、学习中遇到的问题。公司发起"建设学习型团队，不让一名员工掉队"的倡议，开展培训学习、开拓竞赛、厨艺比赛。公司组织中国、印尼两国员工"结对子"帮扶，实现人人持证上岗。胡文钊充分尊重当地的风俗习惯，积极参加当地斋月、圣诞节活动，向当地小学、教堂、周边社区捐赠物资用品。到南加警察厅拜访，探望、慰问南加员工。他的印尼语已经说得很溜了，他甚至穿上了印尼巴迪衫，有人说他越来越像印尼人了。

胡文钊关注着公司里的每一名员工，无论是国内驻外员工还是印尼籍员工，他都视同自己的亲人，及时发现并解决员工的困苦。

中方员工梁有标，从阿赫马达兰大学经济学专业毕业来到海螺，由于所学专业与岗位不对口，意志消沉，情绪低迷。胡文钊多次找他聊天，用自己的经历开导他，"学历只是打开成功大门的钥匙，步入工作岗位还要继续学习，海螺重视人才，有本事的人将大有作为。"

这一番话，让梁有标振作起来，下定决心干了下来。如今他已是矿山破碎副工段长，他发自内心地说："非常感谢胡总。"

一天，一向表现积极的某印尼籍机械维修工突然提出了辞职，胡文钊找到了他，用印尼语和他交谈，询问他有什么困难。原来，他母亲卧病在床、妻子无业在家看护年仅一岁的小孩，难以维持。胡文钊意识到，该员工仅凭一个人的力量显然无法承担生活的重压，一旦离职，在无稳定工作状态下生活将更加困难，便劝他慎重考虑，还将治疗高血压的药品给他母亲，并给他解决了返回家中的路费，他非常感动。正是这种温暖人心的爱，胡文钊才挽留了这位印尼优秀员工。

南加公司越来越像个大家庭。驻外人员一般一年只能回国一次，逢年过节大多在外，但他们并不孤寂，不管是中秋、元旦，还是春节，胡文钊都要组织各种庆祝联欢活动，与大家围坐在一起吃饭，与员工一起举杯同庆，一片欢声笑语……

在印尼，胡文钊先后跑了6个项目，完成了7个项目勘探，并建成了第二条生产线，盈利8000万元。在国外干事很不容易，当年投产当年盈利更是难上加难，但胡文钊做到了。

2017年5月，在印尼战斗了整整五个年头的胡文钊，调回了国内。同事打趣说："海龟"派回来了，一晃去了5年啊！你的孩子留在了那儿，是你近五年的成就呀！他动情地说："不是我一人的孩子，是所有在印尼的海螺人的孩子啊！"

印尼五年，终生难忘。问他五年中最大收获是什么？他深有感触地说："锻炼了自己，感到祖国的伟大，有了更多的自豪感。"当然五年的艰苦创业也让他落下了腰间盘突出和耳石症等身体上的毛病。拓荒人向来无怨无悔，他说："一名党员干部，干事创业，无论身处何地，逢山开路，遇水搭桥，用奋斗和激情去实现我们的目标，是我们不变的追求。"

2015 年胡文钊被评为"安徽好人"，2017 年被评为敬业奉献类"中国好人"。这大概就是对他海外创业的最大肯定。

归来——再创辉煌

2017 年 5 月，胡文钊调到了位于芜湖市繁昌县荻港镇的荻港海螺公司，曾经盼望着能回家乡，离自己的亲人近一点，可调到荻港海螺公司还是没想到。来到荻港海螺公司，他仍担任副总经理，虽然排名靠后，但他不计较，更不想躺在过去的功劳簿上睡大觉，他摆正位置，调整心态，很快投入到他分管的矿山开发和管理中。

荻港海螺公司是安徽海螺水泥股份有限公司第一个异地新建的熟料基地，石灰石品位复杂一直是制约公司生产的瓶颈。为解决这一问题，胡文钊来到荻港海螺公司的第一天，就组织了技术人员开展实地勘察。经过多日的勘察和走访，胡文钊认为，现有的西小岭和老虎头两个开采平台石灰石品质不均，如果能实现搭配互补，可以弥补下游原料品质差的缺陷。他立即组织修建老虎头标高+66 米至西小岭标高+52 米运矿道路，经过三个月的努力奋战，道路全线贯通。这边刚完工，他又积极对西小岭+38 米台段进行开段拉槽，修建西小岭 38—52 米运矿道路，道路贯通后全长 320 米。运矿道路的畅通为丰富矿山开采搭配手段提供了可靠保障，"和面"式的搭配方式一下子盘活了整个矿山的资源，矿产综合利用率显著提高，下游辅材使用量明显降低，这一"升"一"降"看似简单，却凝结了胡文钊和整个矿山员工半年多的辛勤汗水。在胡文钊的带领下，广大矿山员工积极作为，不断拓宽生产经营思路，在稳定下游原料品质的同时，集中处理老虎头 52 米平台、老虎头 66 米平台高镁夹层，开展采矿废石、高镁块石外销，成功将其变废为宝，在矿山开采和公司经营上实现双赢。而他那种雷厉风行，说干就干的工作作风，也给员工留下了深刻印象，他获得了"领导不坐办公室"的美誉。

2018年，胡文钊又一头扎进绿色矿山建设中。绿水青山就是金山银山，对水泥行业提出了新的目标。绿色发展和智能化转型，成为水泥行业高质量发展的新动力。为此，他采取了一系列着实有效的举措：

1.组织人员在矿山开展实地调研，制定"绿色矿山"创建方案。

2.召集分厂干部和技术骨干，开展技术创新研讨，商讨改进和优化工艺流程。

3.推进大型矿山标准化建设，引进智能管理系统。

4.引进边开采、边治理的动态生态修复措施。

5.整治开采边坡和遗留宕口，组织宕口覆土约20万吨。

6.亲自带领广大职工广泛开展植树种草运动。

7.对矿山生产全过程各环节进行梳理，制定实施更为完善的降尘措施。

8.对老线辅材出厂道路增加洗车台，确保出厂车辆外观及车轮清洁无尘，配合道路洒水车运行。

环保环保，环环都要保。这是他的创新理念。

在一系列有针对性的措施实施下，矿产综合利用率明显提高，节能降耗、节能减排工作也取得重大进展，实现了无废排放，矿山降尘工作成效显著。矿山绿化覆盖率达到了可绿化面积99%以上。2018年7月，公司老虎头、小岭山两矿区荣获首个"芜湖市绿色矿山"标识授牌。

采访进行到中午，胡总邀请我到他们职工食堂就餐，还特地拿了几个西红柿给我，说是他们用二氧化碳培植的，我好奇地咬了一口，酸中带甜，软中带糯，这才是儿时味道的西红柿，口感好极了。

吃过饭，胡总说："我带你看看我们的矿山。"

我坐上胡总亲自驾驶的普拉提，出了办公区，向矿山深处驶去。

正值江南雨季，阴晴不定，歇了一上午的雨，这会儿又瀑布般地来袭。

普拉提像一匹黑骏马在雨雾中奔跑，闪身而过的是一排排、一簇簇、一片片繁茂的苍松翠柏、树木花草，让人很难相信这是在矿山中行驶。转过一个又一个山头，满眼都是浓郁的绿色，那些开采过的山峦，已经看不到裸露的原岩，覆盖着郁郁苍苍的绿色植被，感觉置身于一个辽阔的绿色庄园。胡总说："仅2018年，我们就栽种红叶石楠树、冬青、马尾松5万多棵，播撒草籽1500千克。如今树林里还有野兔、野猪……"

把绿树还给青山，让草木铺满大地，在恢复治理方面，他们已走在了行业的前列，2020年获港海螺公司石灰石矿纳入全国绿色矿山名录。

参观完矿山，胡总又领着我去了数字化管理控制中心。数字化建设不仅仅能提高效率和资源利用率，还是创建绿色矿山的一部分。我看到只有四名员工，就控制了偌大一个矿山。胡总介绍说，"2018年7月，获港海螺矿山开始进行数字化建设，目前系统运行稳定，依靠两大系统优化生产效率，提高矿产资源利用率。如今，矿区范围的所有生产过程包括绿化都能被实时监控。"

矿山分厂的籍厂长对我说：智能化管理将员工从繁重的体力中解脱出来，员工的工作强度减轻了很多。配料工段以前大家都不想去，现在大家都抢着去，维修人员也大大减少了。清洁化生产也走在集团前列，矿上的破碎生产线，过去脏、乱、差，是灰尘最多的地方，现在大家可以在里面吃饭。

一个人要干点事不容易，要持之以恒、永不懈怠地干事，更是难乎其难，胡文钊却说，这一切主要靠大家，靠集体的力量。

2019年5月，胡文钊又被评为芜湖市第五届道德模范。颁奖词这样写道：从西巴到南加，再到荻港海螺，万余公里的路途编织出敬业奉献的宏伟篇章，从斗志昂扬的新员工到信心满怀的管理者，他永葆初心，砥砺前行！胡文钊同志34年的奋斗历程，是海螺精神"团结、创新、敬业、奉献"的真实写照，他用赤诚之心播散善意薪火，以勤勉之才助推绿色发展，让无私奉献铸就道德楷模。

面对荣誉，他心怀感恩，同时不忘回报社会，2017年评上"中国好人"后，他用市里奖励的5000元奖金买了一头大肥猪，20只鸭、鸡，三百斤大米、五十斤菜油和两百斤橘子，送到了繁昌敬老院。年底，县里也给了5000元奖金，他搞了个公众账户全捐了。

今年已经55岁的他，想的仍是多做点事。他说了"三好"，将把队伍带好、自己的身体搞好，还要把家庭搞好。几十年来，不管家人支持不支持，他都一往无前，海螺发展到哪里，他追随到哪里。他和爱人长期"牛郎织女"，儿子出生、结婚，他只能匆匆回来看一眼，即使如今回到了芜湖，他仍只能一周回一趟宣城的家，家里的事，他一点忙也帮不上。儿子调侃他说："我小时候你出门了，等你出国回来，我都将媳妇带回来了。"听了儿子的话，他笑出了眼泪，可心里有点酸楚，自己亏欠家人太多了，没有他们的默默支持，他又怎能安心地奔赴一个又一个战场呢？

生命中总有一种向上的力量，托举着我们走向人生的高度，这是一种超越生死的人间大爱。

李莉莉，芜湖市人，中国作家协会会员，芜湖市作家协会主席。在全国各地报刊已发表散文、诗歌、小说等近百万字，曾出版散文集《缤纷岁月》、长篇小说《因为爱，所以痛》。

世界以痛吻我

——记"安徽好人"陈家荣

王玉洁

  陈家荣，女，中共党员，繁昌区田家炳中学教师。三十多年，命运不断叩打她的痛苦之门，八个月的儿子被确诊为"脑瘫"，人到中年罹患"乳腺癌"，但她奇迹般地让儿子"站"了起来，也坚强地让自己"站"了起来……

  这是六月末的一个清晨，我们驱车前往繁昌区田家炳中学，一路上，风送荷香，草木葳蕤，稻苗一片青绿，像正值青壮年的小伙子，有着不可遏制的活力和生机。道路两旁，不时有农人在摆售一些桃子、香瓜、西瓜之类，散发着隐隐的瓜果的香气。天空中，密布的乌云波诡云谲，仿佛随时可以酝酿出一场梅子雨。

  田家炳中学门前的街道上，还残留着昨天太阳炙烤留下的暑气。进门处就是两排高大的行道树，教学楼掩映在树荫之后，刚期末考试结束，校园里静悄悄的，有两三只松鼠在行道树之间窜来窜去。

门口有一胖一瘦两个保安，我说是来找陈家荣老师，他们一脸茫然，许是他们刚来不久，许是陈老师向来低调。只好电话陈老师，让她来接我进去。我一直在想，出现在我眼前的，会是一位怎样的陈老师？

我一直向着大门的方向张望，没想到，陈老师却出现在保安室的后门口，穿着一件黑色的连衣裙，戴着眼镜，偏瘦，皮肤黄黄的，透着点红晕，一见到我，就给了我一个大大的笑脸，朴素、温和，像邻家姐姐般。

初见陌生人，我喜欢快速掠过对方的眼睛，因为长时间直视，似乎有点不礼貌。一个心地坦荡、诚厚纯净的人，她的眼神一般不会躲闪和飘忽，譬如陈老师，就像是一路上看到的那些随风起舞的荷叶，朴实、安静，迎向我的目光，也是纯净安然的，一笑一颦让人很舒服。

我们一起从东边的操场边，走向她在二楼的办公室，考试结束了，办公室里也没有人，整洁清爽，陈老师的办公桌也是干净整齐的。岁月无情，在她的眉梢眼角刻下了些许的皱纹，但每一条纹路几乎都是上扬的，可见平时，她是爱笑的。头发简单地束在脑后，顶部已经花白，但她似乎毫不在意这些，没有染，也没有刻意地打理，就这样自自然然。

我不是一个老派的人，觉得老师就应该素面朝天，不事修饰。相反，我自己也是老师，今天来见陈老师，也是化了个淡妆，穿了我喜爱的民族风。我也不觉得陈老师这样，有什么不妥，每个人按照自己舒服和喜欢的样子生活就好，其实，陈老师的笑脸，就是她最美的装饰。

此前，我一直在揣想，一个生活如此不顺、境遇如此坎坷的人，一定是满面沧桑，透着凄苦，可能还敏感脆弱，有一根一踩就痛的神经。殊不知，趟过了命运的河流，度过了难以想象的苦难的人，反而是坦然和豁达的，譬如疾风过境，掀起了汹涌的波涛，待风定天清，湖面一定是平静无波。

我试探着问，您的孩子，在八个月的时候，患了……我迟疑着，在心里掂量着某个更合适的措辞，没想到，陈老师马上笑着接口，患了脑瘫，是的，是脑瘫。我发现她的笑意中并没有一丝的尴尬，或者回避。我知道，今天，我和陈老师之间，可以有一场毫无保留的交谈。

窗外，是放假后安静的校园，是空调外机轻微的噪声；窗内，是安静的办公室，泛着青绿的袅娜的绿萝，我们彼此对坐，像久违的朋友般，抵面而晤，打开了心扉。

好几次，陈老师抽出面巾纸，擦拭着眼镜后面忍不住流下的眼泪。我也没忍住，轻轻擦去眼角的泪水。在这个六月的暑热中，我们顺着回忆的河流，一起踏入她过往的艰难、苦痛和荣光中，说到动情处，不觉潸然泪下。

回首三十年，不是尘与土，不是云与月，是一段充满着正能量的、坚强、辛酸而又温暖的故事。

这个孩子可以站起来！

咚，咚，咚……命运，有时就像夜半时分突然的叩门声，让人心惊胆跳。

在南昌儿童医院，陈家荣八个月大的孩子，被确诊为脑瘫，专家说，这个孩子将来能坐轮椅就不错了！

对一个家庭来说，这不啻是晴空霹雳，让人半天回不过神来。

她记得那是1994年，一个9月末的晚上，天已经渐渐地凉了，出生才三天的孩子，突发高烧，初为人母的她，心急如焚，但秋天或热或冷，大人都容易生病，更何况是襁褓中的孩子呢。

她还是不放心，把孩子送到芜湖市第二人民医院，连续住院12天，孩子终于退烧了，她悬着的心终于放下了，回家后，也一切正常。但是，她发现孩子的头，总是撑不起来，她以为孩子是缺钙导致的，一直给孩子补钙，似乎未见成效。

孩子的爸爸常年不在家，在南昌当兵。她一个人提心吊胆地时刻观察着孩子，八个月大的时候，她决定带孩子南下，去南昌儿童医院看看，没想到，会是这样的结果！

一个母亲，无论如何也无法接受自己的孩子将永远站不起来，孩子是一个家庭的希望，孩子站不起来，一个家庭就无法站起来。女子本弱，为母则刚，在那一刻，她就倔强地暗下决心，一定要让自己的孩子站起来。

冷静下来之后，她决定再带孩子去江西人民医院看看，即使倾家荡产，也一定要把孩子治好。在江西人民医院，诊断孩子有脑积水，这给了一个母亲一丝渺茫的希望，也许，在孩子成长的过程中，积水被慢慢吸收，孩子还有站起来的希望啊！

接下来，是漫漫的五年的求医和康复之路，为了那百分之一的渺茫希望，为了孩子有一天能够站起来，独立行走，一回到芜湖，陈家荣先是带着孩子坚持中医按摩，风雨无阻，为了给孩子一个可以站立的未来，她要付出百分百的努力啊！

后来，到南京儿童医院去，没想到，专家居然说，这个孩子可以站起来！这是长久以来，她听到的最好的消息了！她的心，如阴暗的角落里，第一次照进了一缕灿烂的阳光。

1998年，看到希望的她，带上了家里所有的钱，辗转来到石家庄小儿脑瘫康复中心，进行康复治疗，这里的康复治疗费用很高，每个月要一万多元，夫妻俩带着孩子窝在一个破旧的小旅馆，把能借的亲戚都借遍了，坚持治疗了两个月。

待到孩子9月治疗归来，她发现孩子父亲整整瘦了一大圈，她一方面心疼丈夫，一方面也很开心，孩子不但可以站起来，还可以迈步了！

整整五年，她等这一天等得太久了，其间的辛酸和苦楚，焦急和折磨，仿佛有一个世纪那么漫长，仿佛永远看不到尽头，又突然让她看见了洞口的亮光。

每一天，她都在数孩子迈出的步数，一步、两步、十步、二十步……每一步都混合着一个母亲的泪水与喜悦。两千多个日夜，一个小小的迈步的动作不知重复了多少遍，幼小的孩子也记不清曾挨了多少次骂，摔了多少次跤，每当孩子哭着望向她的时候，她总是坚定地告诉儿子：孩子，你能够做到！

有一次，她带着孩子在广场上迈步，看到孩子一步一步往前走，她故意没有跟在他身后，等到孩子走到三十多步一回头，发现母亲还在后面很远，一下子支持不住，坐到了地上，她赶紧上去抱紧孩子，喜极而泣。孩子终有一天要离开母亲的怀抱，去独立行走啊！

孩子身上经常摔得青一块紫一块的，每次当孩子爬起来，睁着一双大眼茫然地望着她时，她总是狠着心装着无所谓的样子。她只记得医生叮嘱，"只要坚持锻炼，行走能力、生活自理能力都能恢复到接近正常人的水平"。

小小的孩子，有了一个摇摇晃晃的世界，而母亲的心中，却在许给孩子一个不那么摇摇晃晃的未来。

孩子，你可以做到！

一个孩子的成长，离不开父母的引导。一个脑瘫孩子的成长，更离不开父母的时刻关注和陪伴。

陈家荣深知：如果父母把孩子看作一个残疾人，那么，孩子就会成为残疾人；如果父母一开始就把孩子当作一个正常人，那么，孩子也会朝着正常人的方向努力。

为此，她从未在孩子面前提过他的残疾，也从未用一个残疾人的眼光去看待自己的孩子，她觉得其他正常孩子能够做到的，自己的孩子也一样可以做到，这是一个母亲的坚持，也是一份对孩子教育的坚持。

到了上幼儿园的年纪，她把孩子送到了当地的私立幼儿园，园长看着孩子，担忧地说先试试看吧，没想到，孩子除了步态不稳，其他还行，但即便上了幼儿园，她还是每个中午都接回来吃饭，怕儿子动作迟缓吃不好。

到了小学，孩子的动作协调性比较差，书写很慢，但为了孩子能够有个美好的未来，多少次，她咬着牙，狠狠心，每天督促孩子把老师布置的任务不折不扣地做好，当天的事情当天完成，慢一点没关系，她说："孩子，你可以做到！"

谁说付出总是苦涩的。那一次，孩子上一年级，她无意间说起，有个妈妈洗澡时，煤气中毒，孩子却全然无知，等到第二天，别人问起她妈妈，他说在洗澡，等到家人在浴室找到时，这个妈妈已经走了。结果，三月的某个晚上，天还很冷，她把孩子弄好送到床上，看他睡下了，自己去洗澡，洗到一半，发现孩子在叫她，她打开门，发现孩子赤着脚，紧张兮兮地站在浴室门口，眼神里满是关切和担忧。

那一刻,她抱着孩子,送他到床上,自己却忍不住哭了!一个孩子对母亲的爱是如此的深切而赤诚,这份爱让她觉得这么多年的坚持和付出都是值得的!

小学六年如此漫长,在她的管理下,孩子没有因为残疾缺过一次课,拖拉过一次作业,迟过一次到。每次家长会,她都跟孩子班主任细心地沟通,发现孩子的问题,及时地去纠正。每天晚上,孩子看书写字时,她总是坐在孩子旁边备课,不时地回答孩子提出的疑问,学习气氛浓厚。孩子也因此养成了好的学习习惯:周一到周五从不看电视。

在抓孩子学习的同时,她也不放松对孩子进行思想品德教育。记得有一次,孩子放学回来告诉陈家荣说:今天班上有几个同学把银行的存单拿来当草稿纸,被老师狠狠地批评了一顿。陈家荣问孩子,老师批评得对不对?为什么?孩子回答说,老师批评得对,因为那存单是给顾客存钱取钱用的,又不是自己的,怎么能拿来打草稿呢?她便趁机教育孩子:不是自己的东西绝不能要,绝不能拿,还要拾金不昧,这是一种好的思想品德,一定要记住。在生活中,孩子也做到了这一点。

她常常告诉孩子,由于身体的特殊原因,只有发奋读书,才能改变命运。并时常给孩子讲海伦·凯勒、贝多芬、张海迪、史铁生的故事,激励孩子自强不息,发奋努力。在学校老师的关爱、家庭的配合下,孩子的学习成绩一直不错,有两次期末统考总分为班级第一,年年被学校评为"三好学生"。

她对孩子倾注了更多的关注,给予了更好的陪伴,只为孩子能够在"摇晃"中走得更"稳"一些。

到了初中,孩子就放在自己班上,自己做他的班主任。

但她从不对他特殊照顾。有一次上课,他的同桌玩他的手,他不让，两个人就吵了起来，她不但在课上严厉地批评了他，还让他在班会课上向全班同学道歉。孩子无法理解，和她闹别扭，她耐心地给儿子分析，告诉他，即便是别人有错在先，但他也影响了班级纪律，耽误了其他同学的上课时间，再说，班主任的儿子更不能搞特殊化。终于说服儿子在班会课上道歉，同桌也惭愧地道歉，两个人握手言和。

有一次，她因为有事，不能陪儿子去班上，到了校门口，让他自己去班上，没想到却闹出了笑话，孩子竟然找不到自己的班，那一刻，她开始反思，觉得应该学会放手，让儿子学会独立。

后来，每一次到了学校门口，她就任由儿子摇摇晃晃地去班上，一开始在一楼，后来到了二楼、三楼，她也决定让儿子一个人上楼，她站在楼下观望，等孩子到了楼上，再跟她挥挥手。每一次，她都对他竖起大拇指：孩子，你做得很好！

从家到学校，还有一段距离，孩子走得慢，那就起得早一点，孩子写字慢，那就睡得晚一点，只要肯努力，孩子都可以做得到！

每个夜晚，看到孩子艰难地一笔一画地写作业，她的内心也有很大的不忍，但父母之爱子，必为之计长远。为了孩子将来能够在社会上立足，她唯有和孩子一起咬着牙坚持。孩子学习到多晚，她就陪伴到多晚。孩子在那边学习，自己在这边备课，自己的认真和坚持，也在无声地濡染和激励着孩子。

那一年中考，孩子如愿进了繁昌一中，迈开了他独立求学的第一步！高中三年，他的自理能力并不逊于他的同龄人。

那年高考，儿子考进了巢湖学院，真正开始了独立的求学之路。

大一的时候，学校实行体育打卡，要求学生每天要到学校操场跑步打卡，他记得妈妈说过的话：孩子，你能够做到。每一天，他按时去打卡，从未缺勤，这连正常的孩子也可能有人做不到的。每天，为了准时去教室上课，他常常天不亮就起床。每天晚自习回到寝室，他常常是最后一个，他觉得，这是自己可以做到的。

作为外语系的学生，他从未降低对自己的要求，毕业的时候，他如愿拿到了专业八级外语证书、笔译三级证书，以优异的成绩学成归来。

在当地，他成了一个传说，一个路都走不稳的孩子，考了本科，拿了专八！这背后，凝聚着一个母亲多少的努力和坚持，多少的心血和艰辛啊！

"孩子，你可以做到！"这是一个母亲对孩子最深沉的期许，它让一个孩子从无法行走到迈开脚步，从摇摇晃晃到独立求学，走出了一条自强自立的人生之路。

我一定要早日回到课堂！

每个人，往往都有多重的角色，陈家荣也不例外，除了是一位好妈妈，她更是一位像妈妈一样的好老师。

家庭和事业，在她的心里，是天平的两端，每一端都很重，她从未因为孩子的事情耽误过自己的教学。近三十年来，从未因孩子的缘故向学校请过一次假，从未要求过学校给予任何特殊的照顾。

在学校领导和同事们的眼里，陈老师是最认真的老师，预备铃一响，她就站在了教室门口，学生们有任何问题，都可以来找她求解，学生的每一份作业，她都会细心地批改。

她心中装着学生，在教学上舍得花时间、下功夫，用爱心与责任，赢得了领导、同事和家长们的信赖。

2001年9月，当时她还在繁昌三中任教，学校招收了四个初一城关班，她毅然挑起一（2）班的班主任兼语文教学工作。从2001年9月至2004年7月，她没有一天早上送过孩子上学，总是在7点前赶到学校，日复一日，穿梭在她的学生当中。为了让学生勤练笔，提高学生的写作水平，她坚持做到每周布置写作，篇篇有批改，不少学生家长被她的这种强烈的敬业精神所感动，原准备想转学的个别家长也因孩子的成绩上升而打消了转学的念头。学生在校学习成绩有波动，思想不稳定时，她便利用节假日进行家访，或通过电话等形式及时与家长取得联系，分析学生发生问题的原因，纠正学生学习、生活上的偏差。在班级管理上，她积极探索学校、家庭、社会一体化的教育方式，班级管理井井有条。辛勤的汗水没有白流，她所授的班级语文成绩又获好评。尤其是在2001年年底的期末统考中，一中、二中、三中三校初一各学科进行评比，三中语文成绩均分第一，她所教的一（2）班语文成绩又脱颖而出，受到了学生、家长、同事及领导的交口称赞。

2003年9月，因工作需要，陈家荣被调到繁昌四中（现为"田家炳中学"）担任初三（7）班的班主任兼语文教学工作。很多家长担心：这个班换了班主任，孩子的学习成绩会不会下降呢？她能管好这个班吗？面对这些问题，她感到压力很大，丝毫不敢有所松懈，起早贪黑，工作更认真，更踏实，对学生的要求更严格。终于使这个班平稳过渡。

初中的孩子，基本都开始懂事了，一个老师要想赢得孩子们的敬重，一方面是深入浅出的授课水平，一方面是认真负责的工作态度。尤其是语文教学，爱心才能架起师生之间沟通的桥梁，耐心才会夯实学生扎实的基本功。爱其师，方能信其教；信其教，方能倍其功。

她通常都是在安顿好孩子之后，开始精心备课，有时会到深夜。她始终坚持，要给孩子们一碗水，自己得先有一桶水，课堂是一个老师实现自我价值的一块农田，她是那个勤奋的耕耘者，从不懈怠。有时候，头疼难忍，她就先上床休息，凌晨两三点，又爬起来继续备课，安排好第二天的教学任务。

虽然，网络上有许多关于老师的负面消息，让许多老师学会了明哲保身，但作为一个有责任心的老师，她从未放松对学生们的严格要求，该罚的她一定会罚，学生们又怎么不明白一位爱他们的老师那看似严厉的责罚呢！更何况老师还会利用下课的时间，找一些出现问题的学生谈心，耐心地指出他们的错误，热情地鼓励他们努力上进。在孩子们的心目中，陈老师就是一位可亲的妈妈老师。

有一次，因为太过辛苦，她的嗓子哑了，但她每天只是吃点消炎药。直到嗓子嘶哑得发不出声音了才去医院输液，医生劝她，必须休息一个月嗓子才有可能好转。她虽点头称是，但一输完液，便又回到了学校，她不放心她的学生们啊！学生们看在眼里，急在心里，私下里凑钱买药给自己敬爱的老师送来了。陈家荣说她每当想到这件事时，总是很感动，这班孩子太懂事了！

在2004年的中考中，初三（7）班有14人达县一中统招分数线，绝大部分同学顺利升入高中，极少数同学升入职业高中。该班有一位叫陈思的同学毕业后，在《大江晚报》上发表《微笑》一文，讲述了陈家荣老师留给她的美好而难忘的印象。

有人曾问她："你这么苦干，为了什么？难道不累吗？"她总是说："这样干是累，但我觉得很充实。我只想趁年轻时多做点事，希望年老时，回首往事不会因虚度年华而悔恨。"

对自家孩子的操劳，对班里孩子们的操心，让她经常失眠，患上了周期性头痛，长期的课堂教学，又让她患上了慢性咽炎的职业病，她从未对人说起过。直到有一天，她突然摸到乳房上有一个包块，一开始，她不太好意思，自己上网在合肥找了一家私立医院去看，那天，医生恰好不在，她左思右想，还是决定去市里的弋矶山医院，先是做了B超，拿到检查报告，又是一个晴天霹雳，她看得懂，报告单上的占位性病变，就是肿瘤，然后去做钼靶，确定是早中期，医生建议手术。

虽然她害怕手术，但更害怕身体内的肿瘤，从5月份发现到9月底手术，期间已经耽搁了近四个月，谁也不知道身体内的肿瘤已经发展到什么程度，人生最大的恐惧莫过于死亡，更何况孩子刚上高二，不能没有她，她也刚从孩子脑瘫的阴影里走出来，看着孩子从初中到高中，还有两年就要面临人生中最重大的高考，这个时候倒下了，她有太多的放不下。

手术如期进行，手术室里非常安静，只有各种仪器碰撞的声音，医生和护士小声交流的声音，躺在无影灯下，她仿佛在接受命运的一次宣判，内心慌乱而无助。一开始是局麻，但打开之后，医生又和护士开玩笑，说今天大家回不去了，接着是全麻手术，甚至淋巴结上还找到了三处，手术结束之后，医生说，接下来，要进行化疗和放疗。

那是她生命中最兵荒马乱的一段时光，放化疗让她呕吐不止，身体虚弱，瘦得厉害，头发也大把大把地掉。偶尔回到家里，她总是安慰孩子，说妈妈的病不要紧，可以治好，孩子每次都无言地点头，转过身去擦泪，她不知道，那个时候孩子的心里是多么的担心和焦急，成绩也一直往下掉。

疾病袭来，经历了最初的崩溃，她开始一点一点建立起信心和斗志，她告诉自己，一定要战胜病魔，因为孩子需要她，还有自己放心不下的那班孩子，自己生病之初，孩子们刚升初二，开学不到一个月，她就请假了，现在，至少要整整一个学期，她不能去上课。

住院期间，一位在外地读书的学生给她发来短信说："老师你就是太负责，太认真才会操劳成这样。你是我遇到的最好的老师了，老师我爱你！"班里的学生几乎都来了，挤满了小小的病房，挤不进来的学生踮着脚看着自己的老师，每个孩子的脸上都写着关切和担忧，他们拉着陈老师的手，眼神里满是渴望，七嘴八舌地喊着："老师，您一定要回来继续教我们啊！"

那天，校长和工会主席来医院慰问她，让她好好治疗，早日康复，回到学校，她心里百感交集，含着眼泪告诉校长："我从未感觉到，我是如此热爱我的工作，热爱我的学生，我一定要早日回到课堂！"

学校和孩子们的关爱，让她全身充满了战胜病魔的力量，她要积极治疗，在医院规定的治疗时间结束后，重返教学岗位，回到学生的身边，亲人们都劝她，再好好休养休养，她坚决地摇摇头。

回到教学岗位，她除了繁忙的教学工作外，在教研方面也不甘落后。有数篇论文在各级论文评选中获奖，并在各级各类优质课评选中获奖，辅导学生在省市级作文比赛中获奖，并指导学生参加了第十届、第十一届、第十二届中国中学生作文大赛，获得了安徽省初中组二等奖、三等奖的好成绩，指导学生参加了第十九届世界华人学生作文大赛，又获得了二等奖的荣誉。

经历了这场死里逃生的劫难，她更加意识到生命的珍贵，更加意识到她生命的意义所在，那就是她亲爱的孩子，和她亲爱的学生们，左手亲情，右手事业，这才是她生命的全部价值！

世界以痛吻我，我却报之以歌！

命运送了陈家荣老师两份"大礼"：一个脑瘫的儿子，一个病痛的身体。但她还是把这一手"烂牌"打出了"王炸"的效果。

她说，支撑着她走出这一切的，是爱，是善意！所以，她要把爱与善意回报给这个世界。

孩子小的时候，她带他在广场上学迈步，路过的人总是笑着鼓励孩子，有一位老奶奶每天都和她一样关注着孩子的进步。孩子摇摇晃晃开始走路了，从未有人嘲笑过他，有时候不小心摔了，总是有热心人扶他一下，到了上学的年纪，班上的同学也总是热情地帮助他，让孩子感受到集体的温暖。高中的时候，他开始了独立求学，遇到困难，同学们都会伸出热情的手。

儿行千里母担忧，孩子上大学时，有一天早晨起来，她拉开窗帘一看，外面下大雪了，她立马给儿子打电话，告诉他外面雪天路滑，你一个人上下楼，去教学楼都不安全，她知道儿子怕迟到，早晨起得早，她让儿子在楼梯上等一会，等有同学路过的时候，请同学帮忙搀扶一下。

实际上，那个暴风雪的早上，孩子确实摔了一跤又一跤，每一次，他都慢慢爬起，再一步一挪地往前走，心里既焦急又紧张。在快到食堂门口时，终于看到了同学……这是他人生第一次面对如此大的考验。正是在这样的环境中，他学会了坚强，学会了寻求别人的帮助，学会在最艰难的环境中鼓起勇气去战胜困难。正如雨果所说，上天给人一份困难时，同时也给人一份智慧。虽然有的时候环境会很恶劣，但是当我们真正学会在逆境中屹立不倒的时候，我们就成长了，这些生命中的逆境终将成为孩子人生中最宝贵的财富。

一个摇摇晃晃的孩子，独立行走的路一定不会太顺遂，一位母亲的心一定是时时刻刻的牵挂和担忧，但因为身边人的关爱与善意，孩子能够摇摇晃晃地安全行走在他的人生之路上，并在逆境中学会了真正的独立与坚强。

在此之间，还有丈夫的有力支持，父母的帮衬，公公婆婆的帮忙，都让她在手忙脚乱之中，还能够在事业上有所作为。学校领导和同事们给她送来了安慰，学生们给她写下了许许多多的祝福卡片，她一直小心地收藏着，时时拿出来读一读，心里总是充满了温暖和感动。

尤其婆婆，给了她最暖心的照顾，最强大的后盾。2000年，陈家荣的公公去世后，婆婆就一直和她住在一起。十几年来，婆婆对孙子倾注了所有的爱，孙子不会走的时候，老人在儿子、媳妇上班时，她就牵着孙子的小手教他走路，督促他做蹲起。为了增加孙子的腿部力量，老人还带着他去爬烈士陵园。在繁阳小区，这一老一小跌跌撞撞的训练场景，至今还令很多人记忆犹新。2011年在媳妇患病化疗、放疗期间，面对突如其来的不幸，老人十分镇定，召集两个女儿来家里进行分工，嘱咐儿子在外负责媳妇的治疗，两个女儿、女婿负责接送孙子上学放学，自己负责洗衣做饭。在媳妇大半年的治疗期间，她操持家务，家中一切井然有序。媳妇治疗结束回家后，老人总是经常单独为她做可口的饭菜，叮咛她晚上要早睡，每天要保证有充足的睡眠，自己却天不亮就起床忙起家务来……陈家荣经常和同事们说，遇到这样的婆婆真幸福！

她经常教育孩子："父母的爱让你走了起来；幼儿园老师的爱让你有了一个金色的童年；所有老师的爱让你对未来充满信心；同学的爱让你幸福快乐。你一直被爱心包围着，你也要有颗爱心，爱心是美德的基础。要尊老爱幼，要乐于助人，要对弱者有同情心，对别人所犯的错误要有宽容之心，要和周围的人和睦相处。"

人生之路，苦痛难免，一颗善于体察爱与善意的心灵，也会充满爱与善意，并把这份正能量传递给社会和身边的人。

孩子在石家庄小儿脑瘫康复中心的时候，8月中旬，学校安排补课，家人劝她请个假算了，给孩子看病要紧。她说，不同的教学方法一定会影响学生的学习效果，强烈的爱与责任驱使她将哭喊的孩子狠心地交给了家中亲人，在补课前，从千里之外准时赶回了学校。生病住院期间，陈老师还未完全康复，就回到了工作岗位，她虽然不能再带两个班的语文，但她努力地带了一个班的语文，还兼任其他学科的教学，为学校的心理辅导工作打打下手。

教育教学是一份良心和责任兼有的工作，因为热爱，才能全身心地投入，才能在工作中找到自身的价值和人生的幸福感，才是回报社会的最好的途径。

班里曾经有一位后进生，不仅不努力学习，还爱捉弄人，对班上的任何活动都很漠然，严重影响了教学秩序。但陈老师没有放弃他，一方面联系监护人加强管教，一方面寻找教育的契机，她发现这个孩子虽然令学校和老师头疼，但他从不撒谎，自尊心强，服软不服硬，所以，他犯了错误，陈老师绝不打骂，一次又一次地耐心劝导他，稍有进步，就在全班表扬他，让他找到存在感。运动会的时候，这个孩子主动报了1500米，男子铅球和4×100米接力跑，为此，陈老师在班上隆重地表扬了他，大大地增强了一个孩子的自信心和自尊心，让一个孩子找到了正确的人生方向。班里还有一个孩子，连续几次作业没做好，考试也没考好，她找到他，关切地说："你在老师心中一直是努力认真的孩子，语文成绩也不错，老师相信你一定能够调整好自己，努力赶上来，老师期待着你下次考出好成绩。"虽然对老师来说，只是一次小小的肯定和鼓励，在学生的心中，却激起了很大的波澜和信心，这个孩子回去还跟他母亲说起，母亲遇到陈老师，感激地说起了这件事，后来，这个孩子一直很努力，成绩也有了明显的提高。

教育不仅关乎着一个孩子的成长，更关乎着一个家庭的幸福和未来，一个充满爱心与责任的教育者，对孩子们的影响是深远的，对社会的贡献是无形的。

她的付出也换来了很多的肯定和荣誉，1998年陈家荣老师被评为县级优秀教师，2002年当选为芜湖市第十三届人民代表大会代表；2009年被评为市级优秀教师，2010年又荣获芜湖市首届"江城百名好市民"称号。2011年县级优秀教师，2012年先后荣获繁昌县首届"十大杰出母亲"称号、安徽好人、繁昌县优秀园丁、第二届芜湖市道德模范、第二届繁昌县道德模范、芜湖市十大平民英雄等光荣称号。她的家庭也多次被评为"五好家庭"。2014年被评为芜湖市优秀教师，安徽省模范教师，2018年被中共繁昌县教育局授予"优秀共产党员"荣誉称号。2022年被学校评为"优秀共产党员"。

我们都是平凡的人，而陈老师，却用坚强和执着书写着一个脑瘫孩子母亲的传奇，用责任和爱心书写着一个教育工作者的情怀。她让我很自然地想到泰戈尔的名句：世界以痛吻我，我却报之以歌！

王玉洁，中国作家协会会员，芜湖市作家协会副秘书长，鸠江区政协第八届常委。已经发表文字一百多万字，出版发行《伊人如月水一方》《走着走着就会遇见》等九部作品。

映阶碧草自春色

——记"安徽好人"胡成爱

张承斌

　　如果不是亲眼所见亲耳听闻，如果不是敞开心扉面对面深入交谈，我很难把取得的一系列骄人的工作成绩与一个身患重病的柔弱女子联系起来。此刻，坐在我眼前的——一个年纪尚轻，但显然满脸倦容与疲态，似乎饱经了人生风霜，饱尝了人生酸甜苦辣的女子，向我娓娓讲述着自己艰难的人生经历时，话语中透出一股坚毅和刚强，有种对命运不公的顽强不屈和对工作的无比热爱。她，就是芜湖市繁昌区繁阳镇城关一小的胡成爱老师。

一

　　1978年，胡成爱出生在繁昌高安的一个世代以种田为生的农民家庭。父亲胡美意是个老实巴交的庄稼人，勤劳朴实，敦厚善良，但做事有一股子韧劲，不达目的决不罢休。为一家人能填饱肚子，他终日在田间劳作，挥洒汗水，无暇顾及孩子的学习。

幼年时期的胡成爱健康活泼，聪明伶俐，乖巧懂事，深得大人们喜欢。每次，父母从田间劳动回来，她总是跑前跑后，为爸妈端茶倒水，捶背按摩。望着眼前这个可爱灵动的女儿，夫妻俩满身的疲惫和困乏，瞬间消失殆尽。

转眼到了上学的年龄，父母却迟迟没有为女儿办理入学的打算。心中可能存在重男轻女思想，加上贫穷的家庭境况，这些使胡美意夫妇错误地认为女孩是为别人家养的，反正长大要嫁人，没必要花费钱财与精力去培养。天真烂漫的胡成爱瞅着别人家孩子背起书包蹦蹦跳跳去上学，而自己只能老老实实地待在家中，眼里流露出无限的羡慕，撅起了小嘴，以此表达对爸妈的不满。

胡成爱的聪明和好学，年幼时就崭露头角。对学校的向往和对知识的渴望，让她发现哥哥书包里的课本，也许能满足自己强烈的好奇心。于是，每逢哥哥出门玩耍，她便悄悄翻出课本，躲在灶膛门口，煞有介事地"读"起来。好在哥哥发觉后并不生气，反而主动教妹妹识字。悟性极高的小成爱，在短短的一年时间内，就记住了不少汉字，常常当着爸妈的面，高声朗读起来。

也许是他人的开导和劝说，也许是自感心中有愧，抑或是小成爱的聪颖和懂事终于打动了父母，胡美意夫妇经过商量后决定：哪怕砸锅卖铁，也要送女儿去上学，否则一生心中难安。

多日的忧郁不见了，笑容重新在小成爱的脸上绽放，笑声又像银铃般清脆。课堂上，她出色的表现令老师惊叹，常常受到当众表扬。很快，她便成了同学们学习的榜样。听说女儿成绩不俗，胡美意夫妇高兴不已，庆幸当初做出了一个正确的决定。

假日里的小成爱，喜欢聚众游戏，尤其喜欢做与自己年龄相仿的侄子侄女们的"老师"。随便找个石子或是木棍，就在白白的石灰墙上比画起来，教他们识字、读书，一字一顿，有板有眼，像模像样，俨然一个敬业的小先生。而那些小伙伴神情专注、认真听讲的萌态，使她从中获得了很大的满足感和成就感。

就像一粒饱满的种子落在了温润的泥土中，当春风吹来，细雨落下，它终究会生根、发芽，继而抽枝长叶。或许打那一刻起，小成爱的心中就已萌生了长大要当一名老师的念头。

但贫寒的家庭条件实在无力支撑两个孩子上学的费用。小学毕业那年，爸妈即改变了主意：哥哥继续上学，妹妹停下来。小成爱泪眼婆娑地望着父母，百般求情。妈妈则难过地对她说："不是我们偏心不让你上学，而是家里条件实在不允许，供养不起呀。"

谁也不知道小小年纪的胡成爱当时哪来的勇气和胆量，应声说："我可以自己想办法挣学费，总行吧?!"

妈妈以为，这不过是女儿说的一句气话，随口应承："只要你能想到办法，就让你继续上学。"

说易行难。之后的日子里，小成爱整天愁眉紧锁，冥思苦想。在物资相对匮乏、生活艰难的时代，对于一个尚未及笄之年的孩子来说，想一个挣钱的法子，谈何容易！

一天，小成爱正在湖边洗衣，一群白鹅从身边缓缓游过，它们肥硕的身子漂浮在水面上，活像一座座移动的小岛。猛然间，一个念头从她的脑海中闪过：养鹅?

对，养鹅！

当无比兴奋的她跑回家说出这个想法时，爸妈都认为这个办法可以试试。

仲夏的午后。屋外，阳光很大，世界一片明亮。街边，葱翠浓密的树叶染绿了那些或高或矮的房子。透过窗户，能闻到不远处马路上飘来的柏油气味。说到这里，胡成爱老师捋捋头发，向我表示歉意的笑容。室内，空调开着，似乎不起多大的作用，我依然一身汗水。而她，却不由自主地裹紧了身上的衣服。

她说："随后的初中三年，学费都是我自己挣的。"

我睁大眼睛，表示惊讶。

胡老师说："您可能不太相信。事实上，真的就是我自己挣的。每年养鹅40只，上半年20只，下半年20只。您不知道我那时多能吃苦，每天放学回家，扔掉书包，就去放鹅。边放鹅，还要边割草，事先准备好第二天喂鹅的饲料。

"也不知道自己当年哪来那么大的劲头，反正我心里只有一个目标：一定要读完初中，争取考上师范，将来当老师。"

皇天不负有心人。有志者，事竟成。果不其然，几年后的中考，胡成爱以优异的成绩一举考中了芜湖师范学校。但眼界不宽的父亲，却固执地认为芜湖市是个"大城市"，生活费用高，家里可能承担不起。而南陵只是个小县城，物价会低很多。他硬是逼着女儿改上南陵师范，胡成爱心不甘情不愿。但孝顺懂事的她，最终做出了让步。

三年中等师范时光，胡成爱极其珍惜，毫不虚度。她深知这个学习机会来之不易。为将来能成为合格的人民教师，她几乎把所有的精力都用在了学习上，学期结束，门门功课优秀。此外，她还偷偷参加了中文专科自学考试，以提高自己的学历。

天道酬勤。中等师范学校毕业那年，她顺利地拿到了大专毕业证书。凭着坚韧不拔的意志和迎难而上的战斗精神，紧接着，胡成爱又参加了中央广播电视大学函授学习。三年后，又顺利地拿到了本科毕业证。摸着烫金的证书，胡成爱暗暗为自己高兴。

二

1998 年 9 月，胡成爱走上了工作岗位，成为一名光荣的人民教师。她无比激动和兴奋，儿时的梦想，今朝终于实现了。

怀揣梦想来到高安老圩小学的胡成爱，在三尺讲台上尽情展示自己的才华。她把所有的爱都倾注在教学上，倾洒在学生身上。憧憬美好的未来，就像眼前这风景：金风送爽，阳光明媚，天高云淡，云雀低飞，花木扶疏。

"当我看着坐在面前的一群天真可爱的孩子，忽闪着一双双清澈透亮的眼睛，眼神中流露出对知识和友爱的渴望，我感到特别的幸福和自豪。因为我喜欢孩子，我能给予每个孩子最大的关爱，也有能力一步步把他们引入知识的殿堂。"胡成爱眼神笃定，如是动情地说。

目视这个一说到学生就眼睛发光的中年女人，平静的外表掩饰住了内心的凄凉，看似波澜不惊的日常生活，却有着鲜为人知的万般苦痛，但依然对教育事业充满一腔热血。我心头掠过一丝感动，敬佩之情油然而生。

对教育的极端热爱，几乎让胡成爱把所有的时间都投入到工作当中来，白天继着黑夜转，不知疲倦。能成为孩子们的朋友，是她此生最乐为之事。她一直以校为家，视生如子。父母常常一连多日见不到女儿胡成爱的身影，不免生出担心，抽空去学校看看，女儿竟然一个人坐在空旷的办公室里低头批改作业。

每一张充满稚气的可爱的小脸，在胡成爱眼里，就是人世间一幅最精美的图画，一道最能引人入胜的风景。那时的胡成爱年轻单纯，精力旺盛，做事热情高涨。她始终心中坚定一个信念：做一件事，就一定要把它做好，力争做到极致。

这是胡成爱对自己提出的要求,几近于严苛。也正是因为有这股子狠劲、倔劲,她对工作毫不马虎,一点一滴,都要做到心中有数。哪个孩子作业未交,谁家孩子没有到校,谁家住哪儿,她必须做到了然于胸,才能放心。

风华正茂的胡成爱刚工作的那段时间,简直就是一个工作狂,一心扑在教学上,几乎忘掉了身边的一切。老圩小学是一所村小,条件简陋,离家较远,交通不便,但这些都没有难倒胡成爱。在她心目中,这些都不叫事。唯有和孩子们相伴,尽自己所能,把他们一个个培养成才,才是自己的快乐源泉。

很快,她积极的不俗的表现,受到了校长的关注和重视。性格活泼的她,因为能歌善舞,而且具有较强的组织能力,被任命为学校少先队大队辅导员。

采访过程中,时任老圩小学校长胡坤月感慨地说:"现如今,金钱至上,物欲横流,像胡成爱老师这样执着于基础教育事业,如此热爱教育的年轻人不多了,甚至可以说稀少。一个人,在当年非常艰苦的环境下,在贫穷落后的乡村,能把工作当成事业去做,绝对少有。也正因此,她今天才能成为教学名师。她是自己成就了自己。"

因为工作出色、成绩显著,胡成爱老师很快就成了学校的骨干力量,支撑起老圩小学的数学教学研究工作,带领大家一起探索新教法,并推而广之,取得了一定的成效。2001年,她向党组织递交了入党申请书。翌年,成为一名中共预备党员。从此,她对自己要求更严,标准更高,拼命、忘我地工作和学习。

学生黄小可(化名),是个单亲家庭的孩子,性格内向,不善言辞,易受外界因素影响,学习成绩很不稳定。胡成爱给予他特别的关注,除平常促膝谈心外,几乎每个周六周日都会为他单独"开小灶"。可是短时间内,效果并不明显。有人劝她不必如此,又不是自家的孩子，花费这么大的精力，何苦呢？

胡成爱笑笑，说："我不能落下任何一个孩子，只要他（她）不是一块朽木，我就坚决不会放弃。"

精诚所至，金石为开。终于，胡成爱用她的真诚和爱心，打动了学生黄小可。这孩子后来学习劲头大增，动力十足，学习成绩突飞猛进。进入中学后，成绩依然稳步上升。2012年夏，他顺利地考上了外地的一所一本大学。前段时间，听说老师身体欠佳，黄小可特意从上海赶回来，看望恩师胡成爱。

她每天都像一只快乐的小鸟，踩着露水或是阳光的影子，哼着歌儿去上班。却常常顶着月色，披着星辉，拖着疲倦的身体回到家中。25岁了，对象还不知道在哪里，爸妈很着急，一个劲儿地催促，而她总是浅浅一笑。

"该来的，总会来。不该来的，勉强也没用。"

这就是胡成爱当时内心的真实想法。她说："当年，自己傻乎乎的，虽然年龄那么大了，但压根就没考虑过个人感情的事情，总以为工作才是立身之本。殊不知，父母背下里为此事急得不行。"

三

2002年春，作为一名共产党员，胡成爱积极响应政府号召，和闺蜜约定一道去参加无偿献血。一贯自认为身体素质不错的胡成爱，没想到这次血检居然不合格。检验师告诉她贫血了，建议平时应多增加营养。胡成爱这才想起，近段时间，总感觉身体疲惫，两条腿像灌满了铅般沉重，始终抬不起来，走起路来很吃力。闺蜜也发觉胡成爱似乎有些不对劲，脸蛋子明显胖起来，却不是正常的那种，就怂恿她抽空去医院看看。

胡成爱望着闺蜜，嗔怪道："看什么看？我身体好得很！"

话虽这么说，但胡成爱一天天地感觉到了身体的异样，先是腿部浮肿，接着食欲减退，做事打不起精神，整个人成天萎靡不振。她内心焦躁不安：这样下去，学生的成绩如何是好，怎么提高？

在家人和朋友的一再催促下，胡成爱不得不去医院了。检查结果令她傻了眼：右肾肾盂肾炎，必须马上手术，切除右肾！否则进一步发展下去，影响左肾，后果不堪设想。

站在一旁焦急不堪的老父亲，听医生这么一说，吓得脸色发白，哆嗦不止，一时不知如何是好。这位向来坚强如铁的农家汉子，因为担心女儿的生命安危，人生第一次当众流下了伤心的眼泪。

快乐的日子如风一样，转瞬即逝。人生，总在诸多不确定中任凭着命运的摆弄，而自己在关键时刻却又那么无能为力，彷徨无助。

"如果没有2002年6月中的那一次手术，我应该就是天底下最快乐的孩子王了。一如同事们所言我的经典形象：眯着眼，咧着嘴，乐呵呵，永远一副阳光灿烂的模样。"

似乎沉浸于深思中的胡成爱，并没有望着我，而是独个儿幽幽地说。

趁她不注意，我再一次端详了眼前这个经受过命运打击的女人，阴郁中不乏自信，苦痛中又不失幸福。她犹如山石间的一棵小草，面临巨大的外力挤压，不屈不挠，永远是一副向上的姿态，不禁心生一丝怜悯和敬意。

我知道，这样面对面端详一个初识之人的举动，或许显得不尊和轻浮，为人所不齿。但我保证我的心灵绝对是纯洁的，没有丝毫的卑鄙和龌龊。我只是被眼前这个可怜而又不屈服于命运摆布的女人的精神所感动。

那一次手术，胡成爱一下子从人间天堂跌入了魔鬼炼狱。手术切除了她的一个重要器官——右肾，身体遭受了巨大的创伤。整整一个月，她躺在床上一动不能动，吃喝拉撒，全靠他人料理。然而，最让她牵挂不已的，是班上那一群可爱的孩子。此刻，他们就像雏鸟缺少了母鸟的爱护，该有多么孤独和彷徨啊。

"不知那帮学生怎么样了。"只要疼痛稍稍减轻，清醒过来的胡成爱便不停喃喃自语。

一旁的母亲生气了："你这孩子，真是糊涂。啥时候了，还说这样的话！是你自己的命重要啊，还是那帮学生娃重要？"

胡成爱望着满眼尽是疼惜之光的母亲，心里既感激又难过。母亲比之前明显苍老、憔悴了许多，眼窝深陷下去，担心和焦虑布满了她那张瘦削的脸庞。

胡成爱轻轻地叹了口气。善良的母亲哪里知道，此刻，女儿心里在想：如果离开了学生，停止了工作，那么我这一生还有什么意义和价值可言！

闯过了鬼门关的胡成爱，仅仅休养近两个月，就瞒着家人上班去了，她实在放心不下那些即将毕业的学生。强烈的事业心和责任心驱使她必须排除一切困难坚持到岗，孩子们的学习等不得。俗话说：庄稼误误一季，人误误一生。

"如果一名教师因为自身的一些原因而耽误了学生的前程，导致学生因此受累后抱憾终生，那简直就是对学生的犯罪，绝对不可饶恕。"这就是胡成爱，一个对他人天生一副古道柔肠，而对自己忒狠的人。

或许是身体还没有得到完全恢复，或许是这次手术已让她元气大伤，昔日抑扬顿挫的娇美女声，而今却细若游丝，软弱无力。曾经何其幽默风趣的话语风格，现在也难觅其踪了。更为可怕的是，她自感思维断层，常常说了上句，怎么也想不起下句。胡成爱为此烦躁不已。好在，这种现象持续了一段时间后，就逐渐消失了。

四

2003年2月，老圩小学被人挖了墙脚。胡成爱老师因为杰出的教学表现，被求才若渴的繁昌县繁阳镇城关一小"强行"调入。老圩小学不想放人，胡成爱更舍不得离开那帮孩子。于胡成爱而言，老圩小学这所村小虽然距离城市较远，可毕竟是提供自己"元初乳"的地方啊。没有老圩，哪有今天的自己！

海阔凭鱼跃，天高任鸟飞。是金子，到哪里都会发光。进入城关一小这片新天地后，胡成爱更是如沐春风，如鱼得水，工作开展得非常顺利，很快就和一帮新面孔建立了良好的师生关系，一时竟忘记了自己是个病人——一个只有一个肾脏，每天都要坚持服药的病人。

为支持学校的工作，她毫无怨言地接手了一个差班。学生基础非常薄弱，班级纪律涣散，工作压力自不待言。所以，每天都要工作到很晚才能回家。胡成爱担心万一考不好，不仅令他人失望，自己也很没面子。

稍有闲暇，她便琢磨着如何改进班风、凝聚人心，如何优化课堂教学结构、提高学生的学习效率，常常想得两眼发怔，精神恍惚。无意间，胡成爱忽然想到全国各地名师名家的教学视频，可谓是指导自己开展此项工作的一条捷径，或者说一件法宝。于是，她通过各种途径找来光盘，一有空就潜心研习，一点一滴都记在心头，并根据本班级的实际情况加以选择，然后再小心翼翼地付诸实践。

苦心孤诣，苍天不负；蜀道之难，终有所达。终于，通过一个学期的全身心投入，胡成爱铆足了劲，拉满了弓，一矢初发，百步穿杨。期末统考，班级均分一跃为全镇第三，不禁让所有人对她刮目相看。

五

正当胡成爱老师踌躇满志、马蹄疾驰，准备放开手脚大干一番之际，一个偶然间，她感觉自己近来好像有些怕冷，而且这种感觉在与日俱增，一些疼痛的症状似乎也在日渐加重。慢慢地，最后竟发展至即使夏天也需用被子包裹自己了，哪怕是最微弱的空气流动，也会使她感到寒彻骨底。空气进入体内后，仿佛一根冰冷的铁棍在肆意搅动，让她觉得每根骨头都在碎裂。特别是那些关节处，似有万千冰刀在敲，在剜，在侵蚀她的每一寸肌肤。而每一次的疼痛，都会让她痛不欲生，觉得生不如死。

尽管如此，那些日子，胡成爱竭力忍受住疼痛，依然坚持带病工作，没和任何人提及此事。学生就像花园里正在生长的花卉，关键时刻，需要园艺师的精心浇灌、修剪和料理。她觉得自己就是那个最重要的园丁。行走园中，应时时关注每一朵花每一棵草的细微变化，俯下身子，用心倾听它们成长的声音，你的生命才会因此着上色彩，从而变得绚烂无比。他日若满园芬芳，一定离不开自己今天的辛勤培育。

"但求耕耘，莫问收获。"胡成爱在心里默默地安慰着自己。

2003年，胡成爱幸运地收获了自己的爱情。这是一份难得的珍贵的感情，一份在关键时刻能给予自己最大动力，并不断鼓励自己毫不退缩勇于向上攀登的真情。所以，她格外珍惜，视之如命。每每生活不顺，工作受挫，她总能及时接受到白马王子给予自己的一股正能量。这股能量好似一双坚强有力的大手在推着她的后背，助她不断前行，让她感到踏实与可靠，继而又信心倍增了。不久，胡成爱与心爱之人走上红地毯，步入了婚姻的殿堂。

婚后，丈夫细心、体贴，十分支持她的工作，这让她很感动。她觉得自己是一个非常幸运又很幸福的女人。

但是，任何成功从来都不是一帆风顺的。正如一首歌所唱的那样：不经历风雨，怎么见彩虹，没有人能够随随便便成功。世上之事，总要经历穷而后工的磨炼。鱼与熊掌，很难兼得。这一点，胡成爱也没能例外。

因为工作太投入的缘故，几乎视工作如命的胡成爱，很难兼顾到家庭，平常忽视了对家人的关心以及自己应尽的家庭义务。时间久了，不免招致家人的不快。丈夫虽有些不悦，但从来不说，仍旧默默地支持着妻子的工作，只是十分担心她的身体会吃不消。婆婆忍不住了，饭桌上偶尔会冒出一两句不满之词。胡成爱内心满是愧疚，觉得自己确实亏欠了家人许多，只好默默不语，独自承受着。她很想做个贤惠的妻子，孝顺的媳妇。一家人恩恩爱爱、和和睦睦，是她内心强烈的渴望。然而，一进入工作状态，胡成爱仿佛得了健忘症，就忘记了一切，似乎她的人生内容只有工作这么一项。

最令胡成爱伤心的是，儿子出生以后，因为自己终日忙于工作，无暇顾及其他，有时候甚至连奶孩子都没能做到。心疼孙子的婆婆不高兴了，饭桌上就干脆用话语刺激她：像你这样，最好别生孩子，省得耽误了工作。

人生在世，不被理解其实是一件叫人很苦恼很伤心的事，满肚子委屈没法说，也没地方说。即便说出去，也未必能被人接受和认可。人们的普遍认知是：一个普普通通的女人，伺候好丈夫，培育好孩子，照顾好家庭，就是成功，这也是她的分内的事。然而，胡成爱并不想自己仅仅成为一个相夫教子的俗人。她有理想，有自己的追求。成为一个教有所成、受人尊敬的人民教师，是她人生自始至终的追求。课本、课堂于她而言，似乎有种神奇的魔力，沾上就不能释手。

在这样的两难选择中，胡成爱最需要的是平衡，尽量不顾此失彼。可是，对一个极其钟爱于教育事业的人来说，这种兼顾无异于空中走钢丝，要做到万无一失，何其艰难。

生活中的矛盾无处不在，尽管你小心翼翼，有时也真的难以避免。醉心于教学的胡成爱，很难做到每日及时回家洗衣做饭，和丈夫聊天，陪儿子玩耍，逗儿子开心，享受天伦之乐。尽管她内心很想成为一个贤良的媳妇、称职的妈妈，但是工作和学校里的那帮孩子，总是叫她放心不下。

"孩子三岁那年，由他奶奶完全接管了。她有时干脆就不让我见孩子，理由是我的工作太忙，不能影响到我的事业和前途。话语中充满着嘲讽。我与婆婆的矛盾，瞬间可能就会一触即发。但我忍着，竭力控制住自己。我想，问题总是因我而起的。"

我禁不住问她：您这样一心扑在工作上而忽略了家庭，值得吗？

"没有什么值得不值得，我热爱我的教育事业。我这一生，或许就是劳碌的命吧。"

沉默了一会儿的胡成爱，忽然抬起头来对我说。

六

痛彻心扉的疾病，让胡成爱体会到了什么是"生不如死"。每到夜晚，她就感觉自己已死，整个房间也幻化成了一座坟墓，她就是坟墓中的那具骷髅。这样的折磨持续了几年之久。

2007年7月，胡成爱实在撑不下去了，在爱人的一再强烈要求之下，才去医院检查，结果被诊断为类风湿。而类风湿这种病，向来被世人称为"不死的癌症"，属于世界性的疑难杂症，至今尚无治愈的可能。

胡成爱的内心绝望了，她不相信自己会患上这种病。她觉得自己还很年轻，她不能死，她的家人需要她，她的学生需要她。她不甘心就这样早早地结束自己短暂的生命。她更不相信自己的病治不好。

于是，在家人的陪同下，利用双休日或是寒暑假，他们踏上了求医问药之途。几年间，他们去过很多地方，北京、上海、西安、太原、兰州……凡是听说有可能治愈的地方，他们都没有放过，但病情依然没有好转的迹象。胡成爱每天都要靠吃大把的药来维持生命，中西医结合，辨证施治。她每天早上要喝下一大杯药汤，上班时带上一杯中午喝，晚上回家再灌下一大杯。难以下咽的苦涩，有时叫肠胃翻江倒海，但期盼能出现奇迹的胡成爱一直忍着，忍着。她是多么希望有一天一觉醒来，病魔早已从自己的身边逃离开了啊。

被病魔折腾得心力交瘁的胡成爱痛苦不堪，有时甚至会产生轻生的念头。人生这杯苦酒，她比别人提前品尝了许多。命运对她来说有些不公，打击甚至是毁灭性的。但胡成爱就是胡成爱，她没有被悲惨的命运所击垮。相反，她鼓足勇气，千方百计振作起来。求医问药几年来，她从未因病请假，依然坚持上班，坚守在三尺讲台之上。

聊到这里，我不禁对眼前这个说话夹杂着较重江南口音的纤弱女子，又一次投去惊叹的目光。我在思索：到底是什么样的一种神奇力量在支撑着她，疾病缠身时，依然坚守工作岗位，须臾不曾离开？

扫了一眼胡成爱的办公桌，有些杂乱，堆满了学生的作业本和各种教科研刊物。其中还有几本砖头一样厚的教育专著，内里皆有折页，说明她一定读过。旁边一本封皮已经破旧磨损的硬壳笔记本引起了我的兴趣。征得她的同意，我随手翻了翻，里面密密麻麻地记满了各种教育教学案例和教育日记。其中有一则，深深地吸引了我的眼球：

2008 年秋，我接手了一个高年级班。这是年级中最令人头疼的班级，纪律、卫生、成绩都是全校最差的。第一天上课，就让我充分领教了他们的狠劲。两节课，我仿佛置身于热闹的菜市场中。他们无视我的存在，肆无忌惮地高声谈笑，小声嘀咕，有的甚至在后面扫地，搞得班级尘土飞扬、烟雾弥漫，我厉声呵斥也无济于事。

晚上回家，我整整思考了一夜。第二天，我并没有急着上新课，而是向他们娓娓讲述我小时候上学的故事。当我说到自己当年也很调皮，想在班级称雄而戏弄老师时，班上竟是那么安静，并且我发现他们脸上都浮现出了会心的微笑。直觉告诉我，我编造的故事见效果了。现在，我已成了他们调皮捣蛋的同盟者，一下子就拉近了我与他们之间的心理距离。从他们的眼神中，我能读懂他们已开始慢慢地接纳我了。

这让我认识到：老师只有蹲下来，和他们一样高，才有可能走进他们的内心。只有先了解他们的想法，再进行有效引导，然后才能开启他们的心锁。

高年级孩子容易产生逆反心理，不宜强行管制，否则会适得其反。白天我除了吃药、扎针，其余时间都和他们在一起，抓住各种机会和他们谈心，成为他们的朋友、他们的导师。

每天放晚学后，我班就进行心理交流峰会，对班上出现的各种不良现象，当事学生首先反思，再分析原因。然后，老师进行总结，指出每个人的问题所在，最后进行合理的引导和教育。

用了一个学期的时间，才完全制服这群调皮又可爱的孩子。我把他们的天空洗刷得湛蓝湛蓝，把爱的阳光洒满他们的心田。他们如同朵朵花儿争相开放，整个班级也变得积极向上，异彩纷呈。先后有四名同学参加县中小学运动会，获得个人单项一等奖，同时也为学校夺得团体总分一等奖。一名同学参加县艺术节，获得歌唱大赛一等奖。

另外两名同学，也在本校才艺展示大赛上斩获一等奖……

孩子们的每一点进步，取得的每一点成绩，都成了我的镇痛剂，无比激动的心情让我暂时忘记了疾病的疼痛。整个班级欣欣向荣，各项管理井然有序，学习成绩也一跃成为全镇（繁阳镇）第二。我们班终于扔掉了脏乱差的帽子，成为城关一小一颗耀眼的星星。

2010年，我班被评为"县少先队雏鹰红旗中队"。一纸奖状，见证了我的努力。

读罢这则日记，我眼前陡然明亮起来，有种豁然开朗的感觉。我好像探寻到了胡成爱成功的秘籍。

成功，从来都不会无缘无故。再困难的事情，只要你坚持用心、用爱、用情，相信时间会给你答案。从胡成爱身上，我获得了巨大的能量和启示，从而也变得心明眼亮。

七

2010年7月，由于长期服药产生的毒副作用，胡成爱的多个脏器严重受损，仅有的一个肾脏也查出了尿蛋白。她的全身开始慢慢浮肿，四肢无力。胡成爱心想，这次可能真的完了。但是，新学期开始，她依然不肯放弃工作。校长得知此事后，非常关心，劝慰她安心治病、养病，以身体健康为主，工作可以暂时放一放，学校一定会妥善安排。

胡成爱很感激学校领导和同事们对她的关爱和理解，可是一旦离开了学生，她总觉得心里空落落的，不是滋味儿。

好人终有好报。经人介绍，胡成爱去南京看一位中医。这位中医医术精湛，德艺双馨。在了解胡成爱的具体病情后，他提出了针灸治疗的建议，这样尽可能避免因服用药物而对脏器造成的伤害。

胡成爱最后并没有选择在南京住院治疗，而是拿了一些器材和药品，就匆匆回了家。她和爱人商量，还是在家中治疗，这样可以做到上班治病两不误。看着憨态可掬的妻子，爱人又气又急，他真搞不明白妻子到底中了什么邪，对工作如此疯狂，以至于置性命于不顾。爱人坚决不答应，要求她必须治好病后再上班，甚至为此事差点和妻子吵架，但最终还是拗不过倔强的胡成爱。

实在没有办法，爱人只好请来了丈人、丈母娘做他们女儿的工作。

望着脸色苍白如蜡的瘦弱的女儿，父亲胡美意始终阴沉着脸，一言不发。这位深爱着儿女的慈父，此刻在用他少有的威严眼神紧盯着胡成爱，似乎告诉女儿必须要听话：傻孩子，身体才是革命的本钱。你不能犯糊涂啊！

母亲在一旁嘤嘤啜泣，抓住女儿的手不停摩挲，滚热的泪珠滴落在胡成爱的手背上。此刻，她心中的痛楚与担心，也许只有同样身为母亲之人，才能感同身受。

亲朋好友也纷纷过来劝说胡成爱，要她申请病休。校领导十分关心她的病情，同意她在家休养一段时间。但，内心坚如磐石的胡成爱，面对众人的好意，一一谢绝了。

我趁机打断了她的叙述，提出疑问：在身体健康与工作两者间，您为何不顾身体健康而执意选择工作，这似乎有些违背常理啊？

胡成爱说："人生，常常会面临着艰难的选择，但只要遵从自己的内心，估计就不会有什么错。我这人没什么远大的理想或是志向，只知道自己从小就有长大当老师的愿望。我也不知道自己为什么一看到学生就喜欢，就有想教育或是塑造他们的念头。我知道自己有病，但只要一踏进校门，看到孩子，就忘了疼痛，就一心想着要把课备好、上好。"

窗明几净的校长办公室里，靠窗的几盆绿植郁郁葱葱，在炎炎夏日里依然焕发出勃勃生机，展示出旺盛的生命力。

看出我对绿植的好奇，精明的王校长连忙说："浇水，经常过来浇水，否则哪能长这么好。"

忽然，她手指着胡成爱对我说："这就像我们胡老师教育学生一样的道理，用心了，终究有回报。"

我请她具体说说。

她顿了顿，我猜测她应该是在梳理要表达的思路。接着，王校长说："这些年，胡老师与疾病作斗争从未间断过，工作上却从来没有要求我们领导给予额外照顾，也没有请过病假。即便在治疗期间，她依然毫无怨言地接手了两届后进班级，倾注了大量的心血，下了很大的功夫，彻底扭转了两个班级的面貌，当然，最后都取得了非常不错的成绩。胡老师是我们学校爱岗敬业的表率，是师德高尚的典范，为我们全体师生所敬佩。"

也许是怕我不太相信，王校长连忙从档案橱里搬出一摞文件以及各种荣誉证书，堆放在我面前，并指着其中的几本说："这上面真实地记录着胡成爱老师所取得的一些突出成就，作家您不妨自己看看。"

我随手翻了翻，很多，有"芜湖市优秀共产党员""芜湖市优秀教师""芜湖市先进班集体""繁昌县道德模范"，等等。所有这些，都见证和表明着胡成爱老师付出的汗水没有白流，正所谓"一分耕耘一分收获"。自古，"天道酬勤"是颠扑不破的真理。

其实，此前我已悄悄去过繁阳镇城关一小的会议室，站在窗外，透过干净明亮的玻璃，我能清晰看见室内陈列着的各种奖状、奖杯、奖牌，占满了几方墙壁。

我不是印象主义者，但我有一个自己的基本判断：摆在面前的这些实物，至少能说明城关一小是一所管理规范、工作严谨、踏实认真的单位。也正是在这样的健康环境下，才能培养出优秀的教师，优秀的学生。

八

从南京看完中医回来，胡成爱拒绝了所有好心人的劝说，毅然决然地去上班了。同事们都很惊讶、费解，学生却高兴得不行。见不到胡老师，他们就跟丢了魂似的，终日心神不宁。如今，胡老师回到学校，他们一齐欢呼雀跃，是那么开心、激动。

类风湿是一种无法根治的顽疾，药物对胡成爱的脏器伤害太大，所以只能采用针灸疗法。沉浸在勤奋工作状态中的胡成爱，每天还要扎近200根针，每次都把她扎得眼泪汪汪，但她极力忍着。她心想：如果一天中能用1小时的疼痛，换来23小时的轻松、安稳，能像正常人一样工作、生活，那该是多么幸福的事啊！

关节的严重变形，眼睛、面部、身体的浮肿，似乎都在向胡成爱发出最严厉的警告：再不放手工作，就叫你消失。

胡成爱当然不愿消失。每次，她都请求医生在每个关节上多加几针，每根手指至少扎3根。医生不忍心，担心她受不了。但胡成爱为了减少病痛，依然坚持自己的要求。

医生叮嘱她，除了针灸，还有一个重要良方就是宽心、休息。言下之意：你不能再上班劳累了。

可是，胡成爱哪能停得下来。学校教师缺编，人人负担都很重，基本属于超负荷状态，现在把担子卸下来交给别人，谁能受得了。再说，孩子们离不开她，她也舍不得离开学生。

2011年秋，胡成爱接手了一年级四班。这帮刚入学的孩子天真幼稚，活泼好动，爱和老师玩"猫捉老鼠"的游戏。胡成爱因此事生气，他们却一脸无辜。进行严厉的批评吧，又不忍心。用高年级的教育方法肯定不行，胡成爱苦苦思索教育良策。

双休日，胡成爱在家翻看《教育心理学》，认真研读。从中她了解到：低年级学生的行为大多是无意识的，他们自制力差，有意注意时间短，爱玩游戏，爱看动画，好奇心强，模仿能力强……看到这里，她思维的火花，瞬间被点燃。

此后，她通过"环境布置促进学生养成良好的学习习惯""日常管理促使学生形成良好的行为习惯""教学内容与游戏、动画结合凝聚学生注意力"等方法的具体实践，收到了明显的效果。

在她的不懈努力下，学生很快适应了集体生活，并养成了良好的习惯，班级秩序井然。组织的"模特走秀"、经典诵读《诗意江南》等节目，在学校会演中好评如潮。期末统测，班级成绩位居全校第一。

胡成爱的工作，得到了校领导们一致认可和嘉奖。她所带班级连续几年被评为繁昌"先进班集体"。

九

在胡成爱家里，并不宽敞的室内，到处摆放着书籍，一进门，就给人书香扑鼻的感觉。房子不大，布置得却很温馨。盆栽的绿植不少，叶片上有细小的水珠滚动，显然主人刚刚浇了水。它们现在活力四射，展现出顽强的生命力。这个炎炎夏日里，它多少会带给人们一丝清凉的慰藉。

沙发一角，一些书散放在那，我发现教育学、心理学、各种教科研刊物居多。可以猜想，胡成爱平日对教学的钻研之深。茶几上，还有一摞盈尺高的书，随手翻翻，全是有关中医针灸类书籍。

我不解，问其故。

胡成爱腼腆一笑，说这都是她和老公平时自学针灸看的。为了减少往医院跑的次数，为了不耽误上班时间，不影响教学，她和老公商量，自己在家学扎针。起初，老公极力反对，坚决不同意。后来想想，对胡成爱来说，针灸可能要伴随一生，永远这样每日去一趟医院，也不太现实。于是，干脆狠下心来，利用节假日以及下班时间，推掉一切不必要的应酬，潜心啃这堆"硬骨头"。

跨专业学习本就困难重重。如今不仅要弄懂那些艰涩的古文字和深奥的专业术语，还要据图在身上找到对应的经络，找准穴位，然后扎针，何其艰难！有时候，一连扎上许多次，都不在穴位点上，疼得胡成爱龇牙咧嘴，冷汗直冒，但还是要咬牙坚持。至今，一说到这些，胡成爱夫妇仍然觉得头皮发麻，脑壳都疼。

好在功夫不负有心人，最终他们还是学会了，慢慢掌握了针灸的一般步骤与方法。每天中午，胡成爱匆匆扎完针后，就赶往学校，从未因此耽误过教学。

在她家的书橱中，整整齐齐地码放着大小不一的荣誉证书，多达几十本。我手指着它们，表示我想看看，可是胡成爱老师好像并不很愿意。她说，这些都属过去的荣誉，没什么值得炫耀，而且许多荣誉都是领导及上级部门给予我的鼓励，实在不值一提。

我执意要看，她不便再阻拦。但，当我一一打开，事实证明它并非如胡成爱所谦虚的那般。可以说，每一份荣誉都沉甸甸的，实实在在的，浸透了她的汗水和智慧。

自2003年以来，她所获得的各项荣誉实在太多，我无法一一列举，有县级"优秀园丁""优秀辅导员""道德模范""骨干教师""优秀班主任"，更有市级"优秀教师""优秀班主任""优秀共产党员"

"道德模范""芜湖好人"等。

2014年，胡成爱老师被评为"安徽好人"。

我常想，一个人做好一件事，做一件好事，其实并不难。难就难在数年如一日地长久坚持，毫不懈怠，矢志不渝，且有为之舍弃人生乐趣甚至身体健康的牺牲精神，那就非一般人所能及了。这样的人，心中一定有梦，有理想，有爱。唯有爱，才能激发人对工作的满腔热情，对事业的赤诚。

胡成爱很普通，长相普通，穿着普通，做着普通的工作。但她凭借着自己对教育事业的一腔挚爱，硬是在平凡的工作岗位上，做出了不平凡的成绩，受到人们的广泛赞誉，让我不禁对她肃然起敬。

二十多年来，胡成爱没有以病痛为托词而请假，反而更加坚定地站在三尺讲台之上。她说："是孩子们让我忘记了病痛，只要身体允许，我就会坚守在讲台上，直至生命终止。"

走出胡成爱家楼道，迎面碰上一位阿姨。她看看我，说：是去胡老师家的吧？

我点点头。

老人说："胡老师可是个好人哪，我孙子就是她教的。没有她，我孙子哪能变好、考上学校?!"

显然，她是位心直口快的阿姨。我冲她笑笑，再次点点头。

十

离开繁阳镇，我似乎有些不舍。小镇不大，环城皆山，望之蔚然而深秀。城内，道路整洁平坦，绿树成荫，鸟语花香，充满着浓浓的人情味。这是一座美丽的宜居小镇，安静、内敛、厚重，又具若谷的虚怀。

　　繁昌自古人杰地灵，历史悠久，文化底蕴深厚，社会风清气正。在这片有红色记忆的土地上，先后涌现了数十位新时代好人。胡成爱无疑就是他们当中令人敬佩不已的一位。

　　张承斌，安徽芜湖人，中国散文学会会员，安徽省作协会员。作品散见国内外百余家报刊，有文章获奖并入编选集。

拳拳园丁梦　丹青写春秋

——记"芜湖好人"杜树森

董金义

采访他，我的本本上只记下大半页，十几行字，他不太爱说话。那天在他家客厅，我俩并排坐着断断续续聊了约一个时辰。我当时印象是，身边的他与我一样，不高大，不再年轻，从容安静。面对他的画室，似乎不坚守也没放下，整个人有些浸染艺术年久积重难返的样子，没有聚光灯下艺术家通常的蓬勃与激情，但内敛、谦和、儒雅。我猜，他从年轻时就追求的绘画艺术，几十年里，给过他多少欢乐，就给过他多少苦难，他显然不是轻松玩玩绘画的那一种人，他有着内心的坚守与追求。那天，窗外雨一直下，我离开时，他执意撑着伞下楼送我。回市区芜湖后一个月，我没动笔，虽然有些事耽搁，但不全是，一是想消化一些资料，二是看了那点资料也没有头绪，几次坐到电脑前，敲不出字来。写他不容易，他身上贴了两块标签，一块是"画家"，他有美协颁发的证书，有许多意境美好的作品面世，成果被写进《安徽美术五十年》；一块是敬业奉献的"好人"，同样有官方颁布的文件，更有许多事迹材料支撑。但他告诉我，他一直是教师，美术教师。

我不想再给他贴什么标签，只是想让你认识一下他，也许你会因此记住他的名字——杜树森。我觉得杜树森先生是一个值得走近的人，他心里装着美与慈悲，还有因此而生发的对人生与艺术的独特思索。我个人觉得，如果只论作品，他几十年前就是画家，他早年就有许多无意而佳呈现大美、直入人心的画作；如果只论行善，他20岁时就是一个好人，在林场插队两年，义务为村民画像，特别是给那里的老人画像，让一生没进过城市照相馆的老人，百年后能给家人晚辈留下一份珍贵纪念……

绘画支撑起青春岁月

1957年，杜树森出生在山东，两岁多随父母来到芜湖繁昌。父亲当过兵，转业后做过公司领导、银行行长，母亲是普通员工。他走上绘画的路，没有家学渊源，是源于儿童时自己的热爱。读小学时正值"文革"，他经常为班级出墙报，画刊头，闲时给同学、朋友画头像。画不像就找美术书研读，反复画，没有人指点，画多了，无师自通，画啥像啥了。一个人绘画需要这样的努力，更需要这样的天赋。

读到高中，他所在的全班26人集体下放，他去的地方是繁昌境内黄浒河上游一个林场，有些荒蛮，离县城几十里路，在交通不便的年代，算是比较偏远之地。林场很穷，餐桌上只有米饭，没有菜，知青们只能从家里带些咸菜下饭。杜树森生活用品不多，他却带上心爱的画具，画画填充了乏味的林场时光，也正是因为年轻，不畏天宽地阔，不知昼短夜长。在林场，工人们干的都是粗活，采伐、修剪、防火、防虫、工程建设……杜树森干得最多的是植树造林，首先要挖山，然后栽树，植完树从山下小河挑水到山上浇树，反复如此，天天与满山树木纠缠，辛苦又单调。有一瞬间我有些宿命地寻思，他去边远的林场插队，是因为他姓名中有很多木吧？杜树森这样的名字，不与树木结缘才怪，后来他的画中也常有各种各样的树木。此为说笑，也许当初起名时，了解命理八字的先生只是想为他增加一些"木"元素，以补其缺，也未可知。当然更可能只是父母希望他能成为天地间参天大树，成为栋梁之材。

在林场，几乎没有人会画画，这也使得能画一手好画的他鹤立鸡群，名气渐大。因为封闭，这地方的人，有的甚至一辈子都没出过山，几乎没有人去过城里照相馆。见他会画画，方圆几里地，东一家西一户虔诚地三请四邀，让他画像。休息日，杜树森也不推辞，背起画具走村串户为乡亲们绘肖像、画中堂。杜树森的到来，仿佛改变了这个山冲人行事作风，他们忽然关心起自己的模样，关心起河流房屋在纸上呈现的样子，更好奇起他这个外来的"知青"，凭一纸一笔是如何做到的，简直就是"神笔马良"。这里的老人们都想让他画张像，将来走后能给儿孙辈留个念想。画完像，当然没人付费，但纯朴的乡亲们总是要留他吃顿饭的，而且桌上少不了平时舍不得吃的山乡腊味，这类加餐总能恰好地慰藉杜树森平日少油的胃肠。

有一次，林场几里外一位老妇人去世了，家属寻来，请杜树森给老人画遗像，灵堂上用。杜树森从来没有给死人画过像，当时他还是一个不到二十岁的大孩子，特别害怕面对死人，一时心里忐忑，不敢应承。未料来的那位老者朝他扑通跪下，对他说：求求你了，灵堂上没张遗像不成呀！杜树森见状赶紧扶起老人，硬着头皮带上画具跟老人走去。死者儿子把开始僵硬的母亲扶起倚靠在床头，杜树森铺开画纸开始细致地对死者的头部写生，一直画了几个小时，最后将死者闭着的眼睛画睁开，总算完成，出了一身汗。死者家属看了，连声夸赞：画得像，画得像。随即，给杜树森端来一碗面，碗底埋了三个鸡蛋，杜树森知道，这是贫穷岁月里乡亲们最高的待客礼节了。热乎乎的鸡蛋面条，也驱散了杜树森的疲惫与紧张，他收拾画具，独自踏上林场的归途。快到林场时，暮色四合，西天的光盛大厚实，树林尽染，让那个黄昏变得格外美好。不知何故，那一刻，杜树森内心一扫生活中的苦难感，并对长长的未来，忽生期待。

在林场插队两年多，这里山绵延林茂密，小河溪流清澈，景色秀丽，空气新鲜，虽难免遭遇虫蛇，但更多的是鸟语花香，是画者天然写生的所在。闲暇时，杜树森成了这山林乡间的独行者，背着画具，红的花、绿的草滩、黄的沙丘，都是笔底过客，果林、藤蔓、青峰、紫霞皆是纸上云烟，当然画得最多的还是那些身边人物：历尽沧桑的老人、天真无邪的稚子、清纯俏丽的村姑、英俊健壮的伐木工人……画稿像日子一样堆积，笔触也是心到意呈。那一个阶段的杜树森，对画景物没太上心，但山与树的形态了然于心。他最喜欢画的是人物，他觉得人物画是绘画最基本的东西，能画好人物也一定能画好景物，为此他还钻研人体解剖学，了解人体组织结构。平时除了给别人大量写生，也临摹多种肖像，在人物画上特别是对罗中立、周思聪等人的作品下了不少功夫。没承想这一侧重为日后到来的美术高考打下坚实的基础。

两年后的1978年，恢复高考，大学开始招美术生，得此消息，杜树森内心雀跃，更幸运的是专业课考试内容：头像写生、人物速写、水粉，这正是他擅长的，在上初中时画刊头，已大量尝试过水粉，所以考场里他如鱼得水，结果以优异的成绩被当时的巢湖师范专科学校美术专业录取，从此杜树森开启了真正意义上的绘画生涯，从业余走向专业，从民间走向科班。大学几年，杜树森如饥似渴，了解中外美术史，窥探尝试多画种，丰富绘画理论，在陆君等老师的指导下，基础训练更扎实、更系统，人物水粉油画均有了长足进步。毕业时，满怀豪情的他本想去新疆支教，但最终在导师陆君的劝说下服从分配，成为宁国师范学校的一名美术教师。

其时他与班上考进来的师范学生年龄相仿，学校美术教师资源稀缺，当时除了教学生，课余时间他还培训学校美术老师，他二十平方米的单身宿舍，成了免费的教室，也是在这样的教学中，他发现了一些美术好苗子。后来他的这些学生苗子，有的成为美术界"名流"。比如担任巢湖学院艺术学院院长、著名画家胡是平教授；比如哲学博士、清华大学美院培训学院山水画导师洪潮先生，现履职文化和旅游部。他们在美术上都非常有建树，如今工作虽忙，与昔日的老师杜树森依旧彼此可言，精神共处甚多。此外他的学生，目前在省内外高校担任教务主任、教授的，不下二十位，这让一个当年的美术老师多么欣慰！绘画支撑起他整个青春，让时光与丹青一样绚丽。

他的画有田园有故事更有诗意

为结束与妻子两地分居，几年后杜树森从宁国师范调回繁昌三中（当时叫繁昌环城中学），依然当美术老师，校园环境优美，花木扶疏，在这里他一直工作到退休。从职业与事业重合度上来说，杜树森是一个幸福的人，他一生追求的事业是绘画艺术，他一生从事的职业是教授美术，教室、画室、大自然，都是他的课堂，这对于一个热爱画画的人，何其幸运！

这些天集中看了些杜树森先生的画，被其中许多作品深深打动。我手头的画集是他的国画集，没有收进他的水彩与油画，画册中作品以皖南乡土风情为主，笔墨从写实出发，体现的却是浪漫与诗意，呈现出画家心灵深处的记忆与艺术的理想寄托。画家技法娴熟，功力深厚，把人间平凡小景描绘得诗意、鲜活，许多生动的细节营造出安宁幽深的意境。他终日行走在天地之间，满怀对大自然的挚爱，他表现的事物、表达的方式，有着自己的艺术性格特征，在体悟大地、生命、生存、繁衍和爱中，让读者感受到他的思索和艺术创造力。传统的水墨绘画中，不管是花鸟还是山水，其审美价值方面都与画家对自然万物的崇敬和热爱有关。创作中画家往往寄情山水、托物言志，透过山水、花鸟等不同的画面物象，表达着内心对生命的感悟和理解。画家杜树森当然也不例外，他的山水、花鸟各具风貌特点。其花鸟以写意为主，"以形写神"，力求"气韵生动"；山水画则多写清新自然的山野乡村，他熟悉这些描绘的对象，经过成年累月的细心观察，画出来色彩适度，笔墨造境中透出古朴清幽之意。

杜树森说："我用线条诉说着不起眼的一草一木，我高兴的是我的画呈现的是一些真诚的故事，是对生命生活的尊重。"他认为好的绘画作品应具备：鲜明的风格，一定的绘画难度，特别的情感写真，要有前瞻性，有超越时代的审美能力。他常常想让时间停顿下来，让他能好好研究事物时空的一个切面，用不可思议的线条描述他发自内心深处的独白。这似乎也是印象派绘画大师的追求。所以说，以写实为主的杜树森，是追求艺术表达的多样性的。一个画家，如果笔墨过于直白草率，不只是画技问题，更是思维的简单。

在杜树森的画集中，有一幅画叫《青春的故事》，被很多读者关注与评论，这幅画也让我眼前一亮，我觉得此画也是作者自己的青春故事。画面在黄金分割点有条小船，船头坐着梳长辫着长袖衬衫的姑娘，其衣着打扮有20世纪六七十年代烙印，画面被分割为两部分：姑娘身后的河滩有茂盛的杂草、野花，几条渔船，是她原生态的现实生活环境；画面右上角通常应该是一片水域，有清清的河水，连通外面的世界，而作者却用浓墨填满了本该空旷浅白的这个区域，浓墨中似有风云裹挟，密不透气，又似乎有热流涌动，奔突冲撞。但画家巧妙安排的人物，不是徘徊，而是在静静看书。画面上随意播洒的点点彩墨，仿佛黑色天幕的星星，题为《青春的故事》，从20世纪六七十年代过来的人一看此画，都会心领神会。

在这幅画中，作者一改单纯写景时的明快简约，将思考、结构、逻辑、情感聚焦笔端，呈现出令人震惊的表现力。这样沉着冷静的作品，最能体现杜树森的艺术宣言。他说："因我的绘画存在，世界有所不一样，一天又一天，我在寻找生动的生活，人与景不同的状态，面目新颖或陈旧，丰富或单调，畸形或端正，我从自己的视角出发，观察与表现人间丰富百态。"杜树森始终以为，现实生活是创作源泉，永远要脚踏实地，行走山水之间；物质材料是创作媒介，可以进行多种尝试，因势而为，为我所用；艺术想象是思维方式，没有想象思维的高度，不会创作出有冲击力的画作；审美情趣是艺术修养，培养审美能力，克服自身习气，是画家毕生的修炼。

在杜树森的绘画中，有相当一部分是表现田园与家园的，比如《春情》《家园》《山乡春色》《风很轻很轻》《江岸秋色》，等等，小溪边几头水牛，老屋前一条黑狗，小桥边几棵古树，炊烟袅袅，暮霭沉沉，晚风习习，细雨绵绵，柴堆瓦舍，远帆飞雁，甚至门前晾晒的花衣裳，每一样风景，一经他点染就活起来，在眼前，在记忆中，在情浓深处，令人掩卷沉思，余音不尽。他的这些画，有气息，有节奏，有发现，有表现的角度，让你感到，对于他而言，所有的时光都没有白过，那些他经历的事物风景慢慢发酵，怦然轰鸣，洒落宣纸，点墨成金。他的故乡，他的田园，每一件事情都在慢慢生长，根越扎越深。当一个画家想得越多的时候，他的画就会体现出复杂，就会呈现一种厚度，我喜欢杜树森的画，有真情，有个性，有时代气息，有艺术品位，有深度与广度上的发力。人与人之间突然懂得，有时并不复杂，可能只是简单的一面，只是一场静静阅读，我是在静心读他的画时，突然懂得他的一些心思。

抚摸他的画集，让我感到作者自己在回望绘画创作时，其实是在回望自己曾经历的那个时代；当他在理解自我时，也是在理解这个世界。一个好的画家，从来都是一个创造者。所以这些年来，他的画受到无数人的喜爱，作品被大江南北收藏。他参与绘制出版安徽省美术教科书，作品多次入选安徽省重要展览，艺术成就也被写入《安徽美术五十年》史册。他本人也担任芜湖市水彩油画协会副会长，北京东方画院副院长，取得这些成绩对于一个长期生活在基层的画家实属不易。但我相信，在杜树森精神世界里，早已看淡了很多虚名。如果说绘画与生活还能让他困扰甚至痛苦，一定是觉得自己还没有达到内心期望的艺术高度；或者是现实世界还没有让他获得哲学的从容。我读到他写的几行诗：

我热
我燃烧
我奔上了悬崖
我冲出了温暖的怀抱
我挥动赤色的心
高歌在苍茫的地平线

我分明能感到他对艺术火一样的青春激情。而在另一首诗中又换了韵脚也换了旋律：

我乘上绝望的孤舟
去寻找那消逝的希望

在无情的汪洋中漂流漂流

做个憩息的梦

我不愿再醒来

不醒来

太阳就在身边

梦中又见希望

　　在这里我又读出了他人到中年后的"艺术苦难"，这是所有怀着使命感的艺术家共同的特质。我们拥抱艺术时抱得那么紧，如果艺术回抱我们时没有同样的力度，我们难免感伤。

　　他向我坦言道：我有点抑郁，是因为看到了很多不愿看的东西。一路走来，东张西望，忽然发现社会形态并不完美。走在街上，放眼望去，羊肉馆、牛肉馆林立，人们吃着它们的肉，满嘴流油，谈笑风生。追忆起人类农耕时代，生产工具落后，是因为有了牛，才帮助人们走过漫长的农耕岁月。生产工具进步了，人类再也不需要牛了，很快人们忘记了牛是我们的朋友，对牛挥起屠刀……

　　你了解了这些，才能明白，杜树森为什么那么喜欢画牛，在他的笔下，牛与人、牛与自然无比和谐，画面不经意间充满慈悲。有一幅叫《草青青》的牧牛图，用笔简洁，牧童骑在牛背上，牛儿在河滩吃草，背景是大块泼墨，洒点在画面的青绿，透出春天的气息，牛是自由的，牧童也是自由的。这样的画鲜活，透着爱与生命力。现在很多藏家，只择画家的名头，他们已没有耐心去细细品味画的意境，也没有能力鉴赏画作本身品质，这对于绘画艺术，算是一种可悲吧。

　　我有一位文友大姐，她也喜欢杜树森的画。她说：看他的画，有些滋味说不出来，从审美上看并不迎合观众。比如他画站立的树，空旷的天，远处的山，背着箩筐的少年……这些就好比文章中的一段白描，没有华丽的句子也没有跌宕的剧情。但你能感觉到作者的体恤。能看见村庄温情孤清，还隐隐约约看到了一种自然的宗教。我觉得这位大姐比我更了解杜树森。

杜树森还创作过一幅油画《春晨》，雾气缭绕的新安江边，一只有些年头的驳船静静停泊，一只狗，静静安卧，成为最动人的画眼。画中有故事，杜树森说："那天，一个人出去写生，走了大半夜的路，一只狗不知道什么时候跟在了身后，一直把我送到了新安江边。"所以他就画了狗，于是这只狗在《春晨》里也充满灵性地望着我们，望得人心生暖意，那暖意其实就是画者心底慈悲的流露，他笔下所有的动物，比如每一头水牛，都有这样的暖意，动物或景物都有这种爱的传递，总是让人有无言的触动、无言的心动。读他的画一多，你会觉得他其实是一位诗人。

用画笔点亮一城的丹青梦

如果说创作是杜树森的白昼，那么教学就是他的夜晚，二者共同组成他年复一年的绘画时光。多少年来，杜树森从来都把教书育人放在重要的位置，甚至高过自己的创作。除了学校里正常的教学任务，每周四晚上便去县文化馆公益教画。从20世纪90年代开始，那时文化馆还很老旧，来上课的以少年为主。后来新馆建成，教室更宽敞，来上课的成人更多了。他的课堂最受欢迎，本来只标配30人的教室，常常涌入五六十人。几年后他的美术学员多到几百近千，几乎遍布小城的各个角落，学员中有教师、医生、护士、会计、公务员、企业工人、个体经营者、退休老人，杜老师还把总部在北京的东方山河书画院引来入驻文化馆，并亲任院长。

对于美术教学活动，杜树森有他的理念与追求，他重视环境的培育改造，重视"情感的交流，大自然的陶冶"，重视绘画时"个性的自由伸展，身心的彻底解放"。他的课堂常常延伸到室外写生。

有位学员说：学习了一段时间绘画技巧之后，杜老师安排我们走近自然，对景速写。清晨驱车前往梅冲，"山水梅冲，十里画廊"，这里山美、水秀，是东方山河书画院的写生基地。一行人在村庄、田野里，随处都可以感受到无穷的妙趣。路边，随手摘下初夏季节里新结的半青半涩的野果子，洗净可食。周遭有一种久违的亲切而静谧的氛围。稻田一望无际郁郁青青，玉米正在吐穗灌浆，丝条、黄瓜长长的藤蔓沿着篱笆一直缠绕，在冷不丁的角落里开始偷偷地挂下青翠嫩绿的长条，辣椒、茄子、番茄赶趟似的在开花，远处的格桑花和莲蓬渲染出一片清新和怡然……

你看看，这么美的写生之地，哪个人笔底不会涌动激情？这就是杜树森重视的大自然的陶冶，人与景物的情感交流。他让那些幽秘的芬芳不被日常的庸碌和琐碎所淹没，能够宛然呈现在学员面前。他指给学生的是另一条绘画幽径。

他打开画具，边画边说："同学们，这里一切皆可入画，田野的一草一木，废墟里的一砖一瓦，附近的栅栏、草垛甚至垃圾桶。万物洞观，意在笔先，懂得勾勒、突出、取舍、删减，力求在尺幅间寓深邃于丰富。"

他教得陶醉，学员们也学得陶醉。看学员写的笔记："我们披草而坐，醉于自然万象，清风，流深，水穷，云起。每一点轻轻禽鸣、每一处细末微景，我们都会仔细聆听和观察，使心洞彻，天人感应，宠辱喜悲都在此一一放下。"

在跟随杜树森写生的日子里，学员们感受是一致的：万物美好，我在其中。

学员们还注意到，杜老师心地很软，途中无论碰到受伤的鸟，抑或是远离了水源的螃蟹，他都要给予帮助，他始终有众生平等的情怀。

在杜树森的这些学员中，有一位女医生远在芜湖，因为偶然听到他的课，被深深吸引。几年里工作再忙也驱车去繁昌上课，风雨无阻。她说："怕迟到，有时动身很早，但无论我多么早到，教室里杜先生总是已经在那里，一切准备就绪。"

还有位学员，从小就跟杜老师学过画，人到中年又续师生情缘，重新回到他的公益班学画。她说："机缘契合，人到中年再遇幼时绘画的启蒙老师真好，本来日日蹉跎，半生虚度，能够再次提起画笔跟杜老师学国画，倍感珍惜。"

在繁昌，许多文友画友表示，日常微信圈里，总有杜老师和他的学生画作被传阅、转发。这些年杜树森也以一己之力，为他的学生们举办了三届大型作品展。甚至中华人民共和国文化和旅游部的某领导，因为是杜树森的学生，也从北京特意过来为老师捧场，媒体也跟进报道，真是给画展增加高光，而展出的那些质朴、灵动的画作，虽有稚嫩，也很可观。如果说，杜树森用他的画笔点亮一城的丹青梦，一点也不夸张。

有位退休学员说：愿丹青不知老之将至，让老去来得迟一点，从容一些。杜老师教诲，国画要求强调"外师造化，中得心源"。研墨铺卷，皴擦笔势，点染色彩之际，"不思声色，不思得失，不思荣辱，心无烦恼，形无劳倦"，我们把对万物的洞观凝于笔端，意存笔先，画尽意在。而我之所求，画不必完善，但能在贫乏、枯燥的日子里探寻一种生的意趣，足矣。

愿丹青不知老之将至，说得挺好，人总需要点什么来支撑生命所有的阶段。我们是进入中老年后，才知道一生多么短暂，青丝与白头挨得那么近。那天我看着杜树森年轻时帅气的照片，与眼前的他已判若两人，加之笔者自己也年近花甲，内心不免感慨。杜树森性格开朗的夫人笑着对我说，杜老师年轻时白白净净，英俊得很，身上散发出迷人的活力。这些年生病，要做血液透析，把他变老了，变黑了，没以前那么精神了。其实在笔者眼里，杜树森先生依旧很精神，只是多了些沧桑、沉稳，多了份长者风范。时光能带走一些普通人，让他们消失得无影无踪，仿佛不曾来过人间；时光也会带走一些大画家，让他们肉身消失不再有新创造，但永远也带不走画家们留下的美和作品中呈现的慈悲。艺术与人性之大美，常存人间。

董金义，中国作家协会会员，出版过散文集《庸常岁月》《浮光碎影伴流年》《吟流年》，发表过长篇小说《沿着河流》等，曾获安徽省政府文学奖。现供职芜湖传媒中心。

逆行的舞者

——记"繁昌好人"毛从军

解　帮

毛从军，男，1994年6月27日生，汉族，2014年参加消防工作，大专文化，中共党员，二级消防员，现任芜湖市繁昌区横山消防救援站指导员。参加消防工作9年来，毛从军同志一直扎根在基层消防站，先后参加处置各类火灾扑救、抢险救援及社会救助2100余起，成功疏散和营救被困群众510余人，抢救财产价值1800余万元。

一个晴好的午后，我和毛从军相约在他的消防值班室见面。我们相对而坐，感觉彼此能聊得来。他腰板挺直，皮肤黝黑，全身上下散发着一股硬朗的气息。我说话时，他静静听着。需要他讲一些事情的时候，他能迅速抓住要点。感觉他这个人，还是很随和的。

面前这个年轻人，单从外表看，你或许看不出他在灾难险情前是怎样的一个人，一种表现。熟悉他的人都知道，在救援现场，他既是指挥长，又是冲锋员。面对突发事故，他沉着冷静，指挥若定；面对救灾险情，他勇敢无畏，冲锋在前。但他不蛮干，他说："面对险情，冷静是一个方面，随机应变和施救技巧更是不可或缺，这些都需要平常去反复训练。"

说到成绩，毛从军对组织充满了感恩。"是繁昌区繁阳消防救援站这个优秀团队，给了我成长的舞台，让我找准了人生的坐标。"他动情地说："尽管每天的工作很辛苦，但却十分充实。"时光荏苒，转眼间毛从军在消防这个行业已经摸爬滚打了9年。其间，他荣立个人三等功1次，多次被评为全市消防救援队伍"优秀共产党员""优秀消防员""优秀士官"，多次受到支队嘉奖。

因表现出色，2023年，上级对毛从军委以重任，任命他为新组建的繁昌区横山消防救援站指导员。他肩上的担子更重了。

红门的召唤

毛从军，1994年6月27日出生于舒城县邵院村的一个普通农村家庭。家里田亩不多，父母常年在杭州打工。爷爷早逝，毛从军姐弟俩和他叔叔家的孩子总计6个都由奶奶一手带大。作为留守儿童，他们享受不到来自正常家庭父母的呵护。家里奶奶年迈，除了姐姐，年幼的毛从军在这群孩子中最年长。他一面要帮奶奶做些力所能及的事情，一面还要担负起照顾弟弟妹妹的责任。特殊的家庭环境，培养了他独立自主、照顾他人、善于自我管理的良好秉性。

在他成长过程中，一部《士兵突击》风靡大江南北，许三多在他脑海里扎下了根。他在心里暗自嘀咕，将来我也要当像许三多那样的兵王。高考后在家等成绩的那段时间，毛从军获知当地正在征兵，他兴冲冲地去报了名。他的勉强一米七的个子在众多应征人员中不占优势，这像一盆冷水一样浇灭了他的希望。8月份，一张专科院校通知书适时而至。他在踌躇是否去上学的时候，没想到一张入伍录取通知书也寄到他家里。

毛从军面临着他人生的第一次抉择。

当时，母亲担心儿子到部队受苦，希望他去上大学。父亲对他的成绩不满意，希望他再复读一年。父亲说："儿子，帮老子再干一年，钱的事情不用你操心，将来考个好大学，老子脸上也有光。"毛从军咨询奶奶意见。奶奶说："伢嘞，奶奶老了，没的见识，你怎么样奶奶都支持。"毛从军想，都说部队是个大熔炉，只要心中有目标，在哪不能成才。面对部队的召唤，他已经急不可耐了。

一愿得成，一波又起。新兵连快结束时，他却被告知将被分到武警消防部队，不出意外他将成为一名光荣的消防兵。毛从军一想到自己将来不能握枪冲锋，成为像许三多那样的兵王，心里就七上八下的不是滋味，那一阵子他的情绪很低落。新兵连指导员找他谈心。指导员说："相比其他兵种，在和平年代，消防兵直接面对火灾扑救、抢险救援以及社会救助，对维护一方平安，促进地方经济发展的作用相比其他兵种只多不少。俗话说：'养兵千日，用兵一时。'消防部队则是'养兵千日，用兵千日'呢！但是这个兵种风险大，危险系数高，想干出名堂，要有吃得苦中苦的精神，就看你敢不敢面对这个挑战了。"毛从军听完指导员的话，脑袋被激得一热，反倒生出一腔孤勇。有什么不敢的，干消防就干消防。但真正使他了解消防、铁心爱上消防事业的，还是半年后的一场紧急救援。

2015 年的一个寒冬腊月天。警队接到报警，一人因醉驾开车坠水。接到警情后，消防队立即出动，以最快速度赶到了现场。河水虽然不深，但车侧翻水中，整个车四分之三被水淹没，被困人员的生命危在旦夕。看此情景，老班长陈能伟上衣一脱，带上救援工具第一个跳进冰冷的水里……经过十多分钟的抢救，被困人员终于被救出车外。战友们快速将已经奄奄一息的受困人员抬进救护车里。随着鸣笛声渐行渐远，换好衣服的老班长，站在河埂上的寒风中若有所思。

"不知道能不能抢救得过来？"毛从军坐在老班长身边问。

"我们尽力了。"老班长叹息一声，"能不能抢救过来看他的造化了。"

"如果抢救过来，那也是您争分夺秒的那一跳啊！"

"救人如救火，一秒都耽搁不得啊。"老班长语气凝重。"一条命，前一秒可能好好的，后一秒可能就阴阳两隔了。这样的事情我见得太多了，"老班长意味深长地说，"咱们干消防的，就是在和阎王爷抢生死簿啊！"

长河落日，风声更急。救人于危难，是消防员的职责，更是这个职业赋予的无上荣誉。那一刻，毛从军从老班长陈能伟身上找到了榜样的力量。他觉得干消防，值得！

就在他踌躇满志准备在消防事业上大干一场时，第十三届全国人民代表大会第一次会议召开了。那是2018年3月，会上正式通过了消防部队改革转隶的决定。尽管大家都有思想准备，但改革之风真正到来的时候，还是在消防部队引起了不小的震动。改革后的一段时间里，相关制度的条条框框不完整，职业通道不清晰，待遇、分工范围等不确定的因素较多。身边的战友面对改革的不确定性，纷纷打起了退堂鼓，想早点退伍回家，一方面可以提前择业，一方面可以更好地照顾家庭。

毛从军面临着他人生的第二次抉择。

当时毛从军已经入职四年，担任特勤班班长。说他当时一点没有动摇过、一点没有彷徨过，那不是实话。可是，每一次救援任务完成后，那种从心底油然而生的自豪感、满足感、成就感，以及群众感激的目光让毛从军实在舍不得离开挚爱的消防救援队伍。他已经深深地爱上了消防，所以他不仅自己选择了坚守，还极力劝说身边的战友留下来。他不厌其烦地和大家谈心。"在哪不是就业，在这里大家兄弟一条心，不比在外单打独斗强？"他说："咱们学历不高，回去还不是天南海北打工，想一家老老少少天天厮守有几个人能做到。"他还说："消防好歹是门技术活，工资福利都有保障，咱们都留下来好好干，将来一定会有好前程。"最终，特勤班以全员在位向消防改革交上了一份合格的答卷。

一个不服输的人

改制转隶后，"全灾种、大应急"应时而出，大到地震洪水，小到救猫救狗，甚至连开锁、捅马蜂窝也有人打119。而一旦有人报警，就必须出警。最忙的时候，一天出了54场警，毛从军笑着说："有时真是忙得喝口水的工夫都没有！"

面对新的变局，毛从军从队员业务能力和为民服务两个方面作了更多的思考和设想。如何拉近火场与训练场的距离，从实战需要出发，全方位打造一支正规化、专业化、职业化"钢铁之师"，让指战员多流汗、少流血，成为他主要的思考内容。针对专业队不够专、特勤班不够特、机动性不够强等能力短板问题，毛从军号召消防站指战员进行了大讨论，大胆进行了有针对性的训练创新。

为锻炼扑火队员的体能和扑火战术，每年春秋防火期，毛从军都会高标准、严要求制定详细的学习训练计划，定期开展理论培训，提高队员们的业务和政治文化水平，了解灭火机具使用方法和原理。为把理论知识融入实战中，他结合训练基地和实战演练，进行技术练兵和体能练兵，学习三机配合、四机配合、分兵合围等灭火战术的使用，大大提高了扑火队伍整体实战能力。

骨子里，毛从军是一个不服输的人。在消防救援大队，29岁的毛从军在队伍里算老队员了，训练场上到处都是比他小的小伙子。然而在比武竞赛场上，他凭借过硬的业务本领和不服输的顽强意志，敢于向任何对手发起"正面强攻"。他深知，没有练就过硬的本领就可能流血，甚至可能造成重大伤亡。于是他在全队叫响了"当兵不习武，不算尽义务；武艺练不精，不算合格兵"的口号。只要一有时间他就上训练场带着大家一起摸爬滚打，手把手地纠正动作，指导训练。双人徒手翻窗项目危险性大，技术性强，许多指战员都不敢练，他就一遍遍地做示范。有一回，因体力透支过大，他从二楼摔了下来，好在他有较好的基本功，才没有摔伤。但皮破骨痛是避免不了的。毛从军轻伤不下火线，依然站在训练塔前耐心作示范。毛从军的行动深深感染了每个指战员，大家都自觉刻苦训练，形成了浓厚的训练氛围。

2016年，芜湖市开展芜湖支队消防比武春季运动会，全市12支队伍参加了这次技能大比武。技能比武分为技能、体能和理论三个部分。技能方面比挂钩梯、爬绳等救援实战技能，考验参赛人员的速度和技巧。体能训练比5000米跑步、单杠等，比的是基本耐力。理论考的是消防基础、电气、力学等，虽然都是基础知识，但专业跨度大，题目包罗万象，考察参赛队员的综合知识掌握情况。

作为消防站的主力，在比武开始的前两个月，他带着队员展开了针对性反复训练。他说，比赛，唯一的捷径就是熟练。有些动作，甚至要形成肌肉记忆才可以。对别人严要求，对他自己的要求更激进。别人练爬绳就是练爬绳，他却给自己"加菜"，背上消防空气呼吸器负重练习。别人跑3000米，他就穿上沙背心跑3000米。休息日和业余时间，他也毫不懈怠，不是在训练场上挥汗如雨，就是在寝室里默默背理论试题，队友们都称呼他为"拼命三郎"。这次比武，他带领所在团队获得了全市团体第三的好成绩，处于第一梯队。2021年，组织上选他作为新兵班班长，在他的培养带领下，4名新入职消防员中，一人参加全市比武集训队，并代表芜湖支队参加全省消防救援队伍大比武，荣获团体第一名的好成绩。

生与死的考验

每一次警笛骤响，都是血与火的考验。2018年7月20日，繁阳镇某加气站发生火灾，站内存有待售各类油品，极易发生爆炸事故。毛从军作为一号水枪手，怀着对消防救援事业的赤胆忠诚，以他赴汤蹈火、冲锋在前的英雄气概，以他率先垂范、勇于担当的奉献精神，始终坚守在灭火救援最前沿，经过近1个小时的处置，成功扑灭火灾。2019年9月24日，新港镇汪国栋码头一艘停靠在江上的轮船突发大火，船内多仓多层，结构复杂，并存放油品2吨及各类易燃易爆罐体十余个，随时都可能发生爆炸事故。毛从军主动请缨担任内攻小组组长，并带领小组登船灭火，经过2个多小时成功扑灭火灾。26岁的毛从军，第一次被群众记在心里。

每一次着装出发，都是生与死的考验。2022年6月1日，繁昌区瑞程科技有限公司发生坑井埋人事故。在高度约15米的选矿料桶内，罐体内装满砂砾。被困人员在清理堵塞料筒时从顶部不慎滑入，被困人员头部已完全陷入砂砾之中，生命危在旦夕。当时救援人员面对的困境有两个：一是救援位置狭窄，工具、设备不易施展；二是罐体四周的砂砾靠着摩擦力维稳，稍有不慎就会引发二次塌方，救援不成反成被困人员生命终结的推手，救援人员本身也有生命之忧。因此，参与救助人员不但要技高心态稳，还要有较好的体力，方能成功施救。作为安全员的毛从军，临危不惧，主动申请担任一号员下井救援，他利用平时所学的绳索救援专业知识，下到井中，与战友们协同，利用木板对被困工人周边砂砾进行加固，同时用工兵铲持续挖砂砾运输出去，挖到肩膀位置时，利用安全绳、安全腰带把被困工人固定。救援人员采取轮班的方式将被困人员腰部位置挖出时，利用绳索三比一提拉系统方法对被困者实施救援。经过近4个小时的井下救援，成功将被困者救出。面对各种媒体的采访，他们说得最多的是，这是我们应该做的。

明知山有火，偏往火山行。2023年1月22日凌晨3时43分，消防队的报警电话在寂静的夜空中乍然响起，繁昌中辰一品一门面房发生火灾，一家人被困家中。人命关天。一声声鸣笛，吵醒了正在熟睡的人们。从接警到赶到事故现场，毛从军带着他的战友仅仅用了8分钟。在惺忪的睡眼里，人们看到了灾户家里通红的火焰、浓黑的烟雾、幼儿的啼哭，站在夜色里的人们揪着心。一家五口人，老老少少，还在火里呢！因是夜晚，门窗自内紧锁。毛从军当机立断，指挥战友破碎门面房玻璃门，铺设水带准备对一层火势进行扑灭，同时向前来的周边居民打听情况。听完知情人简单介绍，毛从军的后背顿时出了一身冷汗，心一下子就悬到了嗓子眼上。

这是一层扩建二层的门面房，一楼前面售卖烟酒，后面为厨房，家里用的是液化气罐。二层为住房和存有烟酒的小库房。如不马上灭火降温，液化气罐和酒极易爆炸，如果爆炸，睡在二楼的房主一家随时有生命之虞，整个大楼结构可能也会受损……容不得分秒迟疑，时间就是生命。毛从军不顾个人安危，穿好防护装备，带领一班人马冲进了屋内。屋内浓烟翻滚，哪里是东西南北？他们只能靠着在训练场上模拟了无数次的救援经验，以进门位置为参照点判断室内方位，进行灭火。火势被控制住了，液化气罐被冷却拎出，毛从军稍松了一口气。当他们准备一鼓作气上二楼救人救火时，却发现找不到上楼楼梯。

呼喊声、哭泣声不绝于耳，消防员们顿时有点无所适从，没有楼梯，这家人平时怎么上的二楼？毛从军用手电查看地形，发现靠近窗户处一侧屋顶处有一个方形洞口，他判定是自建的楼房使用的木质楼梯已在火中烧毁。他立马通过对讲机告知外面的队员寻找二楼窗口。此时，二楼有一面窗户正在向外泛出浓烟。他们立即改变搜救位置，架设拉梯，使用无齿锯将二楼防盗窗切割开，成功将被困在二楼的五名人员从拉梯疏散至安全位置。后经了解，二层阁楼住有户主母亲，发生火灾时老人被烟雾呛醒但此时木质楼梯已坍塌无法逃离，遂转移至户主房间，户主房间为夫妻二人和两名儿童。

毛从军始终英勇顽强，冲锋在前，和他的战友一起，用自己的实际行动成为火场上一面屹立不倒的战旗，为人民群众筑起了一道道安全屏障。

燃着青春的烈火

身着红色的扑火服装，有着火一般的工作热情，哪里有需要，哪里有困难，他们就会出现在哪里。向火光而行，逆人群而进。这是繁昌区消防救援大队给予社会的铮铮挚言。队里实行半军事化管理，有专业消防队员近40多人，年龄大的已经40多岁，小的才23岁。扑火队员们在工作中不计较个人得失、不计较作息时间，默默付出着，无论是扑火作战还是完成日常工作任务，都体现出极高的素质，打赢一场又一场硬仗，攻克一个又一个难题。

毛从军就是这支队伍中的一员。他常说，分队长是兵头将尾，不但要做消防员的带头人，更要做他们人生路上的引路人。为了教育引导好身边队员，每项工作他都能言行一致、身先士卒，使队员们都看在眼里、记在心里。

他对队员不分亲疏远近，一视同仁。队员犯了错误，他并不是一味地批评，而是动之以情，晓之以理，解开他们思想上的桎梏、认识上的疙瘩。如队员在日常模拟训练中，眼高手低，进入不了状态，认为不过是模拟而已，忘记戴防烫伤手套。他就现身说法，让队员有切身的感受；有些队员确实胆小，遇到模拟险情，常常恐惧、紧张，他就进一步加强他们的心理训练，拿实战的案例现身说法，或紧贴救援实战需要设置真实情境，组织开展限定作业，让队员们学习不同救援环境下存在的安全隐患。还根据不同灾害类型的特点，针对性地开展安全员识险辨险的能力培训，突出安全员在灾害事故处置中的重要作用，提高指战员安全风险管控能力。

作为一名消防员，毛从军同志把全部身心都投入到工作中，用自己9年的光阴诠释了"责任"二字。作为执勤班长，消防站的日常工作、大小事务，他都亲力亲为，时时刻刻不忘付出。除了班长的身份，他还是一名优秀的装备技师，一有时间就拿起工具为消防站修理器材装备，并不断研究革新器材装备，每年下来，仅这一项，就为消防站节省数万元的修理费用。在队伍中，他还积极策划消防站"家属开放日"，邀请指战员家属来到营区了解指战员训练、工作、生活等情况，密切队伍与家庭之间的感情，凝聚了上下同心、聚力转型、加压奋进的磅礴正能量。

说到工作，他热情似火；说到专业知识，他双眼放光；谈到家人，毛从军沉默了。他说："我亏欠他们的太多了……"家人生病，他都抽不出时间回去看一眼，只能在电话里询问情况。女朋友在河南工作，两人谈了两年多，一年到头却见不了几次面，平时都是电话联系多。女朋友知书达理，支持他的工作。只要有假期，便前往消防队来探亲。女友灿烂的笑容里，一丝暖阳的感觉。毛从军那张纯朴的面孔上，写满了坚毅和担当。一个平凡的笑容，一名普通的消防员。一个普通的女子，一段平凡的言语，为毛从军的精神世界临摹出一幅平凡人生中最美的画卷。

习近平总书记反复强调："为人民服务是共产党人的天职。"

作为一名有着5年党龄的党员，毛从军面对人生抉择，扎根基层。面对生死考验，矢志不渝。"咬定青山不放松、消防路上不回头。"凭着对消防救援队伍的无限热爱，他默默地把理想和信念熔铸于他挚爱的消防救援事业中，在一次次"水深火热"之中，唱响了一首首捍卫人民财产安全的胜利凯歌。

他说："我付出的，远不及组织所给予我的。只有努力工作，才能回报组织和战友们对我的帮助和关爱。"

解帮，芜湖市作家协会理事。数百部作品散见《天津文学》《散文选刊》《草地》《延河》《小说林》《鹿鸣》《中国铁路文艺》《辽宁青年》《作家天地》《工人日报》《新民晚报》《大公报》《芜湖日报》等报刊。现为鸠江区作家协会副主席兼秘书长。

山村蝶变

——记"繁昌好人"李克文

蒋诗经

引 子

老一辈人都知道，东岛穷。这个三面环山的小村庄，交通闭塞，资源匮乏，不穷才怪呢。村头的"铁拐李"骄傲地说："实话告诉你，当年我腿脚还利索的时候，敢把三轮车开进村里的，除了我，没有第二个人了。"当然，铁拐李后来之所以成为铁拐李，也和东岛的路有关。铁拐李还说了一件趣事。话说村尾的赵家想娶个外村的媳妇，托人去说媒，媒人带回的话是："人家说了，就是把女儿挂在树枝上晒死，也不会让她嫁到你们东岛的，那不是把他闺女往火坑里推吗？"

总而言之一句话，按老辈人的说法，投胎生到了东岛，那就是命不好。李克文的命肯定不算好，因为他出生在东岛。打小就看着父辈在山上砍了毛竹，打理干净了，扛在肩上步行到山下卖钱。晴天还行，毛竹在肩上颤颤悠悠，伴着草鞋和汗水一路下山，算是万幸。到了下雨天，泥泞的路上一步三滑。别说扛着毛竹，就是徒步也艰难万分。最终毛竹换来的钱，只能买点肥皂、食盐这样的生活必需品。

他犹记得，上初中的那一年，父亲特意给他买了一本日记本作礼物。可父亲在回来的路上遇见大雨，不小心滑倒摔了一跤。日记本交到李克文手上的时候，已经湿透了，沾满了泥巴。等日记本被烘干，他用稚嫩的笔迹在皱巴巴的日记本上抄下了人生的第一个座右铭：命运，在自己手中。

当初，他在抄下这句话的时候，还只是个懵懂的少年，甚至还不能体会到字里行间真正的含义。时光荏苒，很多年后，他当上了东岛村的党总支书记后，再回想起少年时抄下的那句话，心头感慨万千。

或许，这个世界真的有命运一说。就像他的命运，一直和东岛联系在一起。在当村支书的这十年间，他靠着拼搏的韧劲，带领着大家共同努力。东岛，终于冲破了织了百年的苦茧，化蝶而出。他也先后多次被评为先进工作者、先进个人、道德模范、贡献突出个人，并获得"繁昌好人""皖美村支书"等荣誉称号。如今，他终于如释重负地说出了那句一直藏在心中的话：命运，真的可以掌握在自己手中！

回望如今的东岛，早已改头换面，蝶化成了一个如诗如画的村庄。"晴耕雨读，诗画东岛"，成为周边美好乡村的榜样。再看看东岛村民众的精神面貌，已经焕然一新，完全没有了昨日艰难度日的苦楚。而这所有的一切缘起，还得从十年前说起。

一

这些年里，命运并没有因为李克文曾有过一腔豪情而因此眷顾于他。初中毕业后，他接过父亲的工作，在村里代加工大米。日复一日，周而复始。婚后他在加工厂隔壁开了一个小超市，还兼接了村农电工一职。后来，因村委会需要，他辞去农电工转聘为农业特产税代征员。不久后，他又正式参加村委会换届选举，当了村里的会计。这一干，就到了2013年。为了方便孩子上学，全家搬迁到城乡接合部。妻子开了个小饭馆，同时经营高栏货车帮助附近的药厂拉货。生活还算过得去，但仍然只是平凡而又普通的一员。

时光来到了2014年。老书记因身体等原因调离后，村里在管理上一度出现了严重滑坡和软弱涣散的局面。镇政府为了村工作正常开展，重新拟定人选，找到了李克文说，通过考核和走访，党委会议通过将委派他为东岛村新一任的村支书。这个结果让李克文始料不及，不是不求上进，而是他平时为了生计也在奔波，除了村里的事，还得关照家里。

那天，李克文和妻子一直忙到晚上饭店关门，才把这件事说出来和妻子商量。还在打扫卫生的妻子听到后，高兴地说："那证明你干得不错啊。"他犹豫了片刻说道："如果答应了，会很忙，就照顾不到家里了。饭店，货车……"话还没说完。妻子抢着说道："没事，都有我呢，大不了我辛苦点。"

夜里，李克文辗转难眠，感激妻子为家庭付出的同时，也感觉到未来肩上的责任重大。他在心中暗暗发誓：这个村支书，要干就一定要干好。要不然，对不起党委和乡亲们的信任，也对不起妻子的支持。

就这样，李克文成了东岛村新一任的村党总支书记。"把这个村支书干好"也成了他新的工作目标。可是，说起来容易做起来难。要想把这个村支书干好，还真不是件容易事。为什么？巧妇难为无米之炊啊。东岛村，众所周知的软弱涣散，交通闭塞，怎么样才能算干得好？可不是一句话两句话就能说清楚的。

　　李克文刚上任时，在村民眼里，有点"不务正业"。他整天在村里"瞎"转悠，还心事重重的样子。从这片竹林转到另一片竹林；从仙人桥转到茅茹桥；到七星照月井转到古老的泰平禅寺；从残破的"天官第"古门楼转到五华古道；从历尽沧桑的倒杉木转到楠木林。就算不转悠了，他也站在一块块旧石碑面前发愣。

　　村里的老人见此情形，就问："三宝，你从小在这儿长大的，哪一寸土地你没踩过，整天在这儿找什么呢？"

　　三宝是李克文的小名，村里老人一直这么叫他，当了村支书也还这么叫。

　　三宝就笑了笑说："找宝呢。"

　　"找什么宝？我怎么没听说过。"老人有些奇怪。

　　"找你们看不见的宝。"三宝说。

　　村里老人就哈哈笑了起来，以为三宝在和他们开玩笑。

　　三宝是在开玩笑。但他回到办公室，变回了村支书的时候，就不是开玩笑了。他转悠的这些古迹的背后，有无数动人的故事。他想把这些故事告诉东岛村外的人，他想把东岛未经过开发的自然美景分享给村外的人看。这就是他要找的宝——旅游。

　　如果能把东岛村的故事和美景分享出去，让村外的人来旅游，至少可以带动村里的经济，让大家都把日子过得好一点。这是李克文当初最朴素的想法。为此，他特地召开了村委会。村干部听完之后，一个个都大眼瞪小眼，觉得新上任的支书有点走火入魔了。这鸟不拉屎的地方，能让人来旅游？别的不说，就说这路，虽然有了村村通，也只通到村口，进村的路车都开不进来。再说这景，不过普通的山和竹林，山边是臭水沟，四处散落的是碎石头。这叫旅游……简直是白日做梦嘛。

　　李克文反问了一句："西湖的断桥你们谁去过？我去过。我看那不过是一截石桥，可它为什么会那么有名？因为它的背后有个美丽的传说，人们被故事打动并赋予了它文化的属性，所以就成了西湖十景之一。"

这话说得有点大了。李克文也知道话说大了，但现在大伙儿需要的是信心。有了信心，才有奔头。有了奔头，才有劲头。开始了不一定会成功，但不开始，肯定不会成功。

千里之行，始于足下，虽然规划起来，还是千头万绪，但首要的一件事还必须得做。"要想富，先修路"，这个道理早已深入人心，无须多说。

修路是好事。但路不能瞎修，不仅要给村民们带来便利，更重要的是，还要能游览一路的风景。这就有难度了，比如要经过一些菜地，还有院墙基。只能一家一户地做工作。那段时间，他的腿都跑细了，但村民还是持怀疑态度。李克文这回犯了难，可谓出师不利。

想来想去，李克文终于想出了一个办法。不是一个办法，是四个办法。说具体点就是：让、换、征、租。这一系列的组合拳打下来，终于初见成效。村民们见村支书动了真格要修路了，所以也慢慢配合起来。毕竟，村子的旅游要是搞成了，大家都是受益者。

只是，你想得再周到，总有你想不到的地方。就在"天官第"古门楼的门前，有一家村民成了"钉子户"。这可是旅游的重点，是村子的脸面。这块地拦在古门楼的门前，挡住了路不说，更像是脸上的一道伤疤，让东岛村的颜值大打折扣。四个办法对这家人都没有用。李克文跑了无数趟，都是无功而返。

为了修路，近段时间李克文累得又黑又瘦，看上去都让人心疼。特别是他的妻子，原以为当个村支书，是当官，是享福，不承想竟然累成了这般模样。看着愁眉苦脸的他，妻子说："要不，咱还是算了吧，吃力不讨好。还不被理解，图什么呢？"

妻子说的有没有道理？有道理。打退堂鼓吗？那所有的努力都打了水漂了？李克文不甘心。妻子怨道："村子又不是你家的，凭什么你一个人受罪。"李克文无奈地笑了笑。随后，他又咧开嘴，傻笑了起来。他终于想到了一个不是办法的办法。

李克文把这块地的利害关系和村里人说明了，就把修路的事冷了下来。静观其变。这下村民不干了，这算什么事？为了修路，自家的地让也让了，换也换了，都白忙了？追本溯源，就是这"钉子户"弃大伙儿利益于不顾。不行，得找他去。于是每天去这个"钉子户"家的人，不再是李克文，而是同住在村子里的村民。人要脸，树要皮。"钉子户"一见这架势，不得已选择了换地，让出了那个"门脸地"。但钉子户却把怨气都放在了李克文的头上，认为他这是玩"阴"的，在坑他。

李克文也没有解释。后来，村子真的越来越好。而且，又在不久后，"钉子户"家的孩子在需要帮忙的时候，李克文毫不犹豫地出手相助，冰释了这段误解。这些都是后话。

当然，这只是修路中遇到的一些困难，其中肯定还会遇到很多感人的事情。比如按规划，穿村而过连接前后的一条路非常重要。村民们谁不想自己的家乡变美，变好呢。要用上的地，村民都二话没说，无偿奉献出来。路修成之后，大伙儿亲切地称为"连心路"。

整个村心连着心，还有什么困难克服不了的？

村里的路，终于通畅了。但未来的路，还长着呢。

二

一年多的时光很快就过去了，后面的工作更加繁杂了。那些日日夜夜，李克文变得更加沉默。痛苦的不是没有希望，而是给了希望却又将它破灭。李克文深知这个道理。有了好的开端，后面更要如履薄冰。如若不然，则会前功尽弃。

修好了路，离带动村民富起来还有很远的距离。想把旅游的人吸引过来，只有路是不行的，还得有景点。再往深里说，只有景点也是不行的，还得有历史人文故事，才会让人口口相传，觉得不虚此行。现在是信息爆炸的互联网时代，噱头弄得再花哨，没有口碑支撑，梦想也只会是昙花一现。

在东岛，李姓是大姓，历史传承悠远，从家谱中可见一二。李氏宗族的来源，可以追溯到唐代——大书法家李阳冰。李阳冰的十三世孙李儒迁居至此。经过千年的繁衍生息，后人仍然坚守着这片土地。

李氏家谱中，很多族人功成名就，进士举人比比皆是。李氏后人在新中国的革命中，也有很多可歌可泣的传说。当年的东岛也曾是一片桃花源。若不是百年前的战乱和时代的脚步太快，东岛村也不至于捧着金饭碗在讨饭。

有过光辉的过往，并不代表着现在的成绩。落后了，就要追上去。不仅仅是追上去，还要超越，将曾经的荣光找回来。时隔三十年，李克文仿佛又回到了挑灯苦读的学生时代。深夜，他将族谱和村里收集来的古籍一遍遍翻阅。他也确实是一个学生，在这些文字里，他发现无数让他拍案的传说和故事。

在古时候，晴耕雨读的东岛人在泛黄的纸张里，写下了无数美丽的诗篇，有七律，有五言。有赞美东岛的景色，有借景抒怀的感叹。李克文将这些诗一首首地摘抄下来，作为东岛村的文化传承。还有那些古老的传说，也穿过千百年的岁月，展现在他的案头。

"天官第"的传说，"倒杉木"的故事，"七星井"的神奇，仙人桥的由来，楠木林的渊源……一桩桩，一件件，都渐渐和现实融为一体，历史的气息扑面而来。有了历史，又怎么能少了人文传承？书法家，武烈将军，进士，举人，贤士，个个榜上有名。古老的碑上刻着敦敦的祖训……

文化，是一种传承，也是人内心的自信。李克文在如饥似渴地学习中，逐渐找回了学生时代的豪情。同时，他也醒悟到，并打了个形象的比喻。他说："找到文化自信，就等于是给我们补足了乡村的'精神之钙'，才能让我们茁壮成长。"

当然，李克文的话也并不总是这样豪情万丈。有时，他的话说出来，大多数还是接地气的大实话。比如他说："哪怕我们只有最糟糕的条件，也一定要努力把它建设成最亮的地方。"他还说："我确实心有情怀，但不是文人的情怀，而是心系一方热土的情怀，只有看到家乡变得更美丽，才是我最大的满足。"

也正是因为这些朴实无华的语言，让他和村民打成一片。让他这个村支书也没个支书样，整天被人叫着"三宝"的小名。

功夫不负有心人。东岛村的村民在李克文的带领下，正挢起袖子大干一场的时候，又传来了一个好消息。这个消息，好比一场及时雨，让东岛的发展渐渐进入了轨道。

根据东岛村的现状和未来发展的空间，2016年，东岛村积极申报建设省级美丽乡村获准。这是政策的光辉，但平心而论，这离不开东岛人自身的努力，离不开李克文夜以继日的谋划。

政府给予资金建设。有了钱，很多困难迎刃而解。但李克文更忙更累了，哪一片工地都得兼顾，哪一个工程的质量都得监督。更让李克文担忧的是，资金去向的透明度。资金不透明，不利于管理，也会被人说闲话。不过，他干过会计，这些事难不倒他。资金公开栏里，公布了每一笔资金的走向。包括后期修路到户时的路宽、砼厚都事无巨细。凡事用公开的账目说话，让所有人都心服口服。

说到这里，不得不提起一件小事。说是小事，其实对于一个普通家庭来说，却是一件大事。有一天，妻子开心地对李克文说："这两年的苦咱没白吃。现在，饭店的生意越来越好了，还有货车，虽然货源稳定，但还有人要来照顾生意呢。"

按理，这是喜上加喜，可李克文突然有些不安。他详细询问了这些"客人"的特点，觉得这些人来路可能有问题。东岛村现在今非昔比，大小项目都要把关。如果从自己这儿开了缺口，那以后还怎么服众？只不过，事情还没发生，总不能以"小人之心度君子之腹"吧？

沉默了许久，李克文终于做了决定，这两样生意不做了。可话到嘴边，看着妻子喜悦的神情，又不愿破坏她的心情。这些年，跟着他，她受苦了。

过了几天，李克文才终于把心中的想法告诉了妻子。他原以为妻子还是会一如从前地支持他。可是妻子却不干了："我凭本事吃饭，为什么不做了？当初同意你去当村支书，是因为觉得你被重用了。可是，我没享到你当村官的福，难不成还要被你连累？"

一句话，怼得李克文哑口无言。可是瓜田李下，有嫌之处啊。这苦，根本没办法对别人讲。事情一直拖了一个月，李克文终于下定决心，和妻子做了一次深谈。人生，如果只是以赚钱为目的，而错过了沿途的风景，忘记了心中的梦想，将是多么可悲的一件事啊。

终于，妻子看着憔悴的他，无语地同意了。她并不是真的理解他说的那些大道理，而是心疼他的两难。不久后，李克文和妻子关了饭店，转让了高栏运输车。妻子去了超市上班。而他，又开始谋划心中的下一步计划了。

三

"灵岩原峙海之东，何代神驱向岛中。带得普陀青岛至，不时飞入紫霄宫。"东岛望山亭边竖起一块古朴的原石，石上刻录的明代李文泮描写东岛的一首诗。远望山峦，万罗山、大岫山上竹林茂密，青翠延绵，宛如仙境。果然不愧被人称为"江南小竹乡"。

自然美景如此，人文景观也不能落后。散落的古迹和美景，像千年岁月散落的珍珠，被一条悠长的小径和东岛人的勤劳朴实串联起来，熠熠生辉。一首首关于东岛的诗被刻印在古迹周边，古意盎然；一座座凉亭里坐着休憩的老人，和宁静的树桩相得益彰；一条条小溪清澈见底，涤尽岁月的尘埃；一棵棵老树被保护起来，在阳光下茂密地生长。

经过几年的打磨，东岛村已经成为周边旅游新农村的榜样。一棵树，一条路，一湾水，一座亭，都体现了东岛人的智慧和匠心。东岛的村民都笑着说："东岛村的宝，还真让三宝找到了呢。"

李克文成功了吗？按村民的期待和上级的考核，确实是成功了。但，李克文满足了吗？此时的他，还远远没有满足。

旅游带来了人气，也拉动了经济。远方来的客人来了一定要有完美的招待。让他们吃好、玩好、消费好，这是最起码的要求。这一系列的连锁反应，盘活了沉寂多年的资源。旅游产业的发展，同样是这一环中的重中之重，是破茧化蝶必不可少的推动力。

乡间民宿、农家乐、垂钓中心、宿营地、非遗植物印染、亲子游乐……应有尽有，给村民带来了巨大的经济收益。

仅仅如此，还是不够的，客人好不容易来一趟，能不让他带点特产回去？说白了，用实实在在的土特产，让游客多花钱，来换取东岛的经济效益。这时候，各种土特产也应该粉墨登场了。

笋干、土鸡、蜂蜜、绿色蔬菜，应有尽有。单门独户的种植，已经满足不了市场的需要。那就大家一起来，抱成团，合理规划，做大做强。正如李克文编的顺口溜："全村手拉手，不愁村庄不富有。"

东岛盛产毛元竹。毛元竹全身都是宝，竹笋时鲜嫩可口，成竹后竹篾柔韧，是编织的最佳选择。成竹长且粗，是建筑的好材料。"宁可食无肉，不可居无竹"，毛元竹也是园林景观的必备植栽。

祖辈们扛着毛竹，踩着泥泞的路出山卖竹的情景，依然还印在李克文儿时的记忆里。那时，生活过于辛苦，交通闭塞，人们无法深入挖掘它的价值，让它们偏居东岛，默默无闻。如今，东岛已经打开了大门，走向了外面的世界，那毛元竹的附加价值就一定要体现出来。

于是，东岛村注册成立生态旅游发展有限公司，用冷链、加工、包装与智能烘干一体化配套现有万亩竹笋资源及花、茶等，破解竹笋生长周期短，打通季节性差，形成良性循环。

同时，还种上了青梅、黄桃、藤三七。花园、茶园、果园及种植特色水稻和水果玉米等，让荒山、荒地、抛荒田得到合理利用。

激流勇进，东岛村一片欣欣向荣。村民也一改往年愁苦的面貌，个个精神焕发。走入城中，年轻人以"我是东岛人"而倍感自豪。每每如此，李克文的脸上才会展露一丝欣慰的笑容。东岛已成为一个品牌，成为信誉的保障。村民如果想贷款，只要由村里出面担保，就可以享受到更多的优惠和便利。

文化产业滋养了东岛，东岛村反过来又开始反哺文化产业。"承祖业克勤克俭，示子孙唯耕唯读"的村中家训传承千年。各种文化遗存得到保护，一些非物质文化遗产得到传承和弘扬。古迹得到妥善修缮，再次焕发出新的生机。民间故事等非遗得到整理、编辑、出版；民歌依然在村民间传唱；民间舞蹈等依然受到村民们的喜爱。

在村里的陈列室中，赫然陈列着一个村落辉煌的历史，从人文故事，到红色传承，还有农耕文明。让人不禁感叹，这是一片人杰地灵的沃土。殊不知，这里曾经因为落后和闭塞，还只是一个默默无闻的小村落。

耕读文化，犹如一星灯火，在东岛人的心头闪亮。

美好的生活拉开了序幕。经济的改善，环境的优化，文化的积淀都成为东岛的奠基石，让这片土地又重新回归桃花源式的美好，最终抵达人文的关怀。

2023年的一天下午，李克文突然接到了一个陌生的电话。电话是从外地的医院打来的，说一个正住在重症病房的老人原籍是东岛村人，生命垂危，找不到他的家属，只能通知他的原籍地。老人姓桂，离开家已经十多年了，完全失去了联系。现在，老人遇到了困难，怎么办？

是东岛人，有困难就要帮，这是李克文的一贯作风。乡情也好，责任也罢，都让他义不容辞。然而，事情并不仅老人病危这一项。医院随即又打来电话，老人的住院费用仍然未缴。李克文随即联系到了老人家的堂弟兄。可惜的是，老人的堂弟兄们都以各种理由推脱了。事情无人接手，最后只能落在了李克文的肩头。

担子一旦扛上了肩，不到目的地是不能扔下的。百忙中，李克文开始向镇里如实反映了情况，并积极配合外地医院，帮助老人解决了医疗费用的问题。不久后，老人安然离世，李克文又去了外地，处理好老人的善后事宜，直到将老人的骨灰带回故乡，入土为安。

所做的这一切，李克文知道是没有任何回报的。图的是什么？是心安，更是人文的关怀。有没有私心？如果真要说有，李克文也坦然承认，他只有做到这样，才能让大家明白，东岛村不仅仅是一个小乡村，而且是一片心连着心的热土。他深爱着这片土地，深爱着这片土地上的每一个人。只有这样，才能更有利于村里工作的展开。

让李克文没有料到的是，老人的善后工作完成后，老人的堂弟兄也被他的真挚所感动，更加自惭形秽。于是，他们摆了宴席，一定要请三宝喝酒，以表达谢意……他确实没时间赴这样的宴席了，他还想留点时间多陪陪妻子。自从孩子安定了以后，李克文为了让妻子能更心安，两人把好不容易搬到县城的家又搬回了村里。

后来，老人的堂弟兄们一商量，就制作了一面锦旗，敲锣打鼓地送到了村部。锦旗上写着：百姓至上，国人楷模。这是村民对李克文的客观评价，也是他内心情怀的真实写照。

尾　声

不知不觉间，李克文已经当了9年的村支书。九年间，东岛村像一只困在茧里的蛹，终于拼尽了力气，咬开一个出口，忍着阵痛挤向光明，蜕变成一只美丽的蝴蝶，在有风的旷野，翩翩起舞。

李克文的身影依旧频繁地出现在村里的各个角落。这个村子里，每一个角落都曾留下过他的足迹。

黄昏，他站在村头的山峰上，遥望着阡陌井然、炊烟袅袅的东岛，回想起东岛村千年来的沧桑变化，回想起儿时在笔记本上写的座右铭。他又在心里默默地告诉自己：只要不停地扇动翅膀，有一天，美丽的蝴蝶终将飞过浩瀚的沧海。

蒋诗经，安徽省作协会员。一个喜欢用文字讲述故事的人。2007年开始业余撰稿，出版有故事集《挥泪斩》。2016年，创作的电影剧本《恋爱119》获夏衍杯潜力奖。现为自由编剧。

第二编 ◇ 诚实守信

无悔的选择

——记"中国好人"王声林

朱幸福

一

2004年5月10日，体彩中心推出一项优惠活动：当天将揭晓一注500万元的大奖。消息传出，彩民欢欣鼓舞，信心倍增，各彩票销售网点更是人头攒动，来买彩票的人排起了长队。繁昌县荻港镇桃街社区王声林彩票销售点也是生意火爆，几乎所有平时喜欢买彩票的人都来买了彩票，少的10元，多的几百上千元，他们都想创造"一夜暴富"的神话。但桃街只是一个社区，常住人口只有8000人，加上附近矿山企业的工人、家属和来做生意的流动人口，也不过万人，所以，到14时，想买彩票的人几乎都买过了。王声林也稍微闲下来，他想：今天机会难得，几个小时后就能开出500万元的大奖，自己只顾动员别人买了，为什么不给自己留一份发财的希望？他拿出100

元，机选了10注彩票，打印好折叠起来，用铅笔在背面写上自己的名字，放进抽屉里，心里默默地祈祷着自己能中大奖。哪怕能中个千儿八百的小奖，对于还清家庭欠债、改善家庭生活和缓解精神上的压力都是好事。万一自己不能中奖，如果是他这个彩票点销售出去的，别人中奖，他赚吆喝，起码能提高彩票点的知名度和美誉度，刺激彩票销售额的上升。

王声林不是一个自私的人，他在心里默默盘点着还有哪些忠实的彩民今天没有来买？是临时有事脱不开身？还是不知道今天有活动？他觉得应该提醒他们一声，至少让他们知道这件事，让每个彩民都有中大奖的机会。

想到这，他放下顾虑，厚着脸皮给那几个"铁杆彩迷"打电话。此时离04053期（七星彩）安徽体彩截止销售时间还有10分钟。

王声林拨通了张三的电话："张三吗？你今天怎么没来买彩票？告诉你啊，今晚就能开出500万元的大奖，你不碰碰运气吗？"

张三说："我不知道今天有大奖啊，你给我机选100元彩票，我晚上送钱到你那儿。"

王声林放下电话，赶紧在彩票机上随机打印出10张彩票，折叠好，写上"张三"的名字，放进抽屉里，免得与自己买的彩票混淆。

王声林往门口一望，就见对面五金店老李的身影在门口闪了下，他赶紧喊道："老李，今天怎么没买彩票了？今天做活动，开大奖啊！"

"哦哦哦！马上来。"老李匆匆忙忙跑了过来，"今天上午进货，一直忙到现在，忙忘了。给我机选200元的彩票。"

王声林赶紧给他随机打印出20张彩票。老李拿起彩票，丢下200元，边走边冲王声林说："只要中了千元以上的奖，明晚就请你喝酒。"

"一定有希望啊!"王声林也笑呵呵地应着。

再看彩票机屏幕,还有最后4分钟,他想了想,还是拨通了"铁杆彩迷"赵春的手机:"赵总,打扰一下,你想不想再买一点彩票?"

赵春正在工地上忙着,有点不耐烦地说:"我上午不是已经买过500元了,难道你忘了?"

王声林赶紧解释道:"我知道你买过了,但我觉得今天彩票中心做活动,开大奖,你多买点,中奖的机会就大。"

赵春也爽快,想也没想就说:"那你就给我再买100元吧,号码机选,钱下次见面给你。"

"好嘞!"王声林放下电话,赶紧启动彩票机打印了10张彩票,刚打印完,屏幕显示:销售系统关闭。王声林深深地舒了口气,坐下来,点根烟,慢慢地品吸着,心里盘算着今天销售的彩票至少过万元了,自己的销售提成自然也很可观。他一边将彩票折叠好,写上"赵春"的名字放进抽屉,一边哼起了快乐的民间小调。

在等待开奖的下午时光里,王声林想好好休息一下了。一上午的收款、选号、打印、通知彩民等让他忙得晕头转向,他坐在门前的躺椅上,抽着烟,品着茶,有意无意地听着电视机里播出的新闻,偶尔和路过的熟人打着招呼,开几句玩笑,感觉日子过得轻松而愉悦。

五月的阳光很是明媚,照在人身上暖融融的,王声林也迷迷糊糊地进入了梦乡。他梦到自己果然中了500万元大奖,不但还清了50万元的欠款,又继续投资开采煤矿,终于让"死矿"满血复活,他也成了获港名副其实的大老板……

这时,一个章姓朋友拉着板车从彩票点门前路过,见王声林睡得如此安逸,气愤地一巴掌将他拍醒,说:"王老板好逍遥啊!生意那么好,一定早发财了吧,欠我的那2万元小钱能还了吧?"

王声林被惊醒了,一看是朋友章,前几年开煤窑向他借了2万元发工资，到现在也没还上，赶紧一脸歉意地站起来说："对不起，对不起，再帮我延长些日子，我已安排好计划了，年底肯定能还你的。"

朋友章拉长了脸，严肃地说："你已经拖了七八年了，我的钱也是辛辛苦苦挣来的血汗钱，人不能坏了良心。"

"决不食言！今年一定还你。"王声林赶紧赔上笑脸，"老哥你多担待，再担待些天。"

朋友章不是专程来讨债的，只是看见他躺在门口晒太阳很惬意，自己还辛辛苦苦地拉板车卖苦力，心里不平衡，就叫醒了他，说了几句让彼此心里都"难过"的话。见他没有钱还债似乎也是意料之中的事，没再纠缠，拉着板车径自走了。但朋友章的话却着实刺痛了王声林的内心，刚刚因彩票销售业绩好带来的喜悦之情也一扫而空，他又想起了那痛苦的往事。

二

王声林，1958年出生于桃街社区一个普通工人家庭，1976年高中毕业后下放到荻港杨湾大队镜山自然村。每天和当地群众一道下地干活：插秧、割稻、掼稻、耕地、挑土、修路。天不亮就要起床下田，天黑尽了才能回屋休息，还要自己烧火做饭。一个从小在街道长大的孩子，从没干过农活，既不内行，体力也吃不消，只有等到大雨雪的天气才能在家休息。好在农民憨厚、朴实，对他非常关照，不但耐心地教他干活的技巧和技术，还在生活上给他关心照顾，他这才得以在农村坚守下来。1981年6月，他被招工到桃冲街道供销社工作时，已经是身健体壮的大小伙子了。

在供销社工作是王声林人生度过的一段最快乐的时光，他和妻子汪丽霞就是那时结婚的。当时，市场还没有完全放开，供求渠道不畅，当地群众对洗衣机需求旺盛，许多顾客托人找他们买，有的甚至先交了订金。供销社经理认为王声林能言善辩，就派他到芜湖去组织货源。当时，洗衣机非常紧俏，最大的批发市场——中江商场根本就没有现货。他就每天到商场办公室，给他们烧开水、拖地、打扫厕所卫生，帮他们上货、下货、整理货架，见活就干，就像一个免费的义务工，从没表现出半点的怨恨，终于赢得了商场领导的信任，给他特批了40台洗衣机。当这些洗衣机运回供销社时，他受到了领导、同事和客户们的热烈欢迎，也为供销社赢得了很好的信誉。不但40台洗衣机一天之内销售一空，还有许多客户要求订购。

然而，好景不长，1989年企业改制，他们夫妻俩双双下岗。好在他们有多年的经商经验，开烟酒批发商店，维持生活。

荻港是长江边上的一个小镇，地下蕴藏着丰富的矿产资源，早在清代就以产铁矿石出名。王声林居住的桃冲街道地区以钢铁生意为主，但他决定另辟蹊径，投资开采煤矿。

他将自己的想法告诉妻子汪丽霞时，妻子有些犹豫。家里的烟酒批发店的生意很稳定，又有了一些积蓄，日子过得很安稳，投资挖煤有一定的风险，投入大，管理难，一家人要吃苦不说，万一看走了眼，挖不出煤，那就血本无归了，全家人都要跟着遭殃。但王声林认为，自己的孩子还小，不能让他们再过穷苦的生活了，自己吃点苦，也要给孩子一个美好的未来。再说，他请人看了矿脉，就在他要开的矿下面。男子汉大丈夫，要干一番事业，不能小富即安。见王声林信心满满，态度坚定，汪丽霞也没有再阻拦，果断将烟酒批发店盘了出去，带着全部的家产，还从银行贷了款，投资办起了煤矿，全家人的身心也都扑在了煤矿上。

办好各项手续，走完各种流程，建好厂房，挖好煤矿口，修好交通便道，各类采煤机械陆续采装到位。选在一个良辰节日，煤矿正式开采。

鞭炮齐鸣，锣鼓震天，王声林还请来狮子队演出助威。亲戚朋友齐来祝贺，预祝他煤源滚滚，财富冲天。

一周过去了，一个月过去了，没有挖到煤层。王声林安慰自己道："快了，煤层也许就在下面等着呢。"

半年过去了，一年过去了，依然没有挖到原煤。王声林强忍着内心的焦躁，暗暗祈祷说："马上就能出煤了！一定要坚持住。"

两年过去了，依然没有见到煤的影子。王声林紧张起来："难道真看走了眼？挖了个死矿？"

妻子反而镇静下来，安慰他说："你不是跟我说过当年高考有道作文题是《挖井》的漫画吗？那个人挖了许多坑都没有挖到水，其实只要再挖深一点就见到水了。我们不能轻易放弃，因为一旦放弃，我们就要倾家荡产了。"

煤矿在艰难中苦苦支撑着，但依然没有煤的踪迹。工人的工资到月都要发啊，不发工人就会辞职。机械维修、购置配件、购买汽油柴油、水电费开支等，每天都是笔不小的开支。银行贷款未还，不能再贷新款，他们只能向亲戚朋友拆借，甚至借上了高利贷。就这样又勉强支撑了两年。

1997年4月，一个外地老板经人介绍找到了王声林，要求合股开发煤矿。王声林知道，一旦有大量资金投入，煤矿可能会挖出煤，但也可能还是挖不出煤，这些新的投资就会打了水漂。他觉得自己开采的可能就是一个"死矿"，必须跟对方讲真话：投资风险很大！劝对方放弃了投资。来了救星，却被王声林打发走了，气得妻子直骂他死心眼。

当年7月，王声林不得不狠心地关闭了这个"死矿"。一盘算，欠下50万元的债务，生活仿佛在一夜之间回到了那个艰苦年代。

三

太阳渐渐落到西边的山梁上，金色的阳光将天空染得五彩斑斓，山川河流、街道马路上到处是拉长的人影树影。公路上车辆穿梭奔跑，行人步履匆匆，仿佛都要赶在日落前回到家中。只有周边树林里的鸟儿还像贪玩的孩子，在夕阳的余晖中尽情地鸣叫、打闹，有几只花喜鹊还飞到彩票点前冲他调皮地叫了几声，弄得王声林也有些心花怒放：难道今天开奖真有好消息？

开奖的时间越来越迫近了，王声林多么希望今天自己买的彩票能够中大奖啊！那样，他就能一雪前耻，抬头做人了，带领一家人过上正常日子、好日子！即使自己中不了奖，他也希望是自己彩票点卖出去的彩票中奖，他也要好好庆祝一下，他甚至买好了准备庆祝的爆竹。如能如愿，他的社区级彩票点就能创造奇迹，声名大振，对于此后的彩票销售也很有益处。

王声林早早吃过晚饭，和几个邻居打牌消磨时间。夜色在不知不觉中笼罩了四周的山岭，静谧了整个街区，路灯都兴奋地亮起来，马路上的车辆少了许多，大街小巷有三三两两的居民在散步。

开奖的时间应该早过了吧？王声林人在打牌，心却在彩票上，总是心神不宁，老是出错牌，被对家批评着，正好家里的电话响起来，他索性把手中的牌递给在一旁观战的人说："给你打吧，我家里电话响，我回去有事了。"

他三步并作两步回了屋，拿起电话："喂，你是哪里？"

"你是05010号荻港镇桃街彩票销售点吗？"电话那头的人问道。

"是的，我是05010号彩票点负责人王声林，请问你有什么事？"王声林赶紧点头。

"我是省体彩中心工作人员，恭喜你啊！今天你站销售的彩票中了大奖。你开机查看一下，通知中奖者，要注意保密，不能泄露中奖人信息。"

"好好好，我知道了。"王声林一听激动得有些语无伦次。

他打开彩票销售机，画面上跳出中奖信息：05010号彩票销售点，你处销售的编号为5049952的彩票获得500万元大奖。

真的中奖了，而且是500万元大奖！

王声林的脑子有些短路了，头上身上冷汗直冒。他坐下来，颤抖的手从口袋里摸了好久，才抠出一根烟来，衔在嘴上，摸出打火机，打了好几次都没打着，心里还在想着这是不是梦？

好不容易点着了烟，深深地连吸好几口，就在想："会是我吗？不是我又会是谁呢？"

"暂时不能声张，要注意保密。"他一边心里默念着，一边抽着烟。

连抽了三根，直到淡淡的烟雾将他整个人笼罩起来，他才镇静下来："先看看自己买的和替别人的彩票有没有中奖，如果没有，再将中大奖消息发布出去，让中奖者自己去兑现。"

他起身关好门，再拉开抽屉，首先找到标记着自己名字的彩票，双手颤抖着，费力地打开，默念着彩票上的号码。彩票是机器打印的，没有特别的规律。一张张核对完，没有与中奖号码相同的，显然自己与500万元无缘了。

他又点了根烟，努力平复自己的心情，开始查找自己垫钱替别人代买的彩票。他经常替别人代买彩票，有时是彩民要求先打彩票后付款，彩票拿走了还说"下次来再付"。都是熟人，他也不好意思说什么，只能自己先垫钱。有时是彩民打电话要求他先垫款打彩票，等有空的时候再来付钱取彩票。特别是在后一种情况下，王声林还要替人保管好彩票,而且不能混淆。如果存放在这里的彩票中了奖,这奖给谁还是自己留着,也是对王声林诚信的极大考验。

他拿出标记着"张三"的那叠彩票,10张彩票的号码一一核对完了,也没有。他安慰自己道:中奖者是在我家彩票点买的,这也是一件值得庆贺的事啊。

他喝了口茶,又拿出替"铁杆彩迷"赵春买的10张彩票,将手指头在湿抹布上按几下,涂开折叠的彩票,跳入眼帘的第一注号码就是:5049952。他立刻激动得跳了起来:找到了,是赵春中的。

自家彩票点售出的彩票中了500万元大奖,无论怎么说都是大事、喜事,他首先想到的就是要和妻子分享。

他大声叫喊:"老婆,快来看,中大奖了!"

妻子汪丽霞从房间里走出来,半信半疑地看着他说:"你不会是在做梦吧?"

王声林将中奖那注彩票递过去道:"真的不骗你,你看号码和彩票机上显示的结果一模一样。"

妻子认真地比对后,立刻兴奋地一把抱住了他,激动地说:"苍天有眼啊!我们可以过上好日子了,老公,你真棒!"

王声林却轻轻推开她说:"老婆,你别激动!这不是我们中的奖,是赵春中奖了!"

"什么?你说这是别人中的奖?"妻子听了一愣,好半天才回过神来,"那彩票怎么会在你手里?"

王声林解释说:"我打电话劝他再买点,他让我垫钱打了100元票。"

妻子说:"你疯啦!人家没给你钱,你给人家打号码,现在中奖了,这张彩票不就是我们自己的吗?"

王声林沉静地说:"人家虽然没先给钱,但人家平时没中奖时,也没少给过买彩票的钱啊！如果中奖了就说这彩票是我们自己买的，不给人家了，那我们还讲不讲诚信？有没有良心？"

妻子气愤地边哭边说："诚信值多少钱？良心算什么？我看你是真疯了！这是500万，不是500元！你忘了我们过的苦日子了吗？"

王声林一把将妻子搂在怀里，安慰道："怎么能忘呢？"

四

王声林清楚地记得，煤矿开失败后，欠了50多万元，两人的社保还要按时缴纳，两个女儿要读书，一家人的生活没有着落。怎么办？他们没有被困难吓倒，干起了老本行：做生意，赚钱还债。

王声林收购了一些旧的游戏机，到峨桥镇上开起了游戏机室。峨桥是全国有名的茶叶批发市场，经济繁荣，人流量大，玩游戏机的人也特别多。但游戏机这玩意虽然来钱快，也引发许多社会问题。他看到孩子们成天沉迷于此，一玩好几天，连学也不上了，内心受到了极大的煎熬。警察经常来查，老师上门来找学生，许多家长更是将孩子从里面拖了出来，对他破口大骂。他心里很难受："君子爱财，取之有道啊！我不能为了几个小钱背负骂名，害了下一代！"王声林想起了他小时候的一件事。那时，小伙伴们流行玩平板车，就是在一块大木板装上几个轴承在地上滚动。他也想做一个这样的平板车，但木板好搞，轴承难弄。他就到一个汽车、拖拉机修理点帮师傅做事：洗油污，搬配件，终于赢得了师傅的好感，给了他3个机器上拆下的残次轴承。他高兴地回家将平板车做好了，让小伙伴们非常羡慕。不知是谁将此事汇报到派出所，说他的轴承是偷的。民警将他叫到了派出所询问，又找到修车师傅作证，最后才将他放了回来。从此，他记住了：做任何事都要诚信，要遵纪守法。现在，既然游戏机会毒害青少年，国家也开始整顿，那我就不能再经营下去了，他忍痛关了游戏机室，寻找正常的赚钱之路。

而汪丽霞将9岁的女儿留在家中给婆婆照顾，也开始做生意了。她卖板栗、傻子瓜子、葱油饼干、草莓、大小百货，什么赚钱就经营什么。每天下午，她坐班车到芜湖市批发市场进货，第二天上午在获港沿街叫卖，起早贪黑，风雨无阻，从没休息过一天。有一次，她进货耽搁了一下，错过了到获港的厂车，紧赶慢赶坐公交车到了漕港，还是错过了到获港的最后一趟班车。看着堆在地上大包小包的货物，她傻了眼。漕港她没有任何亲戚和熟人，又没有手机或电话通知家人来接，难道今天真的要露宿街头了吗？看着渐渐浓郁的暮色，她急得几乎要哭起来。

"只有拦下顺风车，才能回家！"她站在路边，冲过往的车辆招手，但就是没有一辆车的司机愿意停下来。她急了，直接站到公路中间去拦一辆装满液化气罐的大货车。司机见车前突然冒出个大活人，吓得赶紧猛踩刹车，车身猛地一震，向前滑行几步，在离她一米前停了下来。她吓出了一身冷汗："好险！"

司机摇下车窗玻璃，骂道："你不想活了？"

她几乎是带着哭腔说："是的，我就是不想活了。"

司机看她情绪有些激动，口气缓和下来："你想干什么？"

她指指身边一大堆货物："我错过班车了，你带我到获港，我付你路费。"

司机无奈，只好答应了："那我先把液化气罐送到孙村，然后再送你到获港吧。"

多亏了这位好心的司机，汪丽霞才回到家中。

…………

五

"我为这个家吃了多少苦，你不知道吗？"汪丽霞抹着眼泪质问道。

"老婆，你嫁给我吃了许多苦，我对不起你。"王声林也流下了动情的泪水。

汪丽霞抬起泪汪汪的大眼，恳求他道："就把彩票留下来吧，我们不说，外人也不会知道。体育彩票不记名不挂失，兑奖也只凭彩票。这样，我们家就能过上好日子了，我们的孩子就能读得起大学。"

王声林还是没有动摇："俗话说，人在做天在看，我们要是这样做了，有违天理啊。"

"你就是'孬子'！跟了你，倒八辈子霉了。"妻子又呜呜地哭了起来。

哭声惊醒了睡梦中的两个女儿，她们爬起来询问发生什么事了？汪丽霞便将彩票的事说了出来。大女儿刚中专毕业，没有分配工作，托熟人推荐，准备到芜湖某商场卖手机。她就劝父亲说："爸爸，你就听妈妈一次话吧，人家又没有先给你钱，我们完全有理由把这张彩票留下来。再说，你前几年开煤窑亏本，欠下几十万债务，来家里讨债的人络绎不绝。大年三十晚上，人家都在过年，我们家却全是要债的人。今年大年初一，我们家还没开财门，要债的人就堵在门口了，妈妈在床上捂着被子哭了好久。爸爸，你知道我为什么要放弃上高中考大学的机会吗？我就是看到家里穷，想早点出来工作，减轻你们的负担。妹妹还小，以后读书还要花很多钱。你不能让我们姐妹俩都输在起跑线上啊。如果你不把这张彩票给别人，我们家马上就会过上富裕的日子，你下半辈子就不用再劳累了，你也用不着再卖彩票了。"

王声林脸上掠过一丝痛苦的表情，但还是没有点头。

刚10岁的小女儿也说："好爸爸，就听妈妈和姐姐的话吧，我长这么大连牛奶都没喝过，家里总是来人要债，我看书做作业都不能安心。去年教师节，别人都给老师送漂亮的礼物，我连一张贺卡都买不起，就用废纸手工做了贺卡送给了老师。虽然老师表扬我做得精致、有纪念意义，但同学们私底下都嘲笑我小气，骂我穷光蛋……"

听着听着，王声林也动情了，自己确实对不起家人，对不起两个孩子。他坦诚地说："我这个人的本性就是讲信用，你们有没有发现，现在上门要债的人是不是少多了？我们做了个还款计划，提前和债主说清楚了，时间到了，就是再借钱也要兑现自己的承诺。再说，我现在卖彩票能有这么多的顾客，是不容易的，人家就是冲着我信誉来的！许多人都委托我先打彩票，后付钱的，他们从没有一个人赖过账。做人，不能丢了本性，更不能昧了良心！"

母女三人好说歹说，就是没有说动王声林留下中奖的彩票，感到十分委屈和气愤。汪丽霞愤愤地说："我知道你这人就是倔强，死要面子活受罪！认定的事八匹马也拉不回来。你高兴怎么做就怎么做，我们不管了。"说着，拉上两个女儿说："我们睡觉去。"

王声林站起身，冲她们的背影继续解释说："你们不要哭闹了，你们应该理解我、支持我才对！我们卖彩票的就是要做到公平诚信，如果我们都徇私舞弊，暗箱操作，将来还有谁会买彩票？你们今天不能接受，相信以后会认为我这样做是对的，尤其是你们两个孩子！"

六

王声林彩票销售点是2001年在桃街社区开设的，为了开设这个彩票点，王声林费尽周折。

彩票的发行和销售在 1987 年就开始了，到 21 世纪初已经遍布全国广大城乡，但考虑到销售量，彩票点只开到乡镇一级，且一个乡镇只允许开一家。像桃冲这样的街道社区，只能算是村一级，根本不具备开彩票销售点的条件。

但王声林没有灰心，他生在桃冲，长在桃冲，熟悉桃冲人，了解桃冲人的购买力。社区虽然只有几千人，但邻近有许多厂矿企业，有许多商店，工人多，来做生意的人也多，这些人思想开放，早就接纳了彩票。而且，当地没有舞厅、歌厅等娱乐业，居民没有消遣的渠道。而买彩票既能为国家体育事业发展贡献力量，也能给自己一个发财的希望，何乐而不为？虽然国家还没有在乡镇以下设立过彩票站，但他相信事在人为，他有信心、有办法说服上级体彩中心领导。

他直接给国家体彩中心办公室打电话，说明了自己想通过正当渠道赚钱还债的决心，承诺每月销售彩票不少于 3 万元。他的诉求被转给了安徽省体彩中心，省、市体彩中心非常重视，也很愿意拓宽彩票销售渠道，就指派专人到桃冲考察，发现这里虽然是一个社区，但确实比有的乡镇还要热闹，而且王声林性格直爽，又是做生意人，业务能力强，善于营销，就同意他在桃街设立彩票点的请求。考虑到他的需求比较迫切，一时又没有新的彩票销售机，也为了稳妥其见，就从别处调了一台旧彩票销售机给他。

2001 年 11 月 9 日，他的彩票销售点在桃街隆重开业，编号：05010。整个社区轰动了，许多人都来看热闹，有的抱着好奇、好玩的心情买个几十元、百把元。王声林在门前张贴标语，宣传体育彩票基本知识。他编出的"买了七星彩，全家都发财""花小钱支持体育事业，中大奖回报人民群众""每天买彩票，天天有希望"之类顺口溜在群众中广为流传。

与开矿挖煤决策失误的情况不同，开彩票点果然如王声林所料大获成功，桃街人的购买力就是旺盛，彩票当月仅21天销售额就达到14410元，12月又猛增到35396元，超过当时芜湖市许多彩票点，这让省市体彩中心都始料未及，也让王声林更坚定了做好彩票推广的决心。涓涓细流可以汇成大海，只要自己不急不躁地坚持下去，他不但能继续交完夫妇二人的社保基金，支持两个女儿上学，维持全家人的正常生活，而且要不了多久，就能还清所有的债务。

在王声林的那本很旧的笔记本上，清楚地记录着彩票站开设以来每月每年的销售业绩，我随手摘录几行：2002年完成销售额373572元，2003年完成销售额452738元……随之而来的是他的收入也在不断增加，他的彩票点渐渐在当地、在周边乃至全市都有了名气。省市彩票中心领导在看了王声林的销售业绩之后，很为当初决策的正确而高兴，他们不但增加了全省彩票销售的业务量，更重要的是推广了彩票销售范围，发现了一个彩票销售人才。

七

"当！"零点的钟声敲响了，清脆的钟声在这万籁俱寂的子夜显得格外响亮，一下一下敲击着王声林烦恼的心田。他毫无睡意，妻子和女儿虽然人躺在床上，也根本不可能睡着。难道坚持诚信就真的这么难吗？王声林忽然想起一个好朋友刘，他的许多事情犹豫不决时，都是在听了好友刘的意见后决断的。他拨通了好友刘的电话，说出了彩票的事。好友刘说："那个人人品怎么样？有没有赖过你彩票钱？"

王声林想了想说："他是我的铁杆彩迷，几乎每天都要买，还经常电话委托我买，从没有拖欠过钱，性格直爽，为人仗义，人品好。"

好友刘说："那还是实事求是吧。"

就是这个电话，再次坚定了王声林实事求是的决心，他决定不顾妻子和女儿的哀求和哭闹，选择"诚信"。

他毅然决然地拨通了赵春的电话："赵老板，恭喜你中奖了！"

熟睡中的赵春被这突如其来的喜讯惊呆了，他立即起床开车赶到了王声林家。此时已是凌晨1点，赵某用颤抖的手接过王声林递过去的彩票，极其感激地说："王大哥，我真没想到世上还真有你这么讲信用的人！等我把奖拿回来后，我一定给你分！"

王声林坚决地说："如果我想分你的钱，我就不会打电话通知你，直接把这500万元留下来！"

第二天一早，王声林将写好的"热烈祝贺本彩票点彩民喜中500万元大奖"的消息贴在大门口，又将家里准备好的爆竹在门口燃放。

礼花呼啸着直冲云霄，又散落成喜气洋溢的花瓣雨洒满桃街的山川；小爆竹也"噼里啪啦"激烈地跳跃了许久，红色的碎纸屑和淡淡的硝烟弥漫了彩票点四周，并不断向外漫溢。邻居、路人闻讯把彩票点门前围得水泄不通，大家兴奋地传播着中奖的喜讯，打听、猜测着谁是幸运的中奖人？

面对大家的询问，王声林始终面带笑容说："我也不知道。即使知道了是谁，我也不能说，这是个人隐私。"

王声林诚信"让奖"的消息很快传扬开来，他的诚信之举深深地感染了乡邻、彩民，他们纷纷投去崇敬的目光。有了良好的口碑，加上他点子多，促销手段多，小小彩吧门庭若市，甚至有芜湖市及马鞍山等地的彩民开车来买彩票，生意异常火爆，体彩销售额一度在芜湖市超过了所有的销售点。中国福利彩票中心在得知他的事迹后，十分赞赏他的为人，并破例为他又增设了一台福利彩票销售机。

当然，也有人对他的做法表示不能理解：彩票是不记名不挂失的，凭票即可兑奖。钱又是王声林垫的，如果他真的自己得了也是无可厚非的，而他却"诚让"了大奖，大家就给他取了个"王孬子"的雅号。王声林也不生气，干脆将彩票点取名为"王孬子彩吧"。

此事引起了媒体高度关注。仅中央电视台就先后4次邀请王声林参加《道德与法》《人与社会》《实话实说》《大家看法》等栏目录制，在全国引起强烈反响，并得到各级部门的赞誉。2007年，王声林被评为芜湖市十大平民英雄；2008年，他被评为诚实守信类中国好人、芜湖市首届道德模范，成为芜湖站奥运会火炬手；2009年，他获全国道德模范提名奖。随后，中国科学技术大学及安徽各大院校纷纷邀请他做报告共计60多场，讲述他选择诚信、让出500万元大奖的感人故事。

诚信带来的社会影响是巨大而深远的，成果也是非常显著的。靠着诚信和守法经营，王声林很快还清了所有的欠款，一家人也回归了正常的生活，而且日子越来越好。19年后，当我再次走进桃街社区采访，人们对王声林当初的义举还是赞不绝口。王声林也为当初的选择而自豪："如果再发生这种事情，我还会这样做！"

他的爱人和女儿早已心悦诚服，他的妻子说："一开始我无法接受，后来我渐渐感到，王声林做得很对，做人应该讲诚信，有良心，他为两个孩子的一生树立了榜样！"

她的小女儿也说："我爸爸的做人让我们很受启发，我们现在听到'王孬子'三个字时，倍感亲切！"

"孬子"是当地人的方言，意同"傻子"，形容人不够精明、不会积极争夺个人利益。但在我们外地人听来，"王孬子"的发音更像是"王老师"，王声林确实是值得我们尊敬的老师啊！

采访手记：诚信是王声林最宝贵的道德标签，也是社会最需要的时代品格。当背负几十万元债务的王声林，在唾手可得的500万元巨奖面前，拒绝了贪欲，选择了诚信的同时，也书写了自己人生最璀璨的一笔。从普通的彩票销售点业主，到2008北京奥运会火炬手，是诚信铸就了王声林最美的道德模范。诚信是为人之本，诚信是社会之本，诚信是财富之本，这是王声林故事给我们的最好启示。

朱幸福，中国作家协会会员、中国民间文学家协会会员。曾在《北京文学》《清明》《安徽文学》《百花园》等全国各级各类报刊发表小说散文近千篇，出版小说散文集《太阳雨》《泥巴墙头腊味香》等8部，作品曾被多家选刊转载或收录。现为芜湖市湾沚区文联副主席兼秘书长、作家协会主席。

厚德载物　德成则喜

——记"中国好人"强成喜

汪成友

"再穷，不坑朋友；再富，不忘恩人。"

"人活着，品行比钱财重要，情义比利益珍贵！"

——摘自中国好人强成喜微信朋友圈

一

茂林修竹，丘陵连绵，曲径深处是繁昌区峨山镇象形村滴水组的一户人家。

这是 2008 年溽暑的一天，阳光似乎更炽烈些，知了叫得刺耳，刚从村部回来的查超闷头走进和弟弟一起住的那间小卧室，"阶草侵窗润，瓶花落砚香"，临窗而读的日子将成过往。

"超伢子，通知书可到了？"不知什么时候，母亲颤颤地来到埋头整理书本的他的身后。

"没考上，今后我就做田了，让弟弟念书吧！"查超的声音少有的平静，他把收拾好的一摞课本放到吊柜上，却哗啦一下掉下来，他弯腰去捡，一张纸从口袋掉下，母亲捡起，果然是通知书，洇了汗水的字迹却清晰，孩子被繁昌一中录取了！这是县里最好的中学，也是离大学最近的学校。

"这傻孩子，还和妈妈打埋伏了！"母亲急着去做顿好的想犒劳也是喜庆一下，一摸鸡窝空空的，几只鸡蛋昨天才换了药钱。

"那年孩子爸车祸走了，丧德的司机逃逸，没赔一分钱。"没料查超母亲又患重病，这病有钱人也是个无底洞，更别说她这样的人家了，若不是成绩拔尖的超儿给她的安慰与希望，说不定……

一粒米过三关，滴水组地僻山远，林稀地薄，家里失了主劳力，孩子考得过一切文化上的难题，这个家在经济上却年年交白卷。

门口有脚步声传来，话里溢着喜气，这是村书记徐文路来了。自家里接二连三地出事，村里没少帮扶，可孩子上学的事，她是无论如何再也说不出口的。

随徐书记来的干事递来500元钱，从窗口射进的阳光滚烫，这钱红得耀目，闪烁着孩子金灿灿的未来。好久没见这样多的大票子了，查妈似烫着手，嘴唇翕动着。

"不要谢我，要谢就谢成喜，这钱是他出的。从今年开始，凡是考上县一中和大学一本的'双一'学生，他都赞助500元，这次除了你家查超，还有另外五六个孩子呢！"

"你是说这钱是成喜大兄弟拿的？他也是个苦出身，他的钱也来得不易呢！"说起强成喜，查妈自然熟悉，两个月前，他还向汶川地震灾民捐了一万元，他可是村里人的榜样呢。他打小成绩就好，只是家里人口多，念到初中毕业就打工了，现在开着一家粮油店，靠着诚实经营，在大上海站稳了脚。

"他也是小本经营，孩子也要上大学，上海生活成本又高，这钱可是他一点一点省出来的啊！"

"今年村支部按照上级要求，开展党的主题路线教育，强成喜特地从上海赶回来参加支部大会，会上主动表态，从今年起资助贫困生上学，成喜此举，是高尚品德，也是党性的体现，这钱你们就放心地拿着，用好成绩来回报他，回报社会！"

就在刚才，时间还似凝滞着，一切呈迷离和涣散状态，此时画面出现了光，是五彩的光，把破败的门楼、黯淡的堂屋，还有门外那棵低矮的小树全沐浴在这绚烂中，有黄色的蝴蝶在林子间翻飞……时间飞快地流动，三个春秋后，那小树已茁壮，浓荫匝地，就在树下，在一片知了喧闹和蝴蝶翩翩中，老支书又一次把党员强成喜同志资助的500元钱交到查超手里，他实现了又一次超越，考上了一本！

二

查超这样的莘莘学子一批批走出去了，可有更多的人留下来，留在这一丘连一陵的薄田疏林里。这里距县城不过三十里地，纵是曲里拐弯、高低起伏，现在也不过半个多小时的车程，可那时只有条简易公路，至于村组道路，更是神经末梢，细而阻塞，里面的出不来，外面的进不去，愈发地闭塞与落后了。

这点在旱田村民组更加明显，田旱地瘠，山道弯弯，他们似被遗忘在丘陵深处，虽然村民响应号召修了一条简易机耕土路，这清汤寡水的路面一个雨季就差不多被冲刷得不像样子，组长老从愁眉不展。

要解决这个问题，须路面上加"料"，碎石砂浆铺面夯实，可人工不说，哪一项缺得了钱，哪怕不过是村组的一条环路！

"你们算一下，看看多少钱。"恰好强成喜赶回村子参加党员日活动，主动对老从道。老从早已精打细算，再精简也不少于4000元。

"这样吧，我拿4200元，回头就把钱打过来！"老从知道，这次成喜回来，亲友买房看病已经出借好几千，钱包怕是早空了，成喜借钱与别人不同，不收一分利息，连还钱日期也不预定的。

几年后，强成喜又出资一万元，将简易公路铺上水泥，干活的电动车可走，出行的小汽车畅通，连大货车也进出无虞了。

路通了，若过往人车稀少，或只供村民出行方便，那村民辛辛苦苦修路的价值就大打折扣了，在大码头开了眼界的强成喜，目光自是不同，与几位外出务工的同乡几番交流，一个大胆的设想渐渐明晰——合伙开设一家锻造厂，因他在外地，他只投资不过问经营。

打仗亲兄弟，上阵父子兵，投钱不做主，放手不经营，且开设的还是许多人都没有听说过的锻造公司，投资不小，风险不低，不少同乡、好友为他担心，他却"心大"：疑人不用，用人不疑，专业的事专门的人去做，一定会比自己做得更好，再说自己也离不开那个小小的粮油店，一咬牙，两百多万的投资中占了大头。

在这疑惑与担忧中，"繁昌象形锻造有限公司"第一声沉闷的锤声响起，隆隆作响的大卡车进进出出，古老的山乡醒了！

真如好心人担心的，两头在外的锻造厂并未如所设想的那样火起来，三角债、市场行情波动让运营磕磕绊绊，又逢三年疫情，企业开开停停，甚至一度亏损，作为大股东，强成喜承受的内外压力不小，他没有选择撤资止损，相反是一次次地增资补血。

三角债或货款不能及时收回，企业资金周转不灵，因为他是大股东还有他的良好信誉，他不止一次赶回来签字贷款，他不会不清楚签字画押的后果，可还是一次次地从容落笔，有时候干脆自己十万、二十万地垫上，且不收一分利息。

"我投资这厂子，不只算经济账，还要算政治账；不能只顾自己，还得看看是否有利乡亲社会!"这显然并不是一句大话。因投资了该厂,他的资产虚胖起来,虽不参与经营,可大小困难没有一件不操心的,可也因为他的全力支持和合伙人的精心管理,企业历经坎坷却不倒,不仅带动了村里14人就业,还促进了车工、汽运等产业的兴起,哪怕是亏损,工人的工资却不短少。疫情结束后,企业渐有起色,最高年利税达30万元,成了村里的支柱产业。

三

上海梅陇镇洪锦小区,有家70平方米的粮油食杂店,沿墙是排一人多高的货柜,密密排列着各种油料调味品,正对门口是一排成筐的鸡蛋、一袋袋炒花生和一箱箱矿泉水堆起的"矮柜"。门口一暗,一个浓眉汉子扛着一袋大米进来,麻利地摞到里间的过道上,这垒到天花板的袋袋米"墙",把狭小的过道又占去了一半。

店里角角落落却是干净清爽的。

汉子拍一下旧得辨不出本色的工作服,戴上老花镜,笑呵呵地给客人递货称重,有客人惊道,强老板,你头发可是白了不少!

你才看见?去年疫情后就开始白了!说话的是个老顾客,只是他那标志性的络腮胡子依旧刮得乌青一片。

这就是强成喜和他的上海大胡子粮油店。

虽有种种传言,很多人不信抗疫模范生的上海也会有封闭的那一天,疫情肆虐,这个一万多人的小区还是停摆了,人不出家门,货不能进小区,小区多是外地来的年轻打工人,室无一粒存米,炊无一星油盐,许多人连锅灶都没摸过,冰箱角落里不过是几袋方便面和饮料。

小区的粮油店很快就成了香饽饽,价格却如雨后春草,一片疯长，还少不了以次充好，短斤少两，屡教不改——被封。然而人们见识了钉在大胡子粮油店墙上"党员经营户"牌子的成色——唯他一家分文未涨，一以贯之的货好量足，也仅他一家未封！因为疫情，不能像往常一样开门营业，只可开后窗排队售卖。

这不再是平常的买卖，这是保命、保稳定！他无独家经营的窃喜，却有着小区一万多人粮油食品保供的压力，更有感染的担忧。小区不断有人感染被隔离，谁也不知小窗口前络绎而来的顾客中是否有阳性患者，他倒不全是怕自己被传染，更担心传染后这个小区生命与希望之窗被关！他每天第一件事就是不厌其烦地武装到牙齿，又严格对小店进行消毒。

他笃定的目光消弭了人们对食品的恐慌，可盈盈的笑脸后，心却愈发地虚了，贮存的近四十吨各种粮油食品越来越少了，以往连转身都难的小店从未像现在这样的空空荡荡。

最后一袋盐咬咬牙卖了！

自家煮饭的电饭煲也"卖"了！

那是一个和他儿子差不多大的小伙子，一个外地来的打工人，他的眼光落在那只已泛黄的电饭煲上。

"我已吃了半个月的泡面了！"

"你拿去吧！"老强心中一热，若是自己孩子没有考上大学，也该和他一样打工吧。

老伴却犯了愁，锅没了拿什么煮饭？

"不是还有方便面，我们也煮泡面吃！"老强依旧笑呵呵的。

仿佛应了他的这句话，很快他家的炒锅被"买"走了，顺便还送了把锅铲子，最后连菜刀也被"借"去了。

可还没完。

那天好不容易得点闲，老强赶紧点根烟，只剩下最后一包了，得省着点，才美美地抽上一口，倏地觉得有异样，一看果然窗外有人眼巴巴地瞅着，还不时嘬一下嘴唇，这无疑是一个烟界老饕了，应是断了顿的，他打了一根，那人一口就烧了半截，他犹豫了一下，把剩下的半盒递了过去。

"这下厨房'干净'了，你也'干净'了，我俩都省事了！"老伴转忧为笑了。

守这窗口的不是强成喜一人一家，在老强勉力维持之际，政府已组织保供单位对粮油等进行定点直供。只是白天不能送货，夜里两三点，人静车稀，连肆虐的病毒也不知藏哪儿歇去了，老强拖着累了一天的身子，去数百米外的卸货点，寂寞的路灯下，是老强来回踩三轮车的身影，运货、码放、记账，不知不觉间东方既白，却丝毫没有睡意，夜晚所见的一幕挥之不去。

封闭日久，小区垃圾渐多，蚊蝇乱飞，说不定就是一个个新生的传染源，而垃圾清运工已星散。进出是个循环，他保障了入口，能不能在出口端做点什么呢，让这个循环畅通起来？这小区可是有一万多人啊！他在群里主动请缨，领导却有诸多担心，作为负责小区唯一食品保供点的他不可有丝毫闪失，可最终还是同意了他的一再请求，那是一个党员把一切置之度外的担当与操守。

于是几乎每一个深夜，在静寂的巷子口、楼道和居户门口，忙碌了一天的他和两名保安逐栋逐户收运垃圾，厚厚的防护服让人透不过气来，一次次弯腰收捡，一趟趟清运。一切都在夜深时悄悄地进行，天亮了，阳光下天清地净，梦中醒来的人们又迎来食足气爽的一天。

强成喜却躺下了，这个敦实的汉子从未有过的体虚、气促，一倒床上就迷糊过去，却被清脆的玻璃破碎声惊醒，此时已日上三竿，早该开窗营业了！他惊骇而起，趔趄站稳了，匆匆下楼，小窗前早已聚了一群人，都是焦急的神色。原是他们见小窗久久未开，楼上又无声息，怕出意外，才敲碎玻璃探问。他心头遽然一热，浮起乐呵呵的笑，只言自己睡过头了，却有人不放心道，老强你最近瘦了很多，可得要缓缓了！他把口罩往上拉了下，打着哈哈道，我戴了口罩，看不准的。他心下明白，近段时间衣服宽松了许多，前两天称过，竟掉了二十多斤！他曾怀疑是糖尿病，直到放开后去医院检查，才知不是，那段时间他可是太累了！

可他还是没有一分钱的涨价，有人估算过，在这近三个月的封闭期间，哪怕是加点劳务费什么的，就是一二十万元的"额外"收入，可他却不为所动，其间还为家乡的抗疫捐了一万元！

四

上海到繁昌有三百多千米，一辆皮卡星夜兼程，这穿着解放鞋稳稳驾车的正是强成喜，这是要回老家参加村党支部开展的学习贯彻习近平新时代中国特色社会主义思想主题教育动员大会。

疫情是最好的显影剂，人们感谢他，更信任他；疫情过后，他那大胡子粮油店生意愈加兴旺了，一刻也脱不了人，上海的临时党支部尚在恢复中，他便夜间开了他那辆运货的小皮卡，四五个小时便可到家，第二天上午的会耽误不了。

长长的路途，在雪亮的车灯下展开，似他坎坷却踏实的人生。他忘不了那个夏日的午后，他是怎么在老师失望又疼惜的眼神里，又一身汗一脚泥慢慢地回到上晒下蒸的水田，弯着腰把一簇簇活泼泼的秧苗插入浑浊的泥水中，也把一个火热的读书希望踩烂在这片烫脚的水田里。作为姊妹七个中的老六，能初中毕业已算是幸运的了，父母再无余钱供他续读，且高中三年后，说不定依然回来插田，而那个时候，别人家的秧苗早已抽穗扬花了，虽然他成绩很好，可一切谁又说得清呢？这山洼里又有几个考得上大学捧得上那铁饭碗的呢？

皮卡吼叫着冲向夜幕，不知不觉间脚下用力了，他调整呼吸，让自己平静下来。路在无尽地延伸，车渐稀少，思路又汹涌起来。

这是家私营小煤矿，狭窄的坑道粉尘弥漫，沿途渗水，矿下时有大块渣土掉下，背煤累且险，家人不止一次劝他不要去做，可他还是选择了这一"高收入"行当。

眼前这黑黢黢的夜，颇有几分像那黑漆漆的坑道，仅靠头上的一盏矿灯照亮，粗粝的绳索深深勒进他还稚嫩的肩胛，他深吸一口污浊的空气，又躬身去拉，这不知是多少趟了，按量计酬，心里有渐起的欣悦，可愈向上，愈沉重，小腿开始打晃，洞口的光刺目，坑道里是幅油亮脊背的剪影，倏地肩上一松，他扭头回望，暗黑中有双手在背后推了一把，腰挺起来，蹭蹭几步到了洞口，那日的阳光格外温煦！

他忘不了身后那有力的一托！

那有学不能上的疼更让他刻骨铭心！

可他还单薄着，那曲折悠长的路阻滞了他的脚步，他的目光还没有越过逶迤绵延的山峦，这时有双更强有力的大手在推举着他，有谆谆的声音在教导着他，这便是组织！秦贤余、徐文路等一任任村书记把目光投在这些年轻后生身上，宣传党的致富政策，鼓励他们走出去闯天下，山上开过石、饭店掌过勺、码头扛过大包、拉过板车走街串巷的他，在1993年的春天，怀了朦胧的希望，踏过幽寂的山径，一路辗转到上海，租了门面，开起了粮油店，当初就是凭着这辆皮卡，把皖南的粮油运往上海，也把家乡的质朴、真诚与丰硕呈现在这现代的大都市，从青葱少年到一脸络腮胡子的大叔，借着勤劳守信，他的"大胡子粮油店"渐渐兴旺起来。

看柜台外熙攘的世界，回首人生浮沉，是组织和家乡人的鼓励、支持让他走了出来，是党的好政策让他在大上海立了根，发了家。那推动着、支持着自己的，是家乡亲友的力量，更是组织的力量！远在上海的他，2003年年底，向村党支部递交了入党申请书，把一颗质朴而热忱的心向党敞开。2006年7月1日，他激动地在鲜红的党旗下举拳宣誓！择善而行，道之以德，共产主义的"大道"，让他质朴的德善观得以升华，他的人生有新的定位和追求，厚德载物，初心如炽。

五

前面就是安徽境界，小皮卡跑得更欢实了。夜晚下的村野失去了白天的细节，但家乡还是原来的味道，细品却又不一样，亮且靓了，一路疲劳尽消，现在交通发达，小村常回，每次都有新发现，每回都有激动和期待，这次格外不同。

2011年12月，强成喜被评定为中国好人，此时他已定居上海，且已参加上海的临时党支部活动，而家乡的经济已开始腾飞，人均收入翻番，再也不会有学子因钱紧张而止步校门，有人劝他见好就收，他却不这样看，自己捐资助学本不是为沽名钓誉，也非一时冲动，他一诺如金，从2008年到2023年，强成喜已捐助"双一"学生一百多人（次），捐助资金近十万元！不仅一批困难家庭的孩子特别是女孩得到深造的机会，使英才不被埋没，而且还带动了社会风气的转变。

手机响了，是村里王书记兴奋的声音，说他持之以恒的资助效应已经大大超出了助学本身，还带动了新农村文明建设，成为促进乡风乡貌转变的一个重要抓手了。

过去农村留守儿童失学、弃学现象严重，中老年人打麻将玩乐风气渐盛，赌博风气有所抬头，一些年轻人参与其中，而捐资助学，既是一种救助，更是一种风气引领，每次发放时都召开大会，领导表彰，受赠人上台发言，气氛隆重，仪式感强，又有了强成喜的"双一"标准，受赠成了一种引以为傲的荣誉，每次捐赠仪式都是小村的大事，成了村民经久不衰的话题，已衍生出一种道德的教化作用，念书升学，上好高中，读一流大学渐成家长们的期盼，学子的追求，社会风气悄然而变。

这恒定的捐助溢出效应明显，他们不断发掘其中更多的价值和功用。这爱心捐助款是由村里代为发放，村里并未简单地转发了之，而是因时而变，在专款专用的同时，不断地赋予它新的内涵。在与强成喜商议后，村里把它与乡风文明建设等挂起钩来。

近年来，支部结合党建引领信用村建设，在全村开展诚实守信的信用户建设活动，在家庭经济情况差不多的情况下，3A级信用户的"双一"学生资助800元，2A级的资助600元，A级500元不变。

800元，触动了莘莘学子的向上之心；600元，引发了父母乃至全家的向善之举。表象上看是钱之力，其实是人性善的激发，内心美的竞妍：长两公里、宽八米的森林防火通道全由视土地为命根子的村民无偿提供；修路、治水、环境整治等公益活动，村民无偿投工，主动参与……区级美丽乡村点建设任务率先完成，并入选安徽省第二批美丽乡村示范村，而这些年象形村的升学率、"双一"（繁昌一中、一本）学生位列全区前列，一个学风浓郁、乡风厚朴的文明新农村呼之而出。

大灯的强光，把家乡的柏油路照得透亮，副驾座上刚结束了与王书记通话的强成喜，闻着家乡熟悉的气息，有种微醺的感觉，侧眼半途接手驾车的儿子，那幸福的醉意更浓了，这是父子同归，也是父子同心。儿子当年以繁昌第一名的身份考入芜湖一中，毕业又被保送上名牌大学，出国留学后拒国际50强高薪聘请，选择回来报效国家，这本已让他自豪，而让他更欣慰的是，儿子已经答应自己，在他六十岁时，把他捐资助学的担子担起来，传承下去！

小积为丘，大积为岳，各方以强成喜捐资助学这一善举和道德模范典型，引领和推动新农村道德文明建设；言传身教，以德服人，强成喜的美德也影响到自己的下一代，这不仅仅是一年数千元的捐助，也是一种道德的养成与传承，德成则喜，他的微信签名"以德服人、厚德载物"意蕴深远，励己勉人。

他没在电话里说这事，要到村头了，村部灯光熠熠，他要当面把这个消息告诉他们，告诉所有的乡亲……

汪成友，安徽桐城人，安徽省作协会员。作品见《安徽文学》《小小说月刊》《金山》《微小说选刊》等。曾获第三届吴伯箫散文奖。现为芜湖市作协秘书长。

春风含笑伴纸鸢

——记"芜湖好人"汪琼

罗光成

一

2015年，三月的一个早晨。

纸鸢香草园。

汪琼正与工人们一起，挖整着薰衣草的地垄。

"大叔，我们把这个垄沟再挖深一点，梅雨时节，地垄就不会再像去年那样积水啦。"汪琼一边说，一边用锄头做着示范。

"大哥，把这些泥炭土与河沙，掺进园土里，土壤的透气性就好了，今年的薰衣草，也就不会再得根腐病了。"汪琼把一筐泥炭土倒在地垄上，用衣袖沾去额上浸出的汗珠，"三比二，三份泥炭土，加两份河沙，对，这个配比，透气效果最好。"

…………

薄薄的晨雾，从香草园左侧的茅王水库，贴着草色遥看的村野，氤氲升腾，为茶冲村起伏绵延的山峦，镶上一道风动的裙裾。

清亮的溪水，泛着晨光的晶莹，顺着山冲，跳跃着，歌唱着，叮叮咚咚，流过香草园，一路呼朋引伴，奔向山冲的尽头。

林间的鸟儿，扑棱着翅膀，在村庄的上空，发布憋了一夜的新闻。

村头的大公鸡，气度不凡，跳到篱笆墙头，对着山冲尽头的那点胭红，鼓足气力，"喔喔——喔——"，只一下，就叫出了半个太阳。

茶冲村初春的早晨，远看近听，都是诗，是画，是舞蹈，是交响曲。

可是，现在，汪琼还没有心思来听、来看、来欣赏。

汪琼的心思，都在她的薰衣草上——

去年，汪琼自己硬是让自己的人生路径来了个一百八十度的大转弯，硬是要把自己的命运从此攥在自己的手里，扛在自己的肩上。从城市办公楼，来到山村荒野；从辞去工薪职位，走向从头创业。那段时间，众人眼里谦和乖巧柔顺的汪琼，变得倔强如牛，义无反顾，我心决绝！

闺蜜与同事，有的骂她疯了，有人说她傻了，有的劝她别再鬼迷着心窍，已经不是冲动任性的年纪了，放着大好的轻闲日子不过，跑去吃那不着边际的苦，到底图的是什么，是不是中了什么邪了……

汪琼不说话，汪琼从内心感激她的这些闺蜜与同事，知道他们是为了她好；

汪琼不解释，汪琼已从内心打定主意，铁下了心，是时候去圆自己的梦了。

怀着香草梦，揣着人生梦，汪琼来到繁昌平铺这个叫茶冲的山村。

不分昼夜，不分节假日，茶冲村三个村民组，还有与茶冲相邻的五华村两个村民组，几乎每家每户的门槛，都被汪琼踏平了一层。

七十二份合同，五百亩荒地，五十年租期，成为汪琼向梦出发的起点与支点。

所有的积蓄与借贷，都押在这荆棘交织灌木丛生的五百亩荒地上。

五百亩荒地翻垦出来了，像一张透出生命气息的大画布，铺陈在茶冲与五华的山水草木间，等着汪琼描绘自己最美的梦想。

起先，汪琼设想五百亩土地，全部种上薰衣草及其他香草。这样可就真的算是远近独领芬芳的香草园啦！

后来，她还是改变了想法。法国薰衣草在沿江江南地区，尚没有成功种植的先例，自己也没有一星半点的实战经验，若是初次种植失败，五百亩的土地，可就是彻底归零了。

汪琼想起自己读过的商业理论，不要把所有的鸡蛋放在一个篮子里。

五百亩土地，汪琼最终分成了三份，一份种香草，一份种茶叶，一份种果树。

草是薰衣草，茶叶是白茶，果树是冬桃。

化整为零，化一成三，即使香草种植不成功，还有茶叶与果树在，还不至于输掉全盘。汪琼这样想。

事实果如汪琼所预，土质密实板结，梅雨季节高温高湿，一两百亩法国薰衣草，在根腐病的折磨下，全军覆没。

虽然还有茶叶在，还有果树在，但茶叶尚未长成，果树挂果还早，全年收益，加上成本，净值为负。

虽然还有茶叶在，还有果树在，但汪琼要圆的是香草梦，而薰衣草是用途最广的香草，没有薰衣草，就建不成香草园，或者即使勉强建成，也只是天生缺陷的香草园。

创业首战告败，激情遭遇冰寒。

回望，工作已经辞去，资金悉数投入，借贷无法偿还，回路已经切断，前行没有选择。

即使允许选择，心底有梦的汪琼，也是绝不可能再转身回撤。

闭门不出，埋头书本；

天南海北，请教专家。

终于找到失败的诱因，终于取回成功的真经：改良土壤、高垄深沟、增强透气、定期除菌。

…………

汪琼从地垄上抓起一把掺拌好了的土，用力握一握，再松开。原本板结滞湿的土，变得松散而富有弹性，从汪琼的指缝间滑落，"很好，很好，这种土，应该是薰衣草最喜欢的啦！"汪琼抬起头，脸上泛起希望的喜悦。

"对，这下就不怕再兜水烂根了。"看着眼前这个瘦了一圈的大妹子，工人们心疼而由衷地应和着。

就在这时，汪琼看到，一个佝偻着腰身，肩上扛着包袱，感觉有些年纪的老人，正从茅王水库那边，沿着山边的小道，向着香草园，蹒跚而来。佝偻的身形，在飘忽的晨雾里，隐隐约约。

"刘大爷，您老人家怎么到这里来了？"一个工人问着走过来的老人。

"呵呵，黄豆，黄豆。"老人把肩上的麻袋慢慢放到地上，指着说。

"黄豆？这大老远的，从岳山那边到这里，我们走路快的也要半个多钟头，您老都八十多了，没得个把小时也走不到，把这大麻袋黄豆背来做么事噢？"

"呵呵，听说香草园的大妹子会卖东西，我把黄豆背来托大妹子给卖卖。"

"您老认得香草园的大妹子吗？"工人说着看了一眼汪琼。

"不认得，不认得，"老人有些不好意思，"听人说大妹子人好，肯帮人，最会卖东西，我就把黄豆背来了。"

"香草园的大妹子卖的是香草，不卖黄豆。现在香草刚种就亏了，哪有心思管您卖这个黄豆的小事哦，"工人说，"大爷，您先回去，黄豆放这里，等我晚上收工，顺路我给您老背回去。"

"哦，哦，我不晓得是这样，那我不能麻烦人家大妹子了，我自己背回去吧。"老人眼里露出了失望，"咳咳"两声，伸手抓握袋口，蹲下身子，把麻袋往肩膀上挪。

"大爷！"一直在静静听看的汪琼，放下锄头，小跑过来，一把捺住地上的麻袋，"大爷，我就是您要找的香草园的大妹子，你这黄豆，我都要了！"

老人缓缓转过头，有些吃惊，半晌，"不了，大妹子，你种香草亏了本，心里肯定不好受，大爷懂，不麻烦你了。"

"大爷，您别说了，"汪琼轻轻拍打着大爷肩背上灰土，"您老人家这大年纪，扛着这么重的麻袋，跑这老远来找我，这是对我信任，为我添加口碑呢。我以前是不卖黄豆，但现在我要为您老卖这个黄豆，您老放心，卖得掉最好，卖不掉，我就留着自己慢慢吃呗。"

"呵呵，大妹子，你真是个大好人！"老人并拢双手，向汪琼连连作揖，"大妹子，老天保佑好人，保佑你好人好报哦。"

"大爷，您这豆子在家称过了吗？"

"称过了，三十八斤半，就算三十八斤吧。"

"大爷，这样，您在家称过了，我就不再过秤了，三十八斤半，按四十斤，好算账。"

"那，那，那怎么行？我不能多要。"老人慌忙后退着连连摆手。

"大爷，您就别推了，我的父亲要在，年龄还比不上您大呢，这一斤半两的小钱，就算我孝敬父亲了。"汪琼真诚地说。

老人把钱塞进贴着裤腰里面缝制的口袋，一口一个"好人哦，好人哦"，沿着山边的小道，渐渐淡隐在树林的后面。

二

2023年，7月16日，周日，下午。

江南夏日难得宜人的天气。

上午阵雨沥沥，下午满天浓云。茅王水库像一块碧玉，解读着大家闺秀的风范。山风从林梢、草尖漫过来，将纸鸢香草园，临时切换到初秋的舒爽。

紫色的马鞭儿草，色泽柔和，身姿摇曳，梦幻着我们的视野，把"正义、期待"的花语，向着我们，随风破译。

汪琼与我，隔案对坐。

一杯自制的清白茶，一碟切段的糯玉米，采访的氛围与雅致，感觉也就有了。

热情开朗，爽快真诚，风火干练，持重沉稳。一坐定，汪琼就滔滔说起来。

创业，波折，成就，荣誉，每一点，都有光亮在颤动。

作为市政协常委，市政协为汪琼建立了"政协汪琼委员工作室"；作为全国三八红旗手，中国妇联为汪琼建立了"全国三八红旗手汪琼工作室"。同时拥有这样两个工作室的，放眼实在寥寥。

昨日傍晚，汪琼才从川大"企业家创新培训班"匆匆赶回；今天上午，繁昌区首届乡村振兴运动会"三人四足"项目比赛，两百多名参赛农民运动员，冒雨在纸鸢香草园绿地广场进行角逐，作为承办方、搭台、安保、氛围、后勤，汪琼又是忙得一刻不能离身；明天上午，又一拨领导调研要走进纸鸢，随后的座谈会，汪琼还要按要求准备发言材料，打印出来在会上分发。

成功，意味着更强的进取，也代表着更多的身不由己。

"汪总，您时间太紧，采访您的时间，只能是下午这几个小时。以您的影响和成就，如果放开谈，估计没个一两天也说不完。为了能尽可能谈得集中，节约时间，也为了与许许多多对您的新闻宣传有所区别，形成互补，您看一下这个采访提纲，是不是可以把您创业与新闻背后的故事，更多地与读者分享。"

"好的，好的。"汪琼十分赞成，我们言归"正传"。

三

"我为什么要做香草园，这还得从我父亲说起。"汪琼放下手中咬了一口的玉米，"我家住在市里的镜湖区，父亲在地质队工作。我们兄妹两人，哥哥长得像妈妈，我长得像爸爸，在父亲眼里，我是他最宠的小棉袄。"

"地质队大院的宿舍楼，一共三层，我们家就住在第三层。那时楼房面积都不大，四五十平方米吧。打记事起，父亲最大的爱好，就是养花弄草。案几上，窗台上，墙旮旯，到处都是花花草草。小小的阳台上，更是被花草挤得找不到下脚的地方。妈妈有时埋怨，父亲呵呵几声，也就过去了。这还不算，那时床是架子床，两头木架搭上一块铺板，下面是空的。就是床下这么块小空场，也被父亲的花草占满。

"我跟父亲跟得紧，或者说父亲总是喜欢带着我。每当父亲下班或休假在家，就是花草们最幸福的时光，当然也是我最幸福的时光。我一步不离地跟在父亲后面，看父亲修剪修剪这盆枝叶，松翻松翻那盆泥土，浇灌浇灌阳台上的树桩，心里有种不由自主的舒畅。

"等我稍稍长大了些，有时父亲外地出差，侍弄花草的事情，就自然落在我的头上。临行，父亲总是拉着我的小手，细细巡视他的花草，叮嘱我这盆什么时候需要浇水，那盆什么时候需要搬到阳台上晒晒太阳。等到父亲出差回来，看我都是按照他的要求在做，花花草草生机妩媚地向他点头问好，父亲就会掏出包里的糖果放到我手上，轻抚着我的头，满眼都是赞许的目光。

"慢慢，父亲酷爱花草的基因，不知不觉，遗传到我的血液里。

"我就这样懵懵懂懂，喜欢上了与花草为伴。喜欢花草的清丽，喜欢花草的纷繁，喜欢花草的淡然物外，喜欢花草的内心原香。

"长到十五六岁了，父亲的花草渐渐成为我眼里不可或缺的风景，对兰花、杜鹃、野菊、月季、矮牵牛、粉豆花、太阳花、一串红，侍弄起来也是游刃有余得心应手了。多少次，父亲满眼慈爱地巡视着他的花草，又把目光举向窗外的天空。云朵像成群的玉兔或马驹，在蓝天的大草原嬉戏欢逐。这时父亲就会喊着我的乳名，仿佛自言自语：等到退休，我一定要到乡下找一块地，好好地种种花，养养草。花草是大自然的精灵，囿在屋里，见不到星光，得不到雨露，实在是委屈它们了。

"从那时起，我就憧憬着父亲退休在乡下的土地上，像花草一样自由而自然地栽花种草。晚上睡在床上，脑门上仿佛有一只透视的眼睛，父亲未来乡下的花园，花含笑、草含情，春风扑面、暗香浮动的样子，被我看得清清晰晰。

"父亲种的花草，都是乡野普通的花草；父亲对花草的酷爱，不带任何功利。

"可是，父亲却没等到退休那一天。五十出头的父亲，死于肝硬化。去乡下种花种草的一生愿想，成为父亲死不瞑目的遗憾。"

汪琼抽出一张纸巾，擦去眼里浸出的星星泪花。

"父亲离去，我已在当年芜湖最现代最时尚的新百大厦商场实习上班。对父亲的爱与对花草的爱，开始在我身上发酵，让我成为像父亲一样酷爱花草的人。渐渐，我的心头也萌生了一个美妙的梦想：等到退休后，我一定要到乡下找一块地，一心一意，栽花，种草，为了自己的喜爱，为了父亲的遗愿。

"我为什么没等到退休，就来到乡下栽花种草，兴办香草园了呢？

"2007年，30岁出头那年，我也生了一场病，一场重病，一场大病。四处求医问药，仅在南京的医院，就住院了整整半年！有好几次，差点就不行了。病人的想法，与常人真的不同，特别是经过生死折磨的病痛。躺在病床上，人的头脑似乎变得格外洞察世事，看透人生，感觉除了平安，所有的名与利，在重病的魔爪前，都变得不值一提。我甚至有些忧虑地想，父亲五十出头就走了，我会不会也像父亲……

"这场大病，持续了两年，直到2009年，才渐渐康复。

"在病情康复的过程中，一个偶然的机会，结识了某医科大学的李教授。李教授是研究'芳香疗法'的专家，从他那里我知道了，花草不仅有观赏作用，还有意想不到的医疗作用。教授送了我几本关于花草与芳香疗法的书刊、自制的植物精油，推荐我参加培训学习，考下了'高级化妆品配方师'与'芳疗师'两个证书。这让我对花草的认知，从父亲传导给我的外在'好看'，上升到李教授传授给我的内在'妙用'。

"在李教授的悉心指导下，我开始从观赏与医用结合的方向，学习研究花草知识。买回盆盆罐罐，培植国内外精品花草。把学着用蒸馏法自制的精油，带到单位，送给商场的职工。没想到大家都很喜欢，用了都说好。这让我对花草，越发有了说不清的喜爱与情感。有时仿佛花草就是我，我就是那些芳香的花草。

"2010年，我已是新百大厦男装部主任。待遇与福利，在江城芜湖，也算得上体面诱人。虽然互联网的强大浪潮正在兴起，实体商业已是山雨欲来，不过，作为新百的中层部主任，公司早已为我们定制了"未来"方案：50岁退休，养老金足够安享生活。

"记得是2013年，深秋的一天，休班在家。侍弄完盆盆罐罐的花草，无意举头望天，云朵像成群的玉兔或马驹，在蓝天的大草原嬉戏欢逐，我一下又想起了父亲，心里掠过无尽的惆怅。我突然在心里再次问自己，人生的意义到底是什么？是继续这种一眼看到头、波澜不惊、平安庸常的岁月，还是与自己喜欢的花草为伴，挑战并不确定的未来？一头是安逸平庸，一头是风险价值。

"那时，我正在读朋友推荐的《钢铁是怎样炼成的》，书中关于人生的至理名言，'人最宝贵的是生命。生命属于人只有一次。人的一生应当这样度过：当回忆往事的时候，他不会因为虚度年华而悔恨，也不会因为碌碌无为而羞愧……'像一道闪电，划过我的心空，照亮生命的未来。

"苦苦思索，艰难抉择，最终让我下定决心，毅然裸辞，彻底放弃安逸，舍身赌斗风险的，还是因为想起了父亲。父亲曾经梦想退休后再找一块乡下的土地，自由地养花种草，过自己喜欢的生活，但最终命运不逮。我也不能再等，未来的不确定，说不定就在等的过程中永不再来。

"而且我对花草的认知，已不再停留在父亲'观赏'的层面。花草，不仅可以供人观赏，更可以医用于人。养花种草，完全可以成为养情怡性、养活自己的一种方式。

"就这样，2014年，在亲朋好友同事闺蜜一片不理解不赞成的言语中，我义无反顾，辞去男装部主任职务，走出新百大厦，含泪挥一挥手，把人生的过往，彻底留在了身后。"

…………

当，当，当，当，墙上的电子钟认真地敲了四下。仿佛要让我们从虚拟的时空，回到眼前的时光。

我没有动笔。汪琼的讲述，像沙漠里的滴灌，在我记忆的海马体里，汩汩浸漫。

四

"选择在茶冲做香草园，天时，地利，人和的因素都有。

"首先是近，离我在龙窝湖的住家距离适中，几十分钟的车程，往返便捷。其次是美，我第一次来，就被这里的山山水水吸引了。两侧起伏的丘峦，如两排凝固的绿色波涛，簇拥着一条狭长的冲谷，仿佛时光的长廊，让人的心变得格外宁静，让人的思想变得格外纯朗。特别是冲的顶部一汪碧水，名为茅王水库，青山倒映，白云潜泳，一道溪流，顺着山冲，无忧无虑，叮咚而去，仿佛茶冲世外桃源梦幻的背景音乐。与茶冲相邻的五华山，是'南朝四百八十寺，多少楼台烟雨中'之一，丰厚的历史文化，为茶冲的自然景观，增添了人文的瑰丽与魅力。五华山麓的五华鸡，千年品质，历史味道，是国家级畜禽地标。

"再次，也是更重要的，就是人和了。茶冲山好，水美，人更亲。我出生、成长、工作在城市，对乡村，对土地，对农业，从小没有任何概念。说句不是笑话的笑话，没到茶冲之前，在市场卖菜，我根本不知道青辣椒与红辣椒是长在一棵秆子上，以为它们是两种蔬菜；不清楚毛豆与黄豆只是嫩豆与老豆的区别，以为它们长出来就是一个毛豆一个黄豆。现在想来，当时决然辞去工作，来到乡村种花草，做农业，也真是有些俗话说的'糊涂人胆大'。但茶冲村民接纳我、关心我、帮助我，使我这个乡村的陌生客、农业的门外人，很快就熟悉了这块土地，融入了当地村情。

"七十多岁的高大叔，是土生土长的茶冲人。村里的每一条地垄，每一道沟渠，每一户人家，甚至每一棵古树，他都了如指掌，如数家珍。我刚来茶冲，人生地不熟，两眼一抹黑，按照别人指点，找到高大叔。大叔听了我的经历和想法，不放心地摇摇头，又重重地点点头。他带着我爬坡跨坎，走家串户。站在茅王水库大坝，俯瞰茶冲地形；顺着沟渠溪流，察看灌溉便利。白天跑到农户家找不见人，晚上再去；与农户一次协商不好，就一次次上门恳谈，一遍遍解释荒地流转的好处，是农户得益，村集体也得益，到时观光农业做起来，带动乡村文化旅游，促进农家土特产销售，实在是一方投资，多方受益……七十二份合同，就这样成功签订。高大叔带着我，将写在合同里的地块，与实际用地现场比对，香草园的梦想，终于从写在纸上，一步步种在了坚实的大地上。

"高大叔为人正直，心地厚道，帮助别人尽心尽职。开荒挖渠，栽树种草，许多村民来香草园务工。大叔帮我做管理，考虑周全，细心周到，每人一个月出勤多少天，每天迟来早走几分钟，大叔都一点不落地记在小本上。到了月底，大叔当着大伙的面，掏出小本子，把出勤情况一个一个念给大家听，再把根据出勤认定的工资，一个一个当面数清发到村民手中，多少年来没有一次差错。大叔的老伴也在香草园做工，有时早几分钟回家烧饭，大叔看在眼里，毫不包庇，一样清清爽爽记在小本上。到了月底发放工资，早退的钱照样要扣掉。老伴嗔怪他做人太呆板，扫了自己的面子，大叔耐着性子跟老伴讲道理，这叫呆板我一个，端平一碗水，我能对你睁眼闭眼，就能对别人睁眼闭眼，要是做事都这样睁眼闭眼没个规矩，这管理乱套就是迟早的了。到时人家说我心不公，不负责，那才是天大的脸面呢。你说人家小汪经理这么相信我，我就是应该要值得小汪经理信任啊，这是做人的本分，你说是不是。说得老伴连连点头，没有了声音。

"在茶冲，在我创业和发展的过程中，像高大叔这样对我关心的人，两只手指也数不过来。纯朴的茶冲村民百姓，把我当作朋友，当作闺女，当作了自己人。每逢端午、中秋传统节日，早上打开大门，门边放着艾蒿，门上挂着粽子，不用问，都是村民们一早送来的。每当想起这些，我就不禁要感谢造化，让我在应该的时候，来到了该来的地方。"

汪琼的脸上，漾起满足的神往。

五

汪琼的香草园，给我印象最深的，不是厂房，不是草地，也不是马鞭儿花，而是展架上琳琅满目、目不暇接的花草制品：原生的干花、提炼的精油、精致的花露、配制的饮品，一排排，一层层，在展架上散发着乡野而尊贵的气息，引得游人流连忘返，啧啧称赞。

汪琼的香草园成功了！

"刚开始，也没什么目标，"汪琼说，"我只是想到不亏损，不贴钱就行了。因为亏不起，也没钱贴了。远景目标也只是略有盈余，这样既一边做着自己喜欢做的事，又能靠栽种花草养活自己，真是一件最让人心满意足的事了。

"与父亲相比，同样对花草的喜爱，但我们父女的目的已明显不同了。父亲当年说等退休到乡下找一块地栽花种草，完全是百分百的爱好,是贴钱玩爱好。而我,则对花草寄予了一定的利益希望,因为我辞去了工作,没有收益,就不能生存,这个道理是显而易见的。我一开始把五百亩土地分成了三份,也正是为了规避或减少风险。但是我没想到,几年下来,实际的收益,会这样远远超出我的预期。

"当然,付出也是超乎常人想象的。刚开始的几年,不谙花草脾性,土肥不对路子,技术掌握不够,市场缺乏门路,常常是一连十天半月,都睡不了一个安稳觉。现在才知道,过去在家里,在室内,在院子里用盆盆罐罐栽种花草,与在自然的土质气候下成十成百亩地栽种花草,技术力量与管理要求,真的是天壤之别了。为了学习技术。2015年开始,我先后参加了安徽农业大学'安徽省青年农场主'培训班、'安徽省农业职业经理人'培训班,又参加了'头雁'学习。由于学习认真,成绩优秀,还被评为'安农大最美乡村大学生'。安农大为我的创业打开了成功的科技之门。我也因之与安农大结下了深情厚谊。在培训班结识的各路精英,为香草园的发展提供了广泛的人脉资源。早期精油提炼温度与时段的设定,花草烘干火候与成色的保鲜,一个个技术难题,都是通过培训班同学的远程网络指导,或亲临香草园手把手现场示范,得到及时解决的。

"这里的产品,都是我们加工生产的。纸鸢薰衣草精油,对,'纸鸢'是我们产品的注册商标。吃的、喝的、搽的、闻的,多系列,多品种,涉及人们对'芳香'需求的,都是我们研发和生产的目标。现在时常是订单来了,一时供货跟不上。为了满足市场需求,我正在扩大土地规模。村民们看到香草园的成功,通过在香草园务工,或卖土特产有了收益,对土地流转的积极性也跟以前大不相同了。目前我与村民又签订了新的合同,又增加流转了五百亩荒地,已经进行了整翻。现在香草园全部加起来有一千亩土地了。我在上面种树、种茶、种花、种草;在上面办民宿、开设香草科普博览馆;在上面设计户外拓展研学基地；在上面建设茶冲农特产品展销长廊；在上面打造纸鸢百草仙子网红打卡直播点……明年再来，面貌肯定与现在又大不一样了。

"我感觉自己的梦想实现了。"汪琼抬起头，注视着窗外，深深地呼出一口气。

窗外，花草含笑，青山不语，几只红蜻蜓，像无人机一样掠过窗前。硕大的复眼，折射出香草园万般风情。

六

"你问我遇到过最苦闷的事情是什么，这个还真想不起来，倒不是没遇到过困难，没受过波折，而是我一开始就是奔着内心的爱好，奔着做自己喜欢的事情过来的，赚钱多少，不是我的目标，只要不赔本，只要能让我快乐，就什么都不是问题了。所以我给自己的基本要求就是，你是在做自己喜欢做的事情，不是来给自己找麻烦找添堵的，不管遇到什么不如意，也要保持一颗平常心。这样一来，苦闷也就绕着我走了。

"你问什么事情让我感到最高兴，那我真实地告诉您，一种新品种花草种植成功了，一种新产品研制出来了，又获得安徽省农产品交易会金奖了，都是让我感到高兴的事情。但让我最感到高兴的，是两件，一是给工人发工资，二是带动更多的村民增加了收入。这两件，让我切实感到人生的价值，也激励着我像奥斯特洛夫斯基所说的那样，人的一生可能燃烧也可能腐朽，我不能腐朽，我愿意燃烧起来！

"我现在常年固定的用工有28人，收割采摘旺季，超过100人。有些年龄偏大的村民，没有智能手机，不会用微信，更不懂什么银行卡绑定。就是懂也不敢捆绑，网上看得见，但摸不着，心里不踏实。

他们熟悉和喜欢的，还是面对面的真金白银。每到月末，我不嫌麻烦，到市区银行，把钱款取出来，回到香草园，一个一个，当面发放领取。看到村民领到工资，捧在手上，低着头，喜笑颜开地一张一张地数着，我的心里就有种说不出的快乐。

"我在来到茶冲的第二年，就成立了茶冲女子香草专业合作社，我想通过这种方式，带动村里的妇女们更新观念，结伴共同发展。刚成立时只有9名成员，现在啊，已经有160人了。中国妇女基金会看了香草园和我们的女子专业合作社，十分赞赏，充分肯定，决定给我们一百万元无息贷款，一年后只还本，不要利息。我用这笔钱，点对点帮助36位相对贫困的妇女，种植茶树，采茶、用工，产生了良好的效益。一年后，我不仅还清了一百万的本金，还主动捐资35000元给中国妇女基金会。因为这笔贷款，为我们带来了实实在在的收益，在收益中拿出一点作为捐资，为扩大中国妇女基金会贡献滴水之力，使中国妇女基金会不断发展壮大，扶持全国更多的妇女创业发展，完全是我们享受到贷款实惠的人，应该尽到的一份责任与义务。

"在各级的支持与我们合作社成员共同努力下，茶冲女子香草专业合作社，挺进全国农民合作社500强，位列第118位。参加安徽省农产品交易会，连续四年获得金奖。

"5月4日，平铺镇召开五华鸡产业协会成立大会，推选我当会长。五华鸡历史悠远，与五华山的历史文化一脉相承。鸡的品质好，肉质美，但农户在家散养，单个拿到市场，人家不认你，好鸡还是卖不出好价钱。通过协会，加强保种，加强监管，统一标准，健康饲养，逐步创响市场品牌，就不愁没有好的市场销路了。

"还有这栀子花、桂花、李子、杏子，村里到处都是，长在树上，一点也不稀罕，掉到地上烂掉也没人理。我们从村民手里收购过来，做成桂花露，做成栀子花精油，进行宣传包装，通过网店对外销售，一下就身价大涨，实现了村民增收，企业增效。

"我们有梦，每个人都有梦。我觉得，老百姓的梦想，真的很简单，很实在：能把自己的农产品卖出去，卖个自己满意的价格，心里就幸福了，梦想就实现了，事实就是这么简单。我的香草园，我们的合作社，就是要帮助农户，把他们的农产品多多地卖出去，尽量卖出好价钱，让他们尽量多增收，多得些实惠。我的香草园，对于村民，大的带动致富我不敢说，但尽可能帮助他们扩大市场，增加收入，还是能够做到的，而且也是完全应该去做的。"

七

"我的香草园取名'纸鸢'，与少年的情结也有关联。小时上学读书，对'儿童散学归来早，忙趁东风放纸鸢'意境与场景，特别亲切。一片纸鸢，在高高的蓝天上，与白云握手，与鸟儿对话，那种飘忽与自由，是多么地美好而富有诗意啊。后来，有了QQ，又有了微信，我的QQ与微信的昵称，都是用的'纸鸢'。不过，我给香草园取的第一个名字，并不是'纸鸢'，因为我要种薰衣草，薰衣草是紫色的，我就想借用谐音，取名'紫苑'，紫色的花园，'紫苑''纸鸢'，音相谐，又别具含义。可到工商一注册，'紫苑'属于重名，注册不了。又改了十几个名字，注册系统里都显示为重名。后来想，干脆就用网名'纸鸢'看看，哪知一试，一次通过。想想这也真是天意。纸鸢纸鸢，乘风而上，越飞越高，自己这样给自己解说，心里觉得越发满意，不仅香草园叫作'纸鸢香草园'，还一气呵成，把园中的果树、苗木、民宿、餐饮……所有能想到的与香草园相关的衍生产品，也一股脑地提前注册了'纸鸢'。

"我现在的常态，不是在经营管理现场，就是在参加培训提升，或者在外出求教学习的路上，感觉特别充实，特别开心。你问我对自己的选择有什么评价，我想说，如果时光可以倒流，如果人生的选择可以删改，我觉得我的选择，还会像现在一样。"

拨开云缝的霞光，从天边远远而来，把汪琼脸上心中的梦景，粲然点亮。

罗光成，中国作协会员、安徽省报告文学家协会副主席、安师大兼职教授。作品散见《人民文学》《小说选刊》《散文选刊》《雨花》《人民日报》《光明日报》《文艺报》《中国艺术报》等。作品曾入选《中国当代微小说300篇》《安徽文学年鉴》《大地上的灯盏》等。

新农人李典中

——记"芜湖好人"李典中

唐玉霞

  李典中，芜湖市繁昌区平铺镇马仁村村民。芜湖盛典休闲生态园有限公司总经理，繁昌盛典清水龙虾养殖专业合作社理事长。2017年当选繁昌县第十七届人大代表；2018年，当选芜湖市第十六届人大代表，繁昌县第四届"十大创业之星"，芜湖市农村实用人才"创业之星"，并被评为"芜湖好人（诚实守信类）"；2019年，被评选为"繁昌好人（诚实守信类）"，第五届繁昌县道德模范，繁昌县劳动模范；2020年被评为繁昌区优秀民营企业家；2021年被评为"安徽省优秀农民工"；2022年被评为"安徽省劳动模范"。

  2023年7月7日早上，笔者从芜湖出发，到芜湖盛典休闲生态园有限公司采访公司总经理李典中，这是前两日的约定。一出发，笔者微信李典中：一个小时内到公司。半个小时后，李典中回信，说他一早开车赶往铜陵养殖基地，有个紧急情况要处理。这一天正是小暑，路两边草木繁盛，远处田野绿意盎然。车程已过半，不如先去看看。

芜湖盛典休闲生态园有限公司位于繁昌区平铺镇，迎面门楼上巨大的红色充气龙虾造型鲜艳夺目。先行接待我们的公司技术专家陶胜介绍，7月1日，繁昌首届龙虾美食周暨盛典杯虾王争霸赛在平铺镇新林街道开赛，芜湖盛典休闲生态园有限公司是主要承办方之一。陶胜说，活动昨天刚刚闭幕了，今天李总的工作安排相对还少一点。这次活动搞得很成功，吸引了很多人，包括外地人和在外地的繁昌人返乡，反响很大。陶胜不无骄傲地说，盛典带动了繁昌的小龙虾产业，推动了一波又一波小龙虾的养殖和消费热。

公司四周田畴交错，水陌纵横。绿油油的稻丛和田埂之间，环绕着水沟，这是新现象。对于笔者的疑惑，陶胜解释，水沟是特意挖出来的，沟里养的是小龙虾，这就是李典中探索的稻虾共养养殖模式。

陶胜早年从芜湖农校毕业，退休前在平铺镇农业综合服务中心工作，现在公司负责水稻种植。

临近中午，李典中匆匆赶了回来。51岁的李典中有着农民的黧黑和壮实，同时又有一般农民不具备的从容和练达，尤其习惯性的笑容让他具有独特的亲和力。他告诉笔者，现在公司养殖基地分马仁、五华、新塘、新林、新牌五个区域，每个区域都有一套管理队伍。但是像今天早上遇到紧急情况，他还是要去看看。

离乡创业，回乡再创业

1972年，李典中出生在繁昌县平铺镇马仁村，这是个山清水秀的村落，世代以农耕为主，面朝黄土背朝天，很辛苦，收入也很微薄。李典中是家里的老二，上有姐姐下有妹妹。虽然农忙的时候也要插秧割稻下地干活，大多数时间是在课堂度过的。李典中的学习成绩一直很好，20世纪80年代，成绩优异的农村学子一般选择读初中专，避免考大学千军马万过独木桥，也能早一点跳出农门。但是老师劝李典中读高中，认为以他的学习成绩妥妥能上大学。

高考是人生的第一次重大失利，李典中没有考上大学。回家种地已经不是一条出路，家里那几亩地刨不出金疙瘩，同村的年轻人不是外出打工就是在附近就业。18岁的李典中第一份工作是平铺水泥厂的工人，比起种田收入肯定要高一些。只是一到年底，外出打工的年轻人回家，聚在一起议论各自的收入，对李典中的刺激还是不小。水泥厂待不住了，1996年，李典中辞掉工作，离开马仁村，汇入打工者的行列。

第一站是苏州。偌大的苏州城，茫茫人海，李典中背着行李，凭着初生牛犊不怕虎的闯劲一头扎进去。第一份工作是卖菜，门槛低也容易上手，卖菜是早上的活，于是卖完菜再到建筑工地做工。很快，李典中发现这里有商机，他不再摆摊零售，而是批发蔬菜送到建筑工地的食堂。李典中说光是鸡毛菜，一天要送几千斤，能挣700多块钱。这在20世纪90年代末，是一笔不小收入。

李典中并不满足，在送菜的过程中，他和建筑商热络起来，由此又发现商机。当时全国各地城市更新，房地产方兴未艾，苏州也不例外，楼房鳞次栉比建起来，李典中拉起人马成立中典劳务有限公司，分包建筑业务。到2014年，十几年的打拼，李典中已经在建筑行业闯出自己的一片天地。

没有想到，人生的另一片天地又在眼前打开。

2014年2月，当时的繁昌县政府到苏州招商，李典中要好好招待家乡来人，请大家吃他最喜欢的美食——小龙虾。李典中告诉笔者，当时在苏州，一只小龙虾能卖到15块钱。请客吃小龙虾，那时候一餐吃5000多块钱也不稀罕。

小龙虾彻底改变了李典中的人生方向，只是当时他还没有意识到。

家乡父母官热情邀请李典中回乡创业，干一番事业，带领父老乡亲共同致富。虽然农村是自己前三十多年都想离开的地方，但是现在，人到中年，思乡之情渐渐升起。只是，回家乡干什么呢？自己能干什么？怎么干呢？这些成了盘旋在李典中脑际的疑问。

平铺没有其他特产，只是田多水域丰富，产业发展路径单一。5000多块钱的小龙虾账单突然闪现到眼前，这不正好适合养殖小龙虾吗？回家，养自己最爱吃的小龙虾。

说干就干，李典中做事果断。直到现在，李典中还是认为，对家乡和土地的感情，是他做出决定的第一动力。当年李典中回到繁昌创业，进入一个全新的领域：养殖小龙虾。

小龙虾，学名克氏原螯虾，原产美国，所以又称美国螯虾。这个外来物种繁殖快，环境适应力强，尤其是被国人开发成为美食之后，逐渐风靡舌尖。

李典中打定主意养殖小龙虾的时候，小龙虾还没有像今天红遍大江南北，尤其是在芜湖当地，消费没有普及，更没有规模型养殖。2014年，在地方政府的帮助下，李典中从马仁村流转了200多亩土地。从决定养殖小龙虾，到挖田成水域养殖，李典中一直在重重质疑中。看到农田挖成水域，世代在土地上辛勤耕耘的农民无法接受；看到这些农田挖成水域是为了养小龙虾，更觉得匪夷所思。不要说陌生的小龙虾，当年村里人连螃蟹都不放在眼里。清早看到螃蟹爬到田埂上，一脚踢飞。现在还要大面积养殖小龙虾，瞎胡闹，这不是钱烧的吗？

对李典中来说，当时最大的问题还不是来自乡亲的质疑，而是养殖技术，爱吃和会养那是完全两个概念。说起来，李典中也不是对水产养殖一无所知，在平铺镇，李典中的父亲捕鱼捞虾养鳖，是个十里八乡都出名的水产养殖土专家，李典中小时候没少吃，跟在后面也没少学，半吊子学问是有的。但是小龙虾毕竟不是土生土长，存在养殖盲区，规模化生产养殖更是新课题。

从半吊子到专家，李典中的课堂有三个地方。一是专业培训，繁昌水产站对接安徽省农科院水产研究所，李典中直接向小龙虾首席专家丁凤琴请教，在她亲自指导下养殖；市农委组织学习班，到华中农业大学参加专业培训。一是到龙虾养殖成熟地区江苏盱眙等地考察小龙虾养殖、销售。一是实践出真知，李典中蹲在田间地头，白天夜晚，观察记录小龙虾的成长，掌握第一手资料，自己懂了才能做到心里有数，这是李典中的经验之谈。

初次尝试，200多亩小龙虾养殖成功，但是，这次成功没有创造预计的价值，除了初次养殖小龙虾存在经验不够、困难预期不足等原因，最大的问题是从技术上看，单纯养殖小龙虾，收益渠道单一，投入产出一番账算下来，不划来。李典中告诉笔者，他觉得不能这么干，自己回乡创业的目的，不是为了生活，更不是解决生存问题，而是发展，是干事创业。

俗话说，不撞南墙不回头，乡亲们都以为李典中这回撞了南墙要回头了。李典中的回答是不。苏州那些年火热的小龙虾市场给他留下深刻的印象，他对小龙虾有信心，相信这个行业能够做起来，小龙虾迟早会火爆全国，养殖绝对有市场。眼下所要解决的问题是规模突破，产量提升。同时在技术上突破单一的养殖模式，提高经济效益。

稻虾共养殖，乡亲齐致富

稻虾共养是一种新型养殖模式。即水稻和小龙虾在一起混养，稻田畦面种植水稻，环沟养殖小龙虾，一茬虾一茬稻。2015年，李典中多方学习、考察，探索出稻虾共养模式。李典中介绍，经过这几年实践证明，稻虾共养是绝配。他掰着指头一条条算，小龙虾啃噬杂草嫩芽，疏松土壤，给水稻清理出好环境，小龙虾的排泄物又给水稻提供养分，同样水稻植株为小龙虾生长提供活动场所。小龙虾一共要蜕四次壳，环境不好，没有安全感，小龙虾会本能地不蜕壳，不蜕壳的小龙虾是无法成熟上市的。水稻割过后，剩下的稻茬经过消毒杀菌等相关处理，种上水草，就是小龙虾最优质的生长繁殖场所。不算上水稻，一亩可以产出300斤小龙虾。

2015年7月，李典中成立芜湖盛典休闲生态园有限公司，在平铺镇新塘村流转土地1200亩，承包渔光互补光伏发电1300亩水面。2016年实现产值760万元，2017年实现产值1250万元，2018年实现产值1836万元，2019年实现产值2125万元，2020年实现产值3012万元，2021年实现产值5678万元，一年一个台阶攀升。2022年，盛典休闲生态园有限公司稻虾养殖面积达10673亩，其中繁昌5000多亩，铜陵4000多亩，实现产值6639万元。

李典中带领我们参观公司附近的稻虾共养田地、基本加工场地以及小龙虾育种池。走在7月的田野上，阳光炽热，蒸腾出淡淡的水腥气。小龙虾从清明前后大量上市持续到现在，捕捞已进入尾声，水稻的生长正值关键时期。稻田四周环绕一米深左右的水沟，水沟里灯笼草、伊乐藻等水草绿油油地摇曳。指着田埂内侧大大小小的洞隙，李典中告诉笔者，这是小龙虾钻的窟窿，小龙虾就在里面。稻虾共养是不能打农药的，对于重视食品安全的现代人来说，这种模式生产出来的水稻，无疑是最安全最健康的粮食，是真正的生态产品。

新的养殖模式成功地扩大了李典中的经营规模，也极大地鼓舞了李典中的创业信心。同时，引发了李典中内心深处一直念兹在兹的想法：作为乡村振兴带头人，如何带动乡亲们一起致富。

2016年8月，繁昌盛典清水龙虾养殖专业合作社挂牌成立，李典中担任理事长，带领乡亲们采用"公司＋合作社＋农户"多种模式，带动平铺及周边农户共同发展小龙虾养殖。2022年年底，又通过合作社引领和牵头成立芜湖市繁昌区稻虾产业农民合作经济组织联合会，带动全区及周边526户养殖户抱团推进发展稻渔生态种养生产。平时养殖户各自负责养殖销售，遇到问题，合作社的抱团作用、李典中的带头作用就凸显出来。养殖遇到了问题，找李典中，他是专家；销售遇到问题，找李典中，他有销售渠道……对于大家遇到的各种问题，李典中总是有求必应。同时他还向养殖户提供小龙虾预防用药、用料、饲料、肥料等。据不完全统计，在他的带动下，2020年实现户均增收3.5万元，2021年实现户均增收3.92万元，2022年实现户均增收4.41万元。

产业的扩大也给附近留守村民带来更多的就业机会。2017年公司发放农民工工资一项近300万元，当地农民工最多一户有近5万元年收入；到2022年发放农民工工资一项已达612万元，当地农民工最多一户有近10万元年收入。平时公司有员工50多人，忙季要增加到200多人。即使是现在，小龙虾收获进入尾声，稻子还没有进入收割季，公司也有一些临时用工。在新塘村小龙虾养殖基地，笔者看到两位老人正在不紧不慢地收笼，他们中一位是70岁的陈文美，一位是67岁的姚日才。这个年纪到外面打工显然不适合，自己又有一定劳动能力，想挣点零用钱，李典中的养殖基地给他们提供了机会，上午收收笼，下午放放笼，一天下来，120块钱，两位老人都很满意。清明后龙虾满上市的日子，工作时间延长，还有加班费。两位老人说，没想到七老八十了，还能在家门口上班。

曾经的出身，现在的职业

"水稻田里养龙虾，养鱼池里架光伏板搞发电，亏他想得出来。"

在繁昌区平铺镇，说起李典中，大家都感叹，"李典中，不像农民！"

2016年，不像农民的李典中通过职业农民认证，成为新型职业农民。虽然和父辈一样，还是和土地、水塘打交道，和父辈不一样的是，农民成为一种职业，而不再是与生俱来的身份和谋生的技能。在农业产业发展的历史潮流下，乡村振兴的时代大背景下，李典中身体力行在不知不觉中赋予农民这个具有几千年历史的古老职业崭新的意义。

新在专业知识。农民和农民是不一样的，李典中懂的不仅是传统种田养虾知识，尤其是养殖小龙虾这个全新的领域，李典中实现了从不懂标准、寻找标准，到成为制定标准的跨越。2017年养殖基地获批省级稻渔综合种养示范区；2018年获批国家级稻渔综合种养示范区，李典中的龙虾捕捞装置获得国家实用新型发明专利；2019年李典中获得首届全国淡水虾蟹产业发展高峰论坛养殖能手称号，同年荣获中国水产学会范蠡科学技术二等奖，稻渔种养产业化关键技术集成及产业化推广获得安徽省科技成果奖，稻渔百千万工程关键技术与推广获得2016—2018年全国农牧渔业丰收奖二等奖；2021年稻虾鳖综合种养技术操作规程获得安徽省科技成果奖，芜湖盛典休闲生态园有限公司获评安徽省高新技术企业；2022年，农场被安徽省农业农村厅评为省级生态农场，李典中也被农业农村部聘为"科创中国"淡水渔业产业服务团专家。李典中的农民，有着实实在在的专业资格和专利奖项的加持。

新在生产方式。从稻虾共养上来说，李典中用上了物联网，在他的地里，通过管道，布置着很多"终端"，这些终端能够实时监测田地的温度、风力、湿度、水情，这些信息都能体现在电脑上、手机里，李典中对稻虾情况时时都能掌握。同样是种稻，李典中的公司有九台无人机，实现无人机作业的播种和施肥。李典中注册了"中典"牌清水龙虾，"平铺"大米，从公司里销售出去的每一批次小龙虾和大米，都能够通过查询，找到批次信息、种植信息，保证每一粒大米、每一只小龙虾的品质。

新在发展理念。虽然从事种稻养虾，李典中的职业规划已经远远拓展到土地之外，挖掘二产三产的价值，促进一二三产业融合发展。对于未来，李典中不是靠天收，或者闷头干，他有自己的发展思路。首先是农旅融合发展，农业产业项目化打造。其次是招商加工行业。这几年预制菜兴起，尤其是刚刚落下帷幕的繁昌首届龙虾美食周暨盛典杯虾王争霸赛，有人看热闹，有人尝美食，很多来参加活动的人要求打包公司做好的小龙虾熟食，李典中从中看到了商机，思考开发小龙虾预制菜。最后，开设小龙虾速食店，在人口密集的小区设置网点，一步步发展起来。同时将虾尾、整虾加工利用起来，提高小龙虾的附加值。市委市政府正在大力倡导夜市经济，对于小龙虾消费更是起到了强有力的推动作用。

对于核心的稻虾共养，李典中也有着自己的规划。无论如何提高产量，总是有天花板的，眼下，李典中正在谋划从一年的一茬虾一茬稻发展为二茬虾二茬稻。农民出身的李典中深知，农业本身投资大，见效慢，以前为了增加产量，农村都是种双季稻。这个热天，早稻收割，晚稻播种。"双抢"的苦头他记忆犹新。从理论和经验上来说，李典中指着绿意盎然的田畴说，这茬稻8月底收割，及时播种下去，下一茬11月底可以再收割一茬。但是，这不能鲁莽从事，需要试验、观察，取得可靠的数据，再进行推广。

"我是农民出身，现在还是个从事农业的农民，但这个'农民'不是身份，是我的职业。"李典中说，现在搞农业，不能像过去只知道埋头种地。想致富，要开阔思维，搞多种经营，学会跟市场"打交道"。对于新农人这个身份，李典中很满意，他说，他很热爱他的工作，他正在将自己的工作打造成事业。

2023年3月15日，安徽省农业农村厅官网公布了《安徽省省级水产良种场资格认定公告》，芜湖盛典休闲生态园有限公司被认定为"安徽芜湖克氏原螯虾省级良种场"。公司根据《安徽省农业农村厅关于稻渔综合种养百千万工程的实施意见》精神，积极打造省级小龙虾苗种繁育基地。并与上海海洋大学签订《科技合作协议》，开展小龙虾良种选育技术攻关，力争通过5年选育，培育出小龙虾新品种向全国推广。芜湖盛典休闲生态园有限公司已经成为一家致力于稻渔综合种养的市级农业产业化龙头企业，从小龙虾养殖技术的学习者成为制度制定者，从稻虾共养的实践者成为经验总结推广者，李典中在职业农民的路上越走越远。

早晨5点，繁昌区平铺镇的田野上渺无人迹，现在不是十几二十年前，农村忙"双抢"，家家户户都要趁早晨凉快到地里去割稻插秧。但是李典中已经起床了。对他来说，早起已经成了习惯。踩着露水，他要到塘口田地看一看，虽然前一晚将今天所有的工作都安排下去，他还是要去巡看一遍，就跟几十年前，他的父亲每天早晨要去自家田里看看一样。再将工作计划在心里过一遍，才觉得心里有底。

之后，李典中跑会步。这是父亲没有的习惯，也是农民没有的习惯。从这个意义上说，李典中虽然还是养虾种稻的农人，却已经是个逐渐脱离原来生活习惯的新型农民。

采访手记

对芜湖盛典休闲生态园有限公司总经理李典中的采访，笔者最为鲜明的感觉是，现代的农民和传统意义上的农民之间，虽然有继承有因袭，他们所具备的发展的眼光和创新的理念已经让这一代农民突破了传统农耕的束缚，奔向一个更为广阔的田野。

这是时代的要求。新形势下现代农业转型步伐加快，一二三产业融合加速，农业的内涵和外延不断丰富，释放着新的增收空间，也对农民素质、农业经营方式提出新的更高要求。新型职业农民往往是从农民身份里脱颖而出，素质高，头脑灵活，懂技术，善经营，最早适应现代农业发展的要求，最先抓住现代农业发展机遇，也是最快跟上现代农业市场需求。

李典中是新农人，新技术、新方法、新理念，他的新顺应了时代发展提出的新要求，推动传统农业生产与乡村旅游、休闲观光等新产业、新业态的深度融合，拉伸了农业产业链条，拓展了农业的多功能性。尤其是他以及以他为代表的新一代农人的市场敏感和经营能力，成为新农人中奔跑在前的头部人群，也是普通的缺少技术、资金、意识的农民所要依托的龙头。通过带领和带动，包括以合作社的建设加强服务功能和抱团作用，让普通农民从中获得更多资金、技术、市场等方面的扶持，分享到更多收益，开拓出乡村振兴的新高度、新境界。

人才振兴是乡村振兴的前提，乡村振兴需要以李典中为代表的有智慧、有闯劲、有远见，也有决断能力的实践者引领和推动。这是李典中这样的新农人在现代农业发展中体现的社会价值和意义，也是社会赋予他众多荣誉头衔的期许，以及李典中本身感受到的压力所在。

唐玉霞，中国作家协会会员、中国文艺评论家协会会员，芜湖市文艺评论家协会主席。芜湖传媒中心芜湖日报总编辑。出版《千古红颜：她们谋生更谋爱》《回味：美食思故乡》《回味：低头思故乡》《陌上芙蓉开正好》《城人之美》《悠然岁时迁》《和张岱一起看雪》，主编出版《记住乡愁》《行走青弋江》等。

我们都一样

——记"芜湖好人"鲍童

郑芳芳

这是一场演讲：演讲人站在那儿没有演讲稿，她衣着优雅妆容整洁，好像是看着你，又好像看着远方；在这个晴朗的日子里，她的眼前没有任何模糊的影像，只是一片灰茫茫，有细微的声音从前方传来；她看向那个方向，语音舒缓徐徐道来，"我们都一样……"

我们都一样，有家庭需要照顾，可以独立完成自己的生活；

我们都一样，喜爱真善美，有个人兴趣爱好，努力创造自己的价值；

我们都一样，不需要怜悯，正常平等地相处与对待，不是戴着有色眼镜的歧视，或者带着励志色彩的仰视，都在努力生活……

这个演讲已经过去很长一段日子，现在努力回想都不记得那天到底还说些什么，没有反复推敲的语言，没有精心安排的结构，甚至没有演讲稿，只记得演讲的题目——《我们都一样》。

根据中国残联统计，截至2020年，我国有8500万残疾人，每100

个中国人中，就有6名残疾人……鲍童，就是他们其中之一，先天性视力残疾。

鲍童，女，1982年1月11日出生，繁昌繁阳镇繁阳社区居民，大专学历，患有先天性视力残疾、乳腺癌等疾病。曾是社会重点帮扶对象，实现自主就业后，主动退出低保，积极热心公益事业。

所获荣誉：2021年度先后被授予繁昌好人、芜湖好人荣誉称号。

屋漏夜雨，微光中自主创业

鲍童很小的时候，父母就发现孩子的眼睛有问题，四处求医问药，期待这只是一个误会。

上小学后，鲍童上课时书本都是凑到眼前，即便坐在第一排，也看不清黑板。鲍童从小就知道自己未来很艰难，也许读书是自己唯一的出路。看不清，就仔细听讲，老师的每一句话都用心记下来，她努力地记下每一笔，下课忙着补笔记。她的作业，考卷上多笔画的字总是因为看不清缺胳膊少腿。即使这样，这个倔强的小姑娘时常被老师列为标兵激励同学："人家都看不见，学习成绩还能这么好，你们怎么不多学学？"

父母有限的学识无法为鲍童铺设一条有远景规划的康庄大道，在一次次求医治疗希望破灭后，普通家庭的经济收入也无法支撑继续求医。没有人知道，这个先天性视力残疾的孩子是怎样一路磕磕绊绊上到技校毕业。毕业时，同学们都分配到工厂工作，没有任何单位接收的鲍童明白自己终究和别的孩子不一样。

鲍童眼睛完全看不见了。但有光感，"如果灯开了，我看不见灯，但能感觉到有光亮。"据报道，人所得到的信息有80%是通过视力获取的，失明也就失去了80%获取信息的能力。那些曾经凑在眼前还能看到的简单笔画离她彻底远去，所有缤纷的色彩也化为一团模糊，曾见过生动的世界，却要从此面对寂寞，鲍童用足够的时间和耐心，接受缺陷，安顿好自己敏感情绪，摸索着踏入社会。

在鲍童能接触到的有限信息里，视障人员的工作基本都一样，那就是盲人按摩师。鲍童和老盲人按摩师摸索学习按摩，虽然鲍童的视觉差，但触觉敏感，按摩时注意力集中，不易受外界干扰，更好地做到心手高度统一，从事按摩有很大的优势。她先给熟人免费按摩，没想到被给予很高的评价。鲍童意识到自己的人生价值，坚定要用自己的双手去自力更生，减轻家人的负担。

人生可以有另一个开始，事实上盲人按摩师比健全人按摩师更受顾客的青睐。鲍童按摩技术在熟人间相互传递，就在一切都朝着美好方向发展，老天爷又跟鲍童开了一个大玩笑：2012年，鲍童三十岁，真正懂得生活，懂得家庭，懂得社会，懂得了自己人生价值的黄金时代，被确诊乳腺癌！

对乳腺癌不了解和高额医疗费的双重恐惧，修复许久的细瓷再次龟裂，鲍童不想就医，她知道这些年父母着实不易，她不愿再次拖累他们。鲍童第一次感到绝望，把自己关在房间里，心中无限迷茫，只能躲在无人处虚度时光！

母亲和孩子之间，总有一种"说不清道不明"的心电感应，母子连着心，那是爱的本能。妈妈发现她的异样，关心询问下鲍童说出原因，全家细心开导："现在医学这么发达，只要我们积极治疗，没有什么大不了，乳腺癌不会影响生老病死。"

家人都不放弃，自己又怎么能放弃？鲍童重拾信心，认真参与治疗，全麻手术很成功，但化疗的副作用一次又一次折磨着她的身体，昂贵的医药费更是一座无法逾越的高山，重重地压在鲍童的身上。

就在化疗期间，社区的工作人员了解情况后，及时站到鲍童的身边，为她申请低保金，保障她的生活正常运转。

"一次次被命运打击，一次次坚强站起，我就是个打不死的小强。"成功康复后，2013年3月鲍童获得中国就业培训技术指导中心"催乳师（高级课程）"职业培训证书。

鲍童，自主创业，开了一家中医养生馆。

生活要有激情，只要有前进的方向和目标，什么时候开始都不晚，一步一步，努力成为更好的自己！

厚积薄发，主动诚信退低保

鲍童中医养生馆开在江厦明珠广场，从事按摩、产后恢复、颈肩腰腿痛调理改善。

初次见面客人，都会注意到她那双大而明亮的眼睛，仿佛会说话一样。盲人怎么会有这么一双会说话的眼睛呢，而且在交谈时还一直能盯着自己。除了她的眼睛以外，更重要的是鲍童开朗活泼的性格，比普通人还要开朗乐观。

事业刚起步时，其中的艰难只有鲍童自己清楚。经营上，她始终不像生意人，她将诚信两字看得比生命更重，用心对待每一位顾客，质优价实的手艺，让鲍童收获了不少老主顾。

2019年，鲍童在繁阳社区的帮助下，决定进盲校深造，报名参加盲人学校的课程，系统学习中医康复保健。

重回学校的鲍童不仅是第一次接触中医，也是初次接触到盲文。面对一窍不通的盲文，只能更加苦学，书写后的盲文纸上是凹凸不平的小点，这就需要能够清晰地分辨盲文纸上的突起摸清点位而不是乱摸一气，鲍童学习非常刻苦，经常学习到深夜。全面系统地学习中医基础、解剖学、西医基础、内科、妇科、儿科、伤科、经络学、按摩学基础、保健按摩等知识。鲍童一直在求学的路上不敢松懈，从理论知识到操作技能，三个春夏，三个秋冬，三年时光日复一日、不厌其烦地预习、练习再复习。

眼花缭乱的世界会让人难以专注，而鲍童看不见，反而更容易把心思用在值得专注的地方。通过这样的专注，人才能打开心眼看世界，用心眼看，才会更深地理解这个世界。她收获的不仅是各类证书还有沉浸于学习之中的快乐。

2016年4月获得"按摩师"职业技能证书和"家庭服务员"职业技能证书。

2019年9月到2022年6月在芜湖市光明职业学校完成三年专科学习。

2020年通过多项职业技能考核，收获的证书有"中医经络按摩""中医产后修复""中医小儿推拿""中医康复理疗"。同年学习通过《小儿推拿》青岛培训。

低保的金额并不多，贫苦的日子并未打磨掉鲍童对美好生活的向往，而是让鲍童更加铭记受到的帮助，成为挨过苦日子的动力。鲍童一直坚定要做些事情去帮助他人，把自己身上的光和热，辐射到更多需要的人身上。她的同学虽然年龄小但大都从小在盲校学习，这些孩子的独立生活自理能力通过鲍童家人的转述让她很惊讶也很心痛，这么小就远离父母独自求学。鲍童说："我是幸运的，至少在小的时候我曾看见过，我知道花儿是红的，天是蓝的，树木是绿色的，一直有父母照顾不曾独自远行，而盲校的孩子，他们有的人甚至一生下来就看不见，只有一片黑暗……"她力所能及地照顾这些孩子，即使离开了学校，也会时常邮寄些吃穿用品给盲校学生，并帮助学校2名特困学生争取到1万元生活费赞助。

2021年，鲍童的中医养生馆逐渐有了稳定的收入，她想到的第一件事就是把国家给的低保待遇退回去。在朋友的搀扶下，鲍童走到繁阳社区，兴奋地对繁阳社区的民政专干说："主任，我现在条件好转了，想申请退出低保。"当问到退保的原因，鲍童这样说："我困难的时候是政府和国家给了我生的希望，低保的钱虽然不多，但是对我的帮助非常大，因为生病的缘故，家里人为我耗尽了积蓄，正是有了低保，才让我对家人的负担减轻了一些，也让我走出了阴霾。现在我的小店有了稳定收入，生活也有了改善，这个低保应该给更多需要的人，它不是简单的一笔低保金，更是困境中的一丝希望。我得到过，受益过，现在我希望它能帮助更多的人，让有限的资源，惠及更多需要得到关怀的群体。"

世上所有的外挂，都是厚积薄发。鲍童眼中的世界是黑暗的，心中的世界却是光明的，她坚守诚信之路努力发光，成了照亮他人前行之路的那个人。主动退保行为一方面体现低保户明白和坚定创造幸福的生活要靠自己的双手，另一方面也充分反映出条件改善后的特殊群体心怀感念回报关爱。

授人以渔，爱心传递温暖

中医养生馆随着来按摩的客人介绍，新的客人快速增加，鲍童每天都忙忙碌碌，非常疲惫。中医养生馆扩大经营需要增加人手，她招人的条件很简单，只招募那些和她一样身患残疾的人来工作。身边的人不理解劝她说："你招这种人，他们连自己都顾不上，能帮你什么？你现在日子稍微好过一点，就不要乱折腾，招残疾人不过是给自己多添麻烦。"

鲍童坚持：残疾人就业处于弱势，但盲人按摩行业则一片坦途，抛开对按摩行业的成见，这是盲人就业最易走的道路。鲍童说："残疾人也应该有条生路，只有靠自己，他们才能站起来。不给他们机会，就永远没有实现独立的可能，我自己就是这么过来的，这里面的艰难我很清楚。大多数残疾人都是有工作能力的，他们也会更珍惜这样的工作机会。"

中医养生馆最多同时接纳五名视障人员工作，鲍童对他们有时像师傅一样细心地培养，有时像大姐一样关心生活，有时是朋友间耐心地倾听。在小店搬迁规模减小后，这些视障人员也被鲍童推荐到其他地方继续工作，关爱从不远离。

鲍童用一双手打开了别人的窗，虽然她看不见，但却能感受到世上最美好的东西。想把盲人按摩作为盲人就业的主渠道，积极配合政府和残联组织发展盲人按摩事业，她坚信：这些视障人员和她一样，身上也有这样一股精气神，不等不靠、苦干实干，靠自己勤劳的双手，只要心不穷，日子总能越过越美。收入不断增加的同时，内生动力也在增强。

时至今日，鲍童店里的生意越来越好，但她还是经常抽出时间，四处奔波在帮助他人的路上：给贫困地区的儿童寄去生活用品；给当地奋战在防疫一线和抗洪大堤值守的工作人员送去方便面、矿泉水和棉被等必需品；参加社区的巾帼志愿服务队活动；给社区的新手妈妈们主讲小儿推拿公益课。

鲍童参加公开演讲，鼓励更多的残疾人鼓起勇气面对生活："授人以鱼不如授人以渔，只有拥有工作机会，他们才能实现精神上独立，认可自己的社会价值，这才算是真正帮助了他们。我就是这么过来的，所以我希望我能够以我自己对生活的热情去感染他们。我不想妥协，我要向命运宣战。"很多盲人的生活是在我们的视线之外，他们可能没有机会接受好的教育，也没有进入职场的机会，甚至不被鼓励走出来，视障人员只能依靠别人或者盲杖走路，公共设施的缺乏，让残障者本身产生强烈的自我责备与厌弃。不出门，不出现，成为很多残障人士的选择。只有当外面的环境变得越来越友好，得到的支持越来越多，视障人士的处境才会出现改善，真正的改变才会发生。希望有一天视障人士可以自信地走出家门，可以独立地上学、工作、逛街、赏景，不需要担心别人的眼光，更不用害怕会面临种种潜在的危险。

这样的演讲，鲍童做过几次，她希望用自己微薄之力让更多残疾人士走出家门：我们要和朋友见面聊天，要去美好的地方，要融入社会，造福社会，想做的事情，不过是所有人都能做。

2022年，鲍童在繁昌区"道德讲堂"总堂展演活动中荣获优秀宣讲员。

风和日暖，山河温柔以待

鲍童的日常生活与正常人并没有太大差别。她早已习惯那个看不清的世界：做饭、家务、打扫……所有这一切都不成问题，不仅如此，还可以网上购物。虽说因为看不见网上图片购买时闹过不少笑话，但网络确实给视障人士带来很多的便捷，她可以熟练使用微信进行网上沟通。2021年，芜湖市在繁昌区举办残疾人职业技能培训班，鲍童又开启新知识学习，完成新媒体直播带货班培训；甚至在2023年4月完成线上学习，获得"催眠疗愈师认证课"结业证书。鲍童眼睛虽然看不见了，但是没有限定自己，反而更加努力，学习的脚步从未停下：2023年6月获得中国管理科学研究院职业教育研究院"心理疗愈师"职业技能培训证书。

2023年6月的一个傍晚，江南小城已经开始热浪袭人，鲍童发起聚餐请求："小伙伴们，正好大家都在集中学习，今晚我们一起吃个饭吧。"

鲍童和妹妹先行出发去饭店，点完菜后妹妹说我留下来照顾你们。对于鲍童来说，从不拒绝和陌生人打交道，但她今天还是拒绝："晚上不要有外人在场，我们相处更自在。"应约而来的六个小伙伴排成一字长队，扶着前人的肩膀，从培训的宾馆靠着盲人导航摸索着走到相约的酒店。席间有小伙伴说："我就喜欢自己夹菜，有一筷子没一筷子，夹到什么吃什么，要是有明眼人在旁边，他们帮忙给夹菜，反而吃的不痛快。"正常人因为没有和残障人士相处的经验，他们总是小心翼翼，怕伤害他们，但过度反应式的关怀，也可能会演变成另一种"歧视"，让敏感的视障人员心理不舒服。

鲍童说："自己能夹菜，证明自己有能力，别人帮着夹菜，证明别人的关爱，不管哪种情况都很好，有能力很好，有关爱也很好，尽情享受这种关爱。"

对一个经历过人生峰谷的人来说，乐观，更像是一种与自己和解之后的豁达。

鲍童非常喜欢旅游，笑言："风景美不美，全在导游一张嘴。"

去一个陌生的地方，在一个全新的环境中行走、探索，虽然看不见风景，但体验到的旅行乐趣并不亚于正常人。鲍童从事推拿按摩工作，从早到晚待在一个10多平方米的房子里，渴望走出去，渴望有更多体验。虽然不能看，但可以听、可以闻、可以触摸……旅行可以带来超出日常生活的体验。目光所到皆有边框，而心的体验和情感的感觉没有极限。

鲍童的足迹遍布天南地北：青岛、上海、厦门、北京、大连、玉林、北海、黄山、海南、重庆、西安……计划中还想去西藏、新疆、内蒙古。无论是群山起伏长城蜿蜒，还是波涛汹涌无际大海，即便是风，清冷或腥咸，宁静或焦躁，拂过脸吹乱衣，清凉的感觉抚平内心的忙乱与紧张，从容淡定时还想抓着风一起游戏。生活就是这样，一次次乱了，一次次平息，风又起，纵然知道前途未知，本能却对自然万物的亲近和亲密。那一刻，天地之间，自我渺小得什么都不是，又倔强成最特别的风景。

视障伙伴出去旅行，感受、体验这个世界；同时，也是让世界看见视障伙伴。体会一下，闭上眼睛走在马路上只靠一根杆子探索，乱哄哄的声音侵入耳朵内，周围什么都看不见，大家能走多远？看见他们，才能更了解他们，给予他们更多关注与关怀。

明净如歌，与时代同向同行

2021年9月，鲍童代表繁昌区参加芜湖市残疾人运动会田径赛，获女子视力残疾组铅球二等奖，女子视力残疾组100米二等奖，女子视力残疾组200米二等奖，共获得3枚奖牌。与其说这是力量与速度的比赛，不如说是鲍童用饱满的热情去拥抱生活，拥抱这个世界。

鲍童很少说到自己，但说到关爱残疾人身心的问题立即滔滔不绝：因为生理缺陷、受教育限制、活动范围的局限等种种因素，残疾人除了影响生活质量外，还往往自暴自弃，自卑和孤僻是残疾人共同面临的心理困扰，因此对残疾人来说，心理上的健康比身体上的康复更为重要。

关心残疾人身体健康的同时，应有专门的家庭医生和心理咨询师，心理咨询师就更能体会和感悟到残疾人的身心健康，要从感情上对残疾人予以支持和理解。只有在健康、良好的心理状况下进行康复，训练效果才可能最理想、有效。视障人士虽然失去了眼睛，但通过训练后其他器官的敏感性和灵活性会远远优于常人，只要正视现实，才能发现自己的优势和长处，也能在现实中找到更适合自己的生活空间，甚至可以打拼事业成为强者。

再近的路，也有距离，再远的路，总能走到。

鲍童作为繁昌区盲协主席，处于承上启下、沟通内外的重要位置。

中国残疾人人数庞大，他们是社会的一部分，要坚持完善残疾人社会保障制度和关爱服务体系，始终着眼于残疾人最关心、最直接、最现实的利益问题，坚持基本需求优先保障、特殊需要重点保障，才能兜牢残疾人基本民生底线。

同为视障人员的蔡聪在《奇葩大会》上说："世界上不应该有'残疾人'，我们的人生只是换了一种新的活法。"深化"量体裁衣"式残疾人服务，鲍童提出保障残疾人住房、关心残疾人就业、残疾人康复、社会保障、强化学习鼓励残疾人的文化、思想及身心教育等工作，通过落实民生实事政策和暖民心行动，着力解决好残疾人群急难愁盼问题。让更多残中之残的盲人从社会、政府、家庭的负担，转变为自食其力的劳动者，成为对社会有贡献人才。

茫茫人海，总有人带给这个世界爱和温暖，让我们对世界充满期待。

鲍童说："虽然我们是残疾人，但是国家社会都不曾放弃过我们，我们更要以感恩的心态，乐观生活，尽己所能回报这份大爱。"鲍童决定组织义卖，在区残联帮助下，义卖活动在繁昌大润发门口举办。

组织义卖对于视障人士的鲍童来说是个大工程。那天，鲍童很早就到达大润发门口，她听到区残联工作人员和小伙伴在布置卖场，从朋友那里拿到超低价的商品正被摆放开，有人走过来轻声问几句，立即买下商品，走前还不忘多说一句鼓励的话，让鲍童开心得像个孩子。也能直觉到有人不相信悄声质疑，直接走开；还有人在周围转来转去，问了一堆问题再生硬拒绝。鲍童一直带着笑容站在那儿，轻声解答："个人力量太渺小，义卖能让更多的人参与进来，在大家不曾接触到的角落，还有很多需要帮助的人，比如贫困的家庭、失学的孩子、生病的患者，等等。他们需要大家的帮助。通过义卖活动，我们可以为他们筹集一些善款，帮助他们解决一些困难，让他们感受到社会的更多温暖和关爱。"

这次义卖收到的善款并不多。鲍童想再组织一次义卖：去人流量更多的地方，义卖的善款或许更多，能帮助的人就越多。上次义卖路过的每个人，都在现场看到大家的努力，向更多的人推广，让更多的人参与到公益事业，义卖活动才更有意义。

鲍童说："心向阳光，传递善良，社会在我身上付出的那份爱就永远不会止歇，传递温暖的那束光也永远不会熄灭。"

爱心没有起点，公益没有终点。

郑芳芳，芜湖市作家协会会员。作品《狐狸开店》入选芜湖市文艺作品创作征集活动；出版五人散文合集《有一种胸怀叫——大气》；多篇作品入选《张孝祥词鉴赏》。文字散见于《新安晚报》《江淮晨报》《合肥晚报》《大江晚报》《芜湖日报》《安庆晚报》等报刊。

第三编 ◇ 助人为乐

老校长的红色梦

——记"中国好人"徐孝旺

黄在玉

虽然鸡窝里飞不出金凤凰，但小山村里能活出大好人，还是"中国好人"，他叫徐孝旺。

这个小山村名叫中分，位于皖南丘陵地区，形成于明代永乐八年（1410），迄今已有600多年历史。这个在中国数以百万计的村落当中，虽然占据了微不足道的狭小空间，却无时无刻不从山水、树木、屋宇、民风、民俗之中散发出徽韵遗风的地方文化气息。中分村民主要民族为汉族。在徐、沈、许、张、昌、丁、卞、方等姓氏中，徐氏约占70%。据《繁阳中分徐氏宗谱》记载：徐氏由浙迁繁（繁昌）之始，康五公（徐鉴）转迁兹土，界于汪桥（现繁昌区繁阳镇范马村）、八分之间，故曰"中分"。当年，此山川未垦，地多荒茅、篁竹，土名"竹丝塝"。徐鉴被尊为中分徐姓始祖。他绝无想象，2013年，他开辟的小山村被列入安徽省美好乡村建设示范村，还入选中华人民共和国农业农村部"美丽乡村"创建试点村。如今的中分，应旧的旧，该新的新，新旧相辅相成，村民安居乐业……他若地下有知，定会倍感欣慰。

上溯九百多年，徐氏家族曾于宋代出过"一门两进士"。《宋诗纪事补遗100卷》载：徐遘，太平州繁昌人。熙宁九年进士，与弟迪昆季相师友，专勤学问，为文清丽，尤工诗，而友于笃爱人，以轼、辙目之。遘为推幕时，作诗寄迪，有曰："杜云姜被每相思，物换星移又一期。知汝再寻鹦鹉赋，起予深念鹡鸰诗。山寒久厌啼猿苦，水涸那堪到雁迟。好约春风共携手，玉壶沽酒系青丝。"

至明代，又出进士一名。徐杰，字元定，后更名兴之，少颖异不凡，书过目成诵，登成化进士。官淄川县令，时仅数月，因效仿陶彭泽不为五斗米折腰，遂挂冠归。结庐马人山，以诗歌自娱。葛巾芒履，朗吟浩歌，有渊明栗里之风。喜西汉文，晋魏书法。李、杜诗各臻其境。诗翰酬答，人争宝之。卒年四十有六。著有《徐兴之文集》数十卷。

明、清两朝，中分徐氏为官者大有人在。其中级别较高的官员是清康熙年间的徐昇，官至大理右副寺。

民国初年，当地名士徐理堂捐资助学，曾受多方褒奖，荣耀故里。

据《繁昌县志》"人物传"记载：徐理堂，原名行燮。赤沙乡中分村人，幼丧父母，得叔父抚养成长。稍长，继承徐姓田产，后又因开设"烟草行"兼种植鸦片，渐成为繁昌豪富之一。民国二年将别室改为校舍，创立中分徐私立第一国民学校，自任校长。1914—1918年间，捐银币万元，良田208亩作为学校财产，并以高薪聘请县内著名塾师任教。所设课程，力求除旧立新，除设国文外，还设算术、图画、体操等新课。徐理堂办学成绩斐然，民国三年，安徽省巡按使授予其银质褒章一枚。民国八年，教育总长傅祯湘授予其金质褒章一枚，徐世昌题赠"敬教劝学"金字匾额。

可见，徐氏乃诗书礼仪之家，素有重教敬学之风；族人谨记"敦孝悌，敬尊长，和乡党，务读书，崇节俭，禁赌博"之家规，家风纯正，贤才辈出，邻里和睦，备受世人敬重，实属当地"名门望族"。

中分村三面环山，马蹄状地形，北靠来龙山，左依青龙山，右傍西湖山，东北临西峰山。若再延伸，往南三公里，便是有"皖南张家界，江滨小黄山"之称的马仁山。所谓的山，平均海拔不过300米，属丘，丘丘相连，遂成丘陵。在约定俗成的语境中，往往山、丘不分。群山环抱中，整个中分像座掩映在绿荫中的古老禅院，安宁、静谧、雅致、神秘。它隶属安徽省芜湖市繁昌区孙村镇。虽是弹丸之地，其地理位置却比较特别，大致介于长江之畔商埠芜湖和铜都铜陵之间。这样的地理位置在今天看来无所谓，在20世纪三四十年代，可谓"生死存亡"之地。

1938年冬，新四军三支队副司令员谭震林奉命率部进驻皖南门户繁昌，司令部就设在中分村。三支队的主要任务是与国民党52师、144师一起担任繁昌、铜陵、南陵境内及沿江的防御作战任务。这里便成为国共两党同仇敌忾、和睦相处之地。它既是当时繁昌县政府临时驻地，又是新四军三支队精选的驻扎地。随即还成立了中共铜南繁中心县委、中共繁昌县委。那时，中分有山有水，更有二十多户商家。前街、后街和西街上，米铺、肉铺、烟铺、杂货铺林立。除了地理位置好，经济较宽裕外，群众基础也相当好；此地进可攻，退可守，山多林密，易于隐蔽。因此，机关、部队驻扎这里，吃喝睡等都有保障。

1939年至1940年，谭震林在中分运筹帷幄，指挥了著名的繁昌保卫战，取得了"五战五捷"的辉煌战绩，从而保卫了皖南，保卫了云岭新四军军部，赫赫战功彪炳史册。

1939年4月4日，美国著名记者、进步女作家史沫特莱在新四军军长叶挺等人陪同下，到访三支队司令部，并看望附近的难民收容所难民。当她获悉大量难民罹患疟疾和皮肤病无药医治时，当即表示回去一定设法送药品来救助难民。不出俩月，她寄来急需药品，及时有效地为难民们治好了疟疾和疥疮等疾病。

在中分村，喜欢吹口琴的谭震林和民运工作队的女战士田秉秀（后改名葛慧敏）相识、相知到相爱，最终结成了革命伴侣。

由于新四军驻扎在中分，中分村及附近有不少青壮年主动参军入伍，壮大了三支队的力量。1940年年底，三支队圆满完成防御任务，离开中分，撤离繁昌。

转眼到了1944年7月，中分村贫农徐崇法家添了一丁，取名徐孝旺。孝旺自小体弱多病，家庭极度贫苦，营养跟不上，导致他成年时身高只有一米五，体重不足百斤。打小，参加过"妇抗会"的母亲告诉他："我的名字是谭司令爱人田秉秀给取的，他们打退了日本鬼子，保护了我们的家乡，你要永远记住那些抗战英雄，他们都是恩人。"他瞪着眼睛看着母亲，郑重地点点头，从此埋下了红色梦的种子。

时光如白驹过隙。1964年年底，当了大队干部的徐孝旺看到一封来自北京的信，收信人叫董思学。他通过多方打听，最终把信送到了当年"妇抗会主任"手上。此信是国务院副总理谭震林夫人葛慧敏亲笔所写。董思学感动得泪如泉涌。殊不知，她因地主家庭出身，在多次政治运动中受到牵连，亲朋好友如遇瘟疫一样躲避不及，而葛慧敏却写信来问候，还希望她抽空去北京一叙，是何等的温暖！这件事也深深触动了徐孝旺。他深知，身居高位的葛慧敏始终没有忘记老区人民。

之后，徐孝旺转任中分小学教师，教书育人40载，并担任校长多年，可谓桃李满天下。闲暇之际，他想，虽然那段抗战历史发生在自己家乡，许多人物和故事全印在老一辈人的脑海里，但只是零头碎脑的片段；有关记载这段历史的文字资料不够详尽。如果能将那些历史人物和故事收集、整理好，作为宣传红色文化第一手资料，岂不是一件很有意义的事吗？说干就干！于是，他利用业余时间，认真查找相关资料，深入战役发生地，走访健在的本村及周边老人和当年参战、支前的老民兵、老村民，使尘封的往事、壮烈的场景一一复苏、呈现。

隔壁梅冲村的艾家华老人向他动情地描述了当年自己和父亲躲在墙缝里看到的"血战塘口坝"惊心动魄的一幕。他予以详细记录，从普通百姓的视角，看新四军在抗日战场局部战斗中的严酷性，算作对当时战斗情况的补充记载。

塘口坝血战是繁昌五次保卫战中最为惨烈的经典战役。塘口坝位于繁昌孙村镇梅冲村。据《繁昌县志》"重大兵事纪略"记载：1939年11月14日，日军石谷联队、西川大队步骑兵、炮兵近600人，嗣后又三次增援，总计投入兵力1200余人，向汤口坝（即塘口坝）、赤沙滩等地进发。新四军五团三营与日军在九龙石高地进行白刃肉搏战；五团二营与日军在三梁山南侧乌龟山附近展开阵地争夺战。是日24时，日军伤亡过重，乘夜色秘密撤退。

本村的徐肖人老人清楚地回忆起与田秉秀一起从事民运工作的往事，称赞田大姐和普通战士一样勇敢，只要出门做工作就会在腰间别两颗手榴弹，随时准备战斗。

徐友德老人为他讲述了谭司令夫妇用中国人的爱心感化日本战俘的往事。

徐崇英当时是中分村"儿童团"团长，除了站岗、放哨，还融入三支队战士们的日常生活中，和战士们非常熟悉，常看他们练兵、排戏、演出；还目睹了谭震林、田秉秀两人在范冲谢家墩举办的简朴婚礼，是谭、田革命爱情见证人之一……这些故事听得徐孝旺羡慕不已，恨自己生不逢时。

有一次，徐孝旺在邻村访友时，偶然发现一本记录新四军三支队在繁昌活动的史料，他如获珍宝，借回来，花了整整两个晚上，一字一句誊抄下来。

他几次前往泾县皖南新四军军部旧址、无为红庙乡新四军七师纪念馆参观学习，看见与三支队有关的资料、图片，便找管理方协商，将资料复制、翻拍下来。用他的话说，叫"拿来共享，保持一致"。

白驹过隙，时光荏苒。2004年9月，徐孝旺光荣退休了，被人们亲切地称为"老校长"。但他没有含饴弄孙、颐养天年，而是把全部精力都放在了新四军三支队在繁抗战事迹的义务宣讲和资料收集、整理上。而子女们也都理解和支持老人的选择，让他几无后顾之忧。

2007年清明节前夕，村民徐友托、徐友行等人倡议在中分村原址集资修建"新四军三支队司令部旧址"。老校长积极响应，将退休工资悉数拿出，参与其中。在他们的影响带动下，共有20多户村民自发筹集资金20余万元，在原址上建成了"新四军三支队司令部旧址"（牌匾由时任中央军委总后勤部政委周克玉上将题写），重现了青砖小瓦、檐角高跷、四厢八正、木楼花窗、内设天井的徽派建筑结构，并在纪念新四军成立70周年和谭震林将军诞辰105周年之际正式对外开放。"旧址"建好后，马需要配鞍。老校长不仅从各地找来新四军三支队在皖南活动的书籍、图片、书信、报刊、光盘等史料，力求还原抗战将士昔日战斗和生活原貌，还不顾年老体弱，攀爬周边群山，亲手绘制了当年形势地图和战斗沙盘；悉心搜集将士们用过的战斗装备以及生活用品。功夫不负有心人。经过多年不辞劳苦奔波和悉心收集，凡是附近与新四军三支队相关的人物、故事、实物、图片等文化资料都被他收集和整理好，有条不紊地安放在"旧址"里，几乎应有尽有，琳琅满目。

通过老校长孜孜不倦努力，当年，中分村"新四军三支队司令部旧址"被安徽省旅游局列入安徽九条红色旅游线路中的第六条，与云岭新四军军部、王稼祥纪念馆连成一线，并编入《全国新四军旧址资料汇编》。2012年4月，"旧址"被命名为芜湖市"爱国主义教育基地"。

他从繁昌政协编纂的文史资料中获悉，有14位新四军三支队将领（谭震林、胡荣、傅秋涛、江渭清、孙仲德、林开枫、何志远、梁金华、赖少其、涂克、范坚白、葛慧敏、陈仁洪、马长炎）在中分村居住过，随即上报县文物局，县文物局上报到县政府，县政府上报至安徽省政府。经核实后，省政府于2012年12月下文，将14所旧居列为第七批省级文物保护单位。得知消息，他仿佛金榜题名似的，高兴得几夜没睡好，逢人便念叨。之后，他上门动员村民将14所旧居挂牌保护起来。其中，谭震林、涂克、林开枫、范坚白、孙仲德五所旧居得以专款修缮。

老校长老骥伏枥，壮心不已。他走村串户，进课堂、道德讲堂，入军营、职工之家，积极宣讲新四军在繁昌的抗战历史。"旧址"和旧居建成开放后，徐孝旺成为这块"红色阵地"的唯一全职义务管理员兼讲解员。有了这块"宣讲阵地"，老人的生活像钟表发条一样上满了劲。他每天晚上在家"备课"，记忆宣讲内容，琢磨宣讲技巧。来了参观者，总是随喊随到，并提前开门迎候。人们时常见他穿戴着仿制的新四军军服，手拿教鞭，一丝不苟地向来自四面八方的参观者讲述谭震林等抗日将士的生平、各种照片上的人物和来历、住过的民居、用过的物品、战斗的具体日期和每个细节以及村子里老人与抗日的故事，娓娓道来，如数家珍。开场白一般都是他现场发挥的旧体诗词或四言八句，总是赢来阵阵掌声和叫好声。譬如，接待省、市、县三级党委主要负责同志时，他即兴朗诵："春风和煦拂大地，老区人民心欢喜。路线教育长正气，锦上添花更美丽。党的宗旨要牢记，三严三实接地气。梦想实现乐开怀，革命传统永不离。"接待芜湖作家文学采风一行，他张口就来："芜湖作家孙村行，文学采风选胜景。春光明媚百花开，妙笔生花写文明。"文化志愿者文艺演出进中分，他欣然致辞:"秋高气爽阳光照,繁昌文化服务到。美好乡村唱赞歌,老区人民心欢笑。"等等,不一而足。

老人家精神矍铄,耳聪目明。尽管他的普通话里夹杂着地方口音,满口假牙洁白耀眼,但声音洪亮,口齿清脆;讲述绘声绘色,条理清晰;与人交谈坦诚直率,笑声爽朗。自2007年免费开放"旧址"、旧居以来,他义务接待全国各地参观者达35万余人次,现场讲解抗战历史5800余场次。参观者都会记住这个面孔黝黑、白发苍苍却热情执着、乐此不疲、志愿服务、助人为乐的瘦小老人。他充满真情、充满正义、充满人性的系统化记述、考证和研究,得到了北京、安徽等地新四军研究会领导和专家的高度评价。据业内人士评估,他掌握的知识和讲解的水准完全抵得上一位新四军研究专家。

老校长为人师表,德艺双馨。与他接触过的人都知道,他待人热忱、礼貌,为人正派、直率。来参观的人多喜欢与他合影留念,他总是不厌其烦地满足、配合人家,一身"戎装"站立其中。他对与新四军相关的人和事特别上心。村里有个五保老人叫李金泉,自1965年以来,常年为安葬在本地的抗战烈士们扫墓。徐孝旺甚为感动,觉得自己有了志同道合的知音,常和李老交流心得。他对年迈的李老说:"我一定把你所做的好事继承下去!"村民们在修建司令部旧址的同时,他力推将新四军阵亡将士烈士墓修葺一新。每年清明节,他都要亲自扫墓、叩拜、献花,整个过程充满了仪式感。

老校长憨厚儒雅,颇具才情。他爱好古诗词写作,时常以文会友,自娱自乐;也好一口杯中之物,因此他的朋友不分老少。他将谭震林靠在沟边树上吹口琴,陪伴田秉秀洗衣的地方命名为"君吟处",并赋诗一首:总忆将军树影声,潺潺溪水奏弦音。山花烂漫琴和韵,战火纷飞颂恋吟。将村南广场上两棵相依相伴、象征爱情的大桦树命名为"将军连理树",立碑纪念,并赋诗曰:双双水桦根连根,并立村头耸入云。连理树根连理结，将军情爱树长存。谭震林、田秉秀的后代偶然从报纸上发现了一张父母靠在乡村的一棵大树旁所拍的结婚照，异常惊喜。他们多次来中分村寻访父母的遗迹，与老校长相谈甚欢，并赠送了不少父母的照片和影视光盘等实物资料。来中分村寻访父辈遗迹的还有江渭清、傅秋涛、孙仲德、马长炎等人的子女。他们都对老校长表达了由衷的敬意和感谢。他怀着朴素的个人情感，先后撰写了《永远活在老区人民心中——纪念谭震林同志逝世30周年》《老区人民怀念谭司令》《继承革命传统 传承红色文化——繁昌县新四军三支队司令部旧址纪事》等文章以及数十首与三支队、谭震林相关的古体诗词。

老校长传承文化，甘为助手。他是当地民俗文化、安徽省非物质文化遗产——徐氏祭祖仪式的"金牌主持人"。说起"非遗"，老校长同样如数家珍。

徐氏墓群，可谓皖南独有，江南少见，颇为奇特。墓群位于村东北寺冲西峰山山脚处。有明代徐姓中分始祖徐鉴墓、婆媳合墓、父子合墓、兄弟合墓、宗亲合穴、夫妇合葬、嫡亲同地等不同类别墓群，约有八九种之多。一村一姓之中，墓葬类别如此完备与集中，可谓集近代中国棺椁墓葬形式之大成。

徐氏后人秉承祀祖习俗，代代相传，岂敢懈怠。动荡年代无奈中断，至2005年又渐次恢复。他们改革了祭祀内容，在旧礼中加入新元素，祭祖前，先祭奠革命先烈，仪礼仪规具有显著的传统文化特征和地方色彩。每年分两祀，即除夕祀祖贺年，祈祖佑安；清明上坟祀祖，谓之"做清明"。近年来，散居在全国各地，包括旅居海外的徐氏宗亲都纷纷赶来参加祭祀，本地各界人士应邀观摩，场面异常隆重，蔚为大观。举行仪式时，老校长犹如导演、司仪，有条不紊地指挥"祭祀大军"，按部就班地完成所有礼仪，确保不出差错。

徐氏列祖列宗，身为庶民，逝去数百年依然能受后代如此隆重的顶礼膜拜；同时也给后代带来尊亲敬祖的孝名。这样的礼遇不亚于孔孟诸子、世代大家。

2007年8月，台湾学者王秋桂教授与安徽大学徽学研究中心主任卞利教授，将中分村落文化共同列入"中国地方社会比较研究"课题的重要内容。能进入海峡两岸学者的法眼，中分村何其荣耀！

翌年底，"中分村徐姓祀祖习俗"被列入安徽省第二批非物质文化遗产名录，并列入芜湖市首批市级非物质文化遗产名录。

发现和挖掘这一非物质文化遗产者，是著名的芜湖文化学者、民俗专家茆耕茹先生。茆先生于2006年9月应繁昌文化研究会之邀，来孙村从事民俗文化调研。他在中分了解到独特而传统的徐氏祭祖，兴致勃发，一发不可收地潜心研究了多年，并有研究成果面世。笔者和茆先生有过几面之交。一次是在徐氏祭祖仪式上，一次是在朋友家吃饭，另一次是在中分村部。先生年过八旬，精神矍铄，系国家一级编剧、中国戏剧家协会会员、中国傩戏学研究会理事、安徽省考古学会会员、安徽省钱币学会会员、黄山市徽州傩文化研究会名誉顾问。他以学者严谨的姿态告诉笔者，中分徐氏祭祖的习俗和仪式，之所以能成为非物质文化遗产项目，其重要价值是徐姓宗族在数百年的繁衍过程中，对民间祭祀文化的传承和发扬；是封建社会遗留下的庶民祭祀文化中难得的"活态"标本，还是中国封建社会墓葬文化在皖南乃至江南重要的典型遗存形式。

茆先生多次作为特邀嘉宾来中分参加祭祖仪式，不断检视和完善自己的发掘成果。他表示，徐氏祭祖若上报国家级非遗，很可能被批准。他还语重心长地说，中分有其独特的文化底蕴，如申报"中国历史文化名村"，应该没问题，当然，这需要上下共同去努力。

茆先生是徐校长的至交。他每来中分，老校长都会全程陪同，走访、调研，提供资料，搞后勤，不遗余力支持茆先生完成"非遗"项目的研究，成为茆先生的得力助手。

徐氏祭祖毋庸置疑是中分民俗文化的重头戏。它不仅仅是徐氏家族的祀祖、扫墓活动，也成为当地一项传统的大型民俗文化活动。老校长无疑是民俗文化的义务传承人。

老校长心地善良，包容老伴。早在1982年年底，妻子出于家庭负担重等原因，与他离婚，很快又抛下两儿两女，只身出走，从此杳无音信。他既当爹又当妈，拉扯大四个孩子，其中的艰辛难以诉说。孰料，2013年9月的一天，前妻突然返回。时隔31年，他在夫妻感情上早已心如止水。他得知，31年里，前妻先后嫁了两个男人，如今，两个男人都已作古，她落得人财两空，无处安身；穷途末路之际，只好厚着老脸回到老校长身边。他和子女商量后，并征得友人意见，无条件接受了前妻，并办理了复婚手续。老伴回归一事，在有的人眼里成了谈资和笑话，而老校长却能坦然面对，他说："她已无处安身，老了又没经济来源，那怎么办呢？我只好接受，毕竟是我孩子们的母亲。"他声称，现在他们俩的感情还好。他们是名副其实的"少年夫妻老来伴"，虽然中途隔断，但是有了失而复得的老伴，起码生活上能相互照应，家中不再一地鸡毛。笔者采访时征求他意见，问能不能写这件事，他不假思索地说："都是事实，怎么不能写啊，能写。"

老校长荣誉等身，事迹感人。不妨罗列一下：2012年，他先后被评为安徽省繁昌县第二届"道德模范"和安徽省"江淮志愿服务优秀个人"。2013年1月荣登"安徽好人"榜。在由中央文明办主办，中国文明网承办的"我推荐我评议身边好人"活动中，被评选为中国好人榜2013年3月"助人为乐好人"。2017年、2018年连续两年被安徽省关心下一代工作委员会授予"先进个人"荣誉称号。2020年被评为芜湖市第五届"道德模范"。2021年被评为安徽省第七届"道德模范"。中国网络电视台、新华网安徽频道、《安徽日报》等中央、省级媒体均予报道。从此，他成为矮小的"巨人"，中分的"名片"。

2013年，中分村被列入安徽省"美好乡村建设示范点"、中华人民共和国农业农村部"美丽乡村"创建试点村。昔日红色古村落，而今五彩美家园。年逾古稀的老校长主动配合工作，领着工作人员满村转，介绍每处景观的历史沿革和景点故事，提出宝贵的个人见解。

在建设和保护家园方面，他既是热心人，更是有心人。

早在2008年，时任全国人大常委会副委员长周铁农来中分视察，村内道路不畅、环境脏乱等问题暴露无遗。他夜不能寐，提笔给时任县委书记写"求助信"。很快，领导特批，拼盘资金，由县财政出资20万、孙村镇出资10万、村民集资4万，将村内800多米的主干道修成5米宽的水泥路。村内环境同时得到了初步改善。

位于中分西南角的"十亩井"，为村庄风水泉眼，距今已有数百年历史，被联合国教科文组织收录。井水常年清澈，水位稳定，不受旱涝影响，被村民誉为"当家古井"。2006年修建淮九路时，恰好途经十亩井，老校长多次奔走于文物局和公路局等部门，呼吁保留此井。最终公路部门尊重民意，在路下建立架空层，使百年古井得以保存完好，成为中分一景。

中分美丽乡村建成后，走在青石板铺就的"震林大道"上，老校长情不自禁诗情大发——中分胜境新风貌，红色景观彰杰豪。生态文明优底蕴，青山绿水乐逍遥。此诗被《繁昌诗词》（总第18期）收录。那时，他希望在他有生之年，能看到新四军三支队纪念馆得以建成、开放。果然，老校长心想事成。2021年5月，在隆重庆祝建党100周年前夕，"繁昌保卫战展示馆"终于建成并对外开放，并设立"中国好人及江淮志愿者"工作室。老校长又多了一处宣讲的舞台，还有了固定办公场所。

老校长"出名"后，地方政府及有关部门把他当作大熊猫一样保护着、爱护着，除了教育部门为退休职工例行体检外，还为老人做不定期体检，发现健康问题及时就医治疗，确保老人安康，参观者安全。

毕竟是年近耄耋的老人，加之操劳过度，2021年年关将近时，他突发脑梗，被家人送到芜湖弋矶山医院救治，这是他最接近"鬼门关"的一次历险，好在吉人自有天相，住院14天，他有惊无险地挺了过来。经此一病，他的元气受损，气色不如从前。

组织上对他的关怀却让他没齿难忘。2018年4月，他和老伴被安置到城区的金鹅小区，住房面积虽然只有46平米，但被老两口当成了"金窝"。

人生八十，世间中寿。我问老校长长寿之道，他呵呵笑道："一觉睡到自然醒，稳步运动不乱行。戒烟限酒控饮食，与人交际心态平。"

读报是他养成的良好习惯。除了宣传部门为他订阅《人民日报》《安徽日报》《芜湖日报》《大江晚报》外，他还自费订阅《文摘周刊》《安徽老年报》等报刊。他说："要想与时俱进，就要活到老学到老，呵呵。"

老校长是个歇不住的人，只要身体和时间允许，他都会到工作室坐班，主动给游客讲解。仅2023年5月，便接待游客17000人次。他誓言："只要我有一口气，就要宣传新四军三支队的红色文化！"执着精神，令人敬佩。

诚然，虽是儒雅德善之人，老校长也有短板。有时他在不知情的情况下说话过于直接，不留余地，甚至倔强固执，抑或自我膨胀，因而和少数基层干部产生了些许误会。譬如，组织上因其年纪渐大，家住城区，常年来回跑，频繁接待游客，担心他吃不消，便物色了年轻的讲解员，做他的学徒。除非上级领导或游客点名请他讲解，通常情况下，都由年轻的讲解员上阵，一般性的会议也没请他参加，尽量让老校长多休息，保养身体。而他却不能理解，总觉得有人拿他不重视了，心中不自在，便偶发牢骚。但他又不善于沟通，导致误会一时难以消融。虽说瑕不掩瑜，却难免遗憾。好在别人并不和他计较，还一如既往地敬重他，念他为中分红色文化宣传作出了不可磨灭的贡献。

2022年初夏，为迎接党的二十大胜利召开，他完成了一部长达240多页的书稿——《红色中分》，全面记录了他多年来收集的新四军三支队资料、回忆录、宣讲内容、原创诗词和相关图片等，自费印制成册。尽管册子未经认真整理、校对，导致错漏百出，但其出发点却是善意的，充满了正能量。此举得到了繁昌区委宣传部和孙村镇党委、政府及中分村两委的有力支持。目前，年近八旬、发眉皆白的老人正着手整理一部《中分村风物录》（他委托笔者帮他作初步编审，并取书名），希望由正规出版社正式出版，再次向世人展现中分村厚重、浓郁的历史文化和风情。其拳拳之心，天地可鉴。

老校长徐孝旺总结自己的一生只做了两件事：一件是教书育人；另一件便是与新四军三支队结下不解之缘。人生短暂，能做成一两件自己喜欢的事，夫复何求！

莫道桑榆晚，为霞尚满天。好人徐孝旺，不仅一生平安，还一生伴随着劳碌，让他劳碌的当然是他永无止境的义务宣讲和对红色梦想的无尽追求。

黄在玉，繁昌人。作品散见《翠苑》《阳光》《延安文学》《雪莲》《当代小说》《北方文学》《作家天地》《短篇小说》《辽河》《四川文学》《传奇·传记文学选刊》等。出版小说集《血型》。曾获安徽省委宣传部征文奖、省作协"金穗"文学奖等多个奖项。安徽省作协会员，繁昌区作协副主席兼秘书长。

天使之爱

——记"安徽好人"汪飞燕

俞 民

一针！二针！三针！

十年前的一幕恍若眼前。

我蛰居在这一片土地上，当初听说过她的故事，为她捐献造血干细胞，用爱心托起一个异国他乡陌生女人的生命深深感动。

她叫汪飞燕，在这座江南小城，早已家喻户晓。

时光荏苒，天使之爱已越十年，但往事历历，灿若夏花。

一

那天，我按约定赶到繁昌区人民医院，在汪飞燕工作的科室与她见了面。她拿了把椅子坐在我面前，神态安闲，像遇到左邻右舍那样自然。也许是历经多次采访，她已然适应了与陌生人的交流。可我不是专业记者，没有固定的采访套路，只能一句一句地闲聊。提起全区人民津津乐道的故事，她顿了顿，说现在记忆里最深的不是到北京捐献造血干细胞过程，而是得到初配成功的消息。

1984年，汪飞燕出生在距县城七八公里外的农村，从小不太爱说话，乖巧懂事。卫校毕业之后，经考试录用到县医院工作。几年前村里土地房屋被海螺公司征用，父母安置到城里新建的海螺小区，回家成了家常便饭，工作之余，帮妈妈干点家务活，也是对妈妈养育自己的回报。

2013年5月24日，一个注定让汪飞燕难以忘记的日子。那天中午，她在妈妈家地下室陪老人聊天。忽然，汪飞燕的手机响了，屏幕显示：0553－3837406，这是一个完全陌生的号码，看数字是从市区打来的。可她在市区没有什么熟人，偶尔接到一个电话，不是推销楼盘，就是卖保健品，甚至还有合伙投资项目的，让人不胜其烦。她本不想接，但又担心是哪个朋友到市里遇上了急事，临时想找自己帮忙，于是就按键接听。电话那头立即传来很礼貌的问候："您好！您是汪飞燕女士吗？"

她愣了一下，这谁呀？虽然知道自己的名字，她却一点听不出对方的声音。

"我是芜湖市红十字会工作人员，"对方不紧不慢地说，"我们接到省红十字会通知，现在告诉您一件事。"

"什么事？"她有点蒙圈，不知道对方什么意思。

"您可能不记得了。两年前，也就是2011年10月28日，市红十字会来繁昌县人民医院开展造血干细胞血样采集活动。您作为一名医务工作者，带头响应号召，完成了血样采集和筛选，成为了一名捐献造血干细胞志愿者。"

"啊？"汪飞燕蓦然想起来了。两年前的那一天，秋高气爽，市红十字会来医院采集血样。医院领导到各科室动员，年轻的同事们积极响应。在急诊科工作的汪飞燕夹在队伍中间，排队领取了捐献造血干细胞征询表。她拿到表格，一边仔细阅读，一边想这不是一份普通的申请书，而是一个生命对另一个生命大写的承诺。在工作人员的指引下，填表、体检、抽血，她一丝不苟地完成血样采集的每一个步骤。抽血那一刻，她甚至感到自豪，心想如果这样可以救人，那是非常美好的事情。在淘汰过半的筛选下，她有幸成为一名捐献造血干细胞志愿者，将自己的一份爱心存入到中华骨髓库之中。不过，造血干细胞的配型成功率只有万分之一甚至十万分之一，她不知道自己有没有机会捐献，只能将这个美丽的心愿悄悄地埋藏在心底。

"中华骨髓库比对相同位点，您的造血干细胞血样与韩国的一名白血病女士低分辨初配成功了！现在我们把这个消息告诉您，是想让您有个思想准备。"

汪飞燕这才明白，自己作为志愿者初配成功了，而且配型对象是一名韩国人，心里十分激动，不假思索地说自己愿意捐献。市红十字会工作人员很高兴，说您不用急着表态，先认真考虑下，与家人商量好再给答复，然后挂断了电话。

一旁的妈妈看女儿兴奋的样子，疑惑地问："发生什么事了，这么高兴？"汪飞燕笑着说："妈，我是志愿者，要捐献造血干细胞给一名韩国人。"妈妈没听明白，不知道造血干细胞什么意思。毕竟，让一个农村老太太马上明白这个医学词汇，不亚于读一本无字天书。

汪飞燕来不及给妈妈普及医学知识，只说跟献血差不多，随后就拨通了丈夫张琳的电话，激动地说初配成功了，成功了！张琳一头雾水，不懂妻子说什么。她稳定情绪，说自己的造血干细胞与一名患者初配成功了，而且对方是韩国人，太意外了！张琳听后，说，不管你做什么选择，我都永远支持你！

四天后，市红十字会派人到繁昌人民医院，与汪飞燕见面，并为她进行了第二次造血干细胞采集。由于配型成功概率小，医学程序复杂，初配不是最终结果，领导让她耐心等消息。

二

转眼两个多月过去了，捐献犹如泥牛入海，一点消息都没有。

这期间，汪飞燕利用休息时间上网查资料，对造血干细胞捐献有了更多的了解，曾经的担忧也一步步打消。由于概率太小，能够成功捐献的志愿者少之又少。就在她以为自己捐献没戏了的时候，8月12日，她又接到省红十字会通知，说第二次高分辨率检验配型成功，这意味着自己可以捐献，后面只是时间和程序问题了。

果然，几天之后，医院领导就通知汪飞燕到会议室，与市红十字会、县卫生局、县文明办领导见面。大家乍一眼看到她，发现她身体瘦弱，不由得产生一丝疑虑，于是仔细地询问她的基本情况，以及她和家人对捐献的态度。

未等她回答，一名随行来的志愿者抢先说，配型成功只是一种医学可能，如果你和家人不愿意，也可以放弃。当然，作为一名志愿者，我希望你能勇敢地站出来捐献自己的造血干细胞，为社会献出一份爱心。许多人担心捐献对身体产生副作用，这是不懂医学的结果。如果对身体有影响，国家不会贸然推广这项工作，像《笑傲江湖》里的名医平一指，传说他杀一人救一人，本质上违背人道主义精神，就没有意义，因为人的生命是平等的。说实话，我当初也曾犹豫过，事实证明，捐献造血干细胞后只是短时间觉得身体不适，很快就恢复正常了。人不能只为自己活着，要懂得感恩，为社会做贡献。有一句歌词叫"只要人人都献出一点爱，世界将变成美好的人间"，我的感受就是如此，希望能给你一点参考！

· 188 ·

汪飞燕听了很受鼓舞，更加坚定了自己捐献造血干细胞的决心。她慢慢地说，从递交申请书那天起，自己就开始做捐献的准备，也包括精神上的准备。丈夫是军人出身，一向热心公益事业，对自己的想法很支持。家里老人开始有顾虑，害怕有影响，现在思想都通了。最担心的是公公，去年查出肺癌晚期，重病之人可能对健康更加重视，担忧也最多，不过老人家还是尊重她的决定。捐献是小概率事情，现在有机会挽救一个人的生命，怎么能轻易放弃呢？她对捐献充满憧憬，对自己的造血干细胞能够救人感到光荣！

县卫生局领导看她态度坚决，忽然语气严肃地说："小汪，你说得非常好！你还不到三十岁，却有这么高的思想觉悟，我为你的态度而骄傲！不过，你要考虑清楚，中国人向来一诺千金，不容反悔。何况这次是跨国捐献，一旦答应下来，就更不能出尔反尔。否则，你的玩笑就开大了，而且是国际玩笑。"

"请领导放心，我决不食言！"汪飞燕刷地从座位上站起来，用坚毅的目光告诉众人，她是一个诚实守信的人，是一个可以让领导放心的志愿者。反悔，不可能出现在她的字典里。从小在农村，憨厚的父母教她诚实做人。上学时，她被雷锋的故事吸引，学雷锋、做好事一直是她的心愿。她读过《雷锋日记》，很喜欢里面的一些格言警句，至今还记得这段话："如果你是一滴水，你是否滋润了一寸土地？如果你是一线阳光，你是否照亮了一分黑暗？如果你是一颗粮食，你是否哺育了有用的生命？"现在，能用自己的造血干细胞救人，是十分难得的机会，她必须把握好这次机会，用自己的行动向雷锋致敬！

领导们对汪飞燕的态度很满意，鼓励她加强营养和锻炼，确保身体足够健康，争取出色地完成捐献任务。

接下来的工作，第一步是缜密的体检。对汪飞燕而言，体检不算什么，自从考学校以来，已经历过许多次了。县医院是二甲医院，设有体检中心，每年都安排职工体检，上次申请志愿者体检，就是在这里做的。不过这次体检内容非常多，不仅包括身体素质检测、血样高分辨配型，还包括传染病检测，必须一项一项地做，其中高分辨配型做了三次。所有的检测都符合要求，正当她庆祝检测通过时，却又接到了市红十字会电话，要她尽快到市级三甲医院再做一次全面的身体检查，理由只有一个：这是一次特殊的跨国捐献，必须保证完美无瑕。在支援他国的事务上，中国向来是认真的，这是维护中国国际形象的必然要求。

8月23日，汪飞燕如约到芜湖市第二人民医院进行了一次全面体检。回来后，县医院再次对她进行血常规检查，并与市二院的检查结果进行了严格比对。8月26日，所有检查结果一一上报到中华红十字总会。经专家审定，符合采集造血干细胞条件。与此同时，中华红十字总会将检查报告递交韩国有关方面，得到了韩方的认可。

三

9月7日，秋风送爽，是汪飞燕一行出发的日子。

上午，明媚的阳光洒在门诊大楼的墙上，熠熠生辉。医院领导在大楼门厅外面，为汪飞燕举行简短而隆重的欢送仪式。领导讲话热情洋溢，希望她不辱使命，圆满完成捐献任务，为中韩两国人民世代友好栽下友谊之花，并期待她早日凯旋。在同事们的关心与祝福声中，汪飞燕在县卫生局负责此项工作的王主任带领下，踏上了前往解放军空军总医院捐献造血干细胞的征程，一场紧张的跨国生命接力由此开始。她的丈夫张琳也一同奔赴北京，全程陪伴在妻子身边，给她全方位的支持，做她最坚强的后盾。他们从繁昌出发，两个小时后到达南京禄口机场，旋即乘飞机飞往北京。

　　下午三点，汪飞燕赶到了空军总医院。医院工作人员查看了相关文件，核实身份，然后将她带到一幢僻静的楼房，安排了一个套间，简单叮嘱几句，递给她一袋药品就走了。她好奇地打开药袋，发现里面装的是康泰克、白加黑之类感冒药，也就没多在意。安顿好后，她以一个护士的视角观察，感觉这里不像是治疗区，而像是康养中心。在医院工作了七八年，熟悉了每个角落，但县里条件毕竟有限，跟这里有云泥之别。隔壁住着老干部，没有医生查房，偶有护士及技师过来，给老人量量体温血压，做做保健按摩，非常轻松自在。

　　空军总医院位于西三环外侧，东临玉渊潭公园，在北京主城区范围内，环境非常好。北京是千年古都，从小学课本到各大媒体，多有北京的人文地理风景名胜介绍，经常激发起每一个中国人对首都的热爱与向往。汪飞燕也不例外，上初中时就怀有畅游北京的梦想，尤其是 2008 年，北京成功举办奥运会，更是吸引了全世界的目光。那首《北京欢迎你》主题曲，传遍了大街小巷。但她没有想到，自己第一次来北京，竟然肩负着特殊的使命。

　　晚饭后，王主任建议汪飞燕出去逛逛，欣赏欣赏北京夜景，放松一下心情。张琳觉得待在屋里有些沉闷，不利于身体调节，问她去哪里，是天安门广场，还是鸟巢水立方？她说那些地方太远了，就去附近的玉渊潭公园吧，感受一下京城气息就好。

　　9 月 8 日上午，汪飞燕按时起床，吃了早餐，像一个进入教室的学生，安静地等待上课的铃声。大约九点，医学专家带着护士进了房间，给她注射了一支干细胞动员剂。专家告诉她，人体外周血里造血干细胞很少，通过打动员剂使骨髓大量增殖造血干细胞，并将其输送到外周血里，以利于造血干细胞的分离采集。这是常规做法，不要担心。她点点头，面带微笑地望着大家，显得十分从容。

　　9 月 9 日上午，继续注射一支干细胞动员剂。

9月10日，医学专家加大剂量，早晚各注射了一支动员剂。

9月11日，汪飞燕感到肢体关节疼痛，出现了发热疲劳，水土不服，类似感冒的症状。她突然想起入院第一天，工作人员给她的那袋感冒药，当时觉得奇怪，现在明白了。细心的张琳察觉到了妻子的脸色有点苍白，问她哪里不舒服？她知道丈夫心疼和担心自己，尽管关节疼痛，却忍受着身体里的不适，故作平静地说："没事，这是正常的注射动员剂的反应，跟感冒差不多，我能克服。"

这几天，检查、打针、抽血，汪飞燕眉头都不皱一下，既是显示自己的坚强，也是让同行的领导和爱人放心。为了增加血容量，她拼命喝水，频繁地上洗手间。医者仁心。平常从事护理工作，在急诊科忙忙碌碌，救死扶伤是她的职责。捐献造血干细胞是另一种形式的救死扶伤，她深知自己肩负的使命，一定要为那位素不相识、接受捐献的异国他乡白血病患者尽自己最大的努力。

四

9月12日下午两点，汪飞燕进入了造血干细胞采集室，捐献正式开始。

汪飞燕静静地躺在病床上，等候着针管扎进自己的身体。采集室窗明几净，比自己工作的急诊科亮堂多了，也没有一般的嘈杂声。这里特别的安静，除了医护人员的走动，没有无关人员的打搅。自从工作以来，她给病人打针，挂点滴，已经数以万计了，可以说熟悉得不能再熟悉。今天，她既是来捐献造血干细胞，也是一种特殊的体验，体验北京护士的扎针作业。

护士过来了，手里拿着的针头特别大，比汪飞燕平常使用的针头大了许多，心里不由一颤，仿佛即将接受一次巨大的挑战。她身体瘦弱，血管较细，以前每次抽血，护士都格外小心。空总医院的护士也是这样，反复察看她的手臂，皱着眉头，像是自言自语地说，静脉有点细啊。她扑哧一笑，说，你大胆扎吧，我也是一名护士，没事儿。

听她如此说，护士不再犹豫，径直将那根令人生畏的针头扎向她的左手臂，过了好几秒钟，一股鲜红的鲜血缓缓流出。固定好导管位置后，护士又将另一根粗大的针头扎到她的右臂上，很快血液缓缓流向管中。就这样，汪飞燕的左右胳膊上各插着一只粗大的针头，构成一个U形图案，组建成内循环系统。她望着自己的血液在闭路管里流进流出，神情自若，觉得自己有点像金庸笔下的老顽童周伯通，在病房里练习左右互搏之术。医护人员很贴心，每隔一段时间就过来询问她的感受，她总是笑盈盈地回答："没事，我感觉良好。"

可能是血液黏稠的原因，汪飞燕的血液采集分离速度缓慢，而且不够顺利。没多久，她感觉左管血液几乎不流动，就按了下响铃。护士赶紧过来查看，发现针口堵塞，只能拔下重来。她用鼓励的眼神望着护士，看着对方熟练的动作，想起自己在急诊科给病人打点滴，中途换针头的情况并不鲜见，心里十分坦然。护士也很有经验，重新选个位置，将粗大针头再次扎进了左臂，继续采集。

然而又没过多久，右臂上的针头也跟着罢工了。她有些诧异，自己的血液为什么总爱跟针头过不去呢？这样反复更换了四五次，到晚上8点，累计完成了191毫升造血干细胞混悬液的采集。考虑到身体的承受力，医学专家适时中断了采集工作，让汪飞燕充分休息，明天再来。

汪飞燕回到房间，身体比较疲惫，伴有头晕犯困的症状，连正在热播的电视连续剧也没心思看。张琳望着妻子手臂上针眼留下的一块块淤青，十分心疼，恨不能让护士将针头扎到自己的身上。他轻声地问她，身体感觉怎么样，是不是很难受？她说没什么，只是有点累，休息一晚就好了。

9月13日上午8点，汪飞燕第二次走进采集室，再次进行造血干细胞提取。随着细胞分离机的转动，她全身的血液又开始在分离机中循环，并被分离出造血干细胞。那粗大的针头与较细的血管依然不默契，不得不更换了几次。3个小时后，细胞分离机发出鸣响，提示干细胞已经收集足量。这一次，她又完成了60毫升造血干细胞混悬液的采集。护士拔下了她手臂上的针头，叮嘱她休息一会，随即把装有251毫升的造血干细胞混悬液的袋子捧在手上，摇匀并加入抗凝剂，之后在上面贴上标签，标签上写着捐献者的名字：汪飞燕。

这时，中华骨髓库国际协调员及陪同人员进入采集室，向汪飞燕敬献鲜花，并送上温馨的祝福。她捧着红色的康乃馨，眼里露出了胜利的微笑。这几天，她的身上一共扎了16针，双臂上都留下了一大块瘀青。大家过来与她拥抱，争着和她合影，纪念这个终生难忘的美好瞬间，记住这个坚强温柔的白衣天使！

国际协调员代表总库为汪飞燕颁发了荣誉证书。随后，韩方代表走进采集室，向她表示祝贺！中华骨髓库国际协调员与韩方代表进行了造血干细胞的交接，仪式简洁而庄重。韩方代表随即带着装有造血干细胞的冷藏箱离开医院，下午2点飞回韩国，极速挽救那位陌生的白血病患者的生命。

至此，捐献工作结束，汪飞燕成为全国第3719位造血干细胞捐赠者，也是安徽省涉外捐赠第一人！

五

终于完成任务了！

汪飞燕坐在房间里，长舒一口气。几个月来，她一直为此准备着，注意营养均衡，注意休息调理，注意适度运动，始终保持着昂扬的精神和愉快的心情，让自己处于最佳状态，这样才能保证捐献工作顺利进行。如今，大功告成，她要好好休息，好好放松一下。

美丽的北京，就在脚下。童年的梦想，一直在向她招手。她曾经那么渴望爬长城，逛故宫，看天安门广场升国旗。这些魂牵梦绕的地方如今就在眼前，仿佛抬脚就可以走到。王主任对她说，你想去哪儿，我们都陪你去看看，让你的心情如千年古都一样绚烂。

汪飞燕当然很想去看看，把童年的梦想变成现实，然而身体的疲倦，让她迈不开脚步，她只想休息，静静地躺着，回想这几天发生的一切，仿佛在梦中一样。生命是脆弱的，白血病非常可怕，患病比例高，绝大多数人闻之色变。然而人类发展的历史，一定意义上说是科学发展的历史，也是与疾病斗争的历史。在人类逐步攻克的疑难疾病中，白血病便是其中之一。由于药物和化疗效果往往不明显，造血干细胞移植（包括骨髓移植）已成为治疗白血病的重要手段。她为自己有机会捐献造血干细胞感到欣慰。

早晨，一缕阳光洒入房间，伴之而来的还有一阵清香。她觉得那是桂花的味道。张琳说不是，北京看不到桂花，哪来的桂花香呢？就算老家那边，桂花也要到中秋才开。说着说着，他突然明白了。再过几天不就是中秋节了吗？她一定是想家了。家里有生病的公公，有盼望她回家的女儿，她怎么能放得下呢？自从女儿出生，她是第一次离开她这么远，这么久！她决定先回家，把梦想留给将来，以后陪着女儿逛北京，游长城看升旗不香吗？

9月16日下午，汪飞燕风尘仆仆回到芜湖。市红十字会在市政府门前举行欢迎仪式，副市长胡锡萍代表市政府，对汪飞燕的善举及其家人表示亲切的慰问，她说："国有界，爱无疆，芜湖山美、水美、人美、心灵更美，汪飞燕就是其中的优秀代表。"大家争相和她合影留念，为北京之行画上了一个圆满的句号。

下午5点，汪飞燕终于回到阔别9天的家中，女儿甜甜扑到她怀里，诉说着对妈妈的思念。

六

由于汪飞燕是全省涉外捐献造血干细胞第一人，家乡的媒体也给予了足够的关注——

9月6日，《芜湖日报》头版以《芜湖女孩成全省首例造血干细胞援外捐献者》为题报道；

9月9日，《大江晚报》头版头条发布《一起祝福汪飞燕，让爱永远不孤单》图片新闻，要闻版以《爱，让汪飞燕如此美丽动人》为题跟踪报道；

9月17日，《芜湖日报》头版再以《爱心跨国界，"天使"平安归来》为题，详细报道了捐赠全过程；

同日，《大江晚报》又是头版头条发布《爱心成功移植，飞燕昨日回家》图片新闻，要闻版《汪飞燕"凯旋"说"自己很普通"》进行追踪报道……

面对记者的镜头，汪飞燕平静地说："我觉得自己很普通，和每一位中华骨髓库志愿者的心是一样的，配上了一定要救人，这是义不容辞的。祝愿韩国患者早日恢复健康！"

七

时代呼唤英雄，时代也创造英雄。

当汪飞燕捐献造血干细胞的事迹传遍大江南北，荣誉也接踵而至。这些年，汪飞燕先后获得2013年度芜湖人物、安徽"感动江淮"志愿服务优秀典型之"最美天使"、安徽省女职工"学比创争"活动先进人物、安徽好人、全国"五一劳动奖章"等荣誉。

往事回想，汪飞燕说她是幸运的，自己只是做了应该做的，却得到了很多意想不到的荣誉。在众多被病魔折磨绝望的患者中，那位韩国女子无疑是幸运的，因为一名素不相识的中国人的帮助，让她的生命得以延续。由于保密制度，她们彼此不知道名字，只能在太阳的光影下相逢，实现彼此心灵间的问候。

她是非常知足的，只讲奉献，不图回报。从北京回来后，她成了医院里的名人，院里提拔她当护士长，她婉言谢绝了，一如既往地工作在第一线，干最苦最累的活。两年后，她又添了个宝宝，长得非常健康可爱。她用事实证明，捐献造血干细胞对人体没有损害，大家都应该申请担任志愿者，放心大胆地捐献。生命无价，让爱心之火重新点燃患者的生命之光，才是人生最有意义的事情。

十年过去了，汪飞燕从年轻护士，成长为业务骨干；从最初的急诊科，转到儿科，又从儿科转到了皮肤科。一切听从领导安排，哪里需要去哪里，她从无怨言。这期间，繁昌撤县建区，城市大发展，旧貌换新颜。区医院变化也很大，对医务人员的要求越来越高。谈到她在医院里最难忘的时刻，她说那是许多年前的冬天，某铁矿发生坍塌事故，有7名矿工被埋在400米深的井下。她和同事们不分昼夜，在急诊科轮流守候了7个日夜，等待抢救从井下搜救出来的矿工。那些从鬼门关陆续扒拉出来的矿工啊，全身被黄泥巴包裹，犹如一枚枚巨大的黄泥蛋，让人心惊肉跳。她们噙着泪水，一边清洗矿工身上的泥巴，一边轻声安慰，让从死神身边逃回来的矿工恢复平静，及时接受治疗，转危为安。

我翻看先前的报道，发现一条她对记者提问是否担心捐献造血干细胞产生不良影响的回答："害怕还是有一点，毕竟是第一次尝试，但我没有想过放弃。想一想，正有人等着造血干细胞救命，想着患者和家人对我的期待，我觉得这些困难都不算什么，而且救死扶伤不就是我们医护人员的职责嘛！"

这回答真好！

俞民，原繁昌区作协主席，现供职于繁昌区人大。

释放生命的热度

——记"芜湖好人"周薛

徐世宝

从高空俯瞰长江南岸的繁昌大地，逶迤而下的黄山余脉与长江中下游平原交会于此。无数的溪流、湖泊，曲折迂回在丘陵和平川之间。其中的峨溪河穿城而过，由西向北蜿蜒注入漳河，最终汇入浩浩长江。奔流不息的河水，一路吐纳自然之精华，日夜滋润着广袤大地上的人间万物。

一

2008年5月12日14时28分，四川省汶川地区发生8.0级大地震。据权威专家认定，这是自中华人民共和国成立以来我国境内发生的破坏性最强、灾害损失最重、救灾难度最大的一次地震。

灾情在第一时间传遍了全国，周薛和所有人一样时刻牵挂着震区灾情。面对如此之烈的灾害程度，尤其是四川异常复杂的地形条件，救灾难度是前所未有的。很显然，当下灾区最亟需、最紧缺的，是救援方面的人力了。多一个人手，就多一份力量；多一份力量，废墟下的生命就会多一份希望。周薛从电视上看到蜷伏在废墟中的躯体和期盼的眼神，看到救援者在不分昼夜的抢险中疲惫不堪的身形，他心急如焚，恨不能马上赶到现场，哪怕多搬走一块碎砖、早挪开一根断木，废墟下的生命就多了一丝生还的可能，而这样的可能，往往就在分秒之间决定着一个生命的获救或消逝。周薛平生第一次感受到了"刻不容缓"的真切与急迫。正是这样的真切与急迫之感，成为他决定奔赴汶川、亲身参与救灾的直接动因。

周薛开始四处寻找去灾区的途径，但在当时的特殊情况下，灾区还不具备个人直接参与抢险救灾的条件。不过，周薛并没有放弃，他一面等待着，一面关注着相关机构的信息动态。5月18日下午3时许，"合肥论坛"发布了一条信息，对绝大多数人来说，在当时有关汶川救灾方面的海量信息中，这条信息平常得几可忽略，但周薛的眼睛却为之一亮。这些天来，他度过了一个又一个不眠之夜，从成千上万条有关汶川救灾的信息中，正是为了等待这一条信息的出现，真可谓"众里寻他千百度"。在经过最初几天的救援"黄金"期后，汶川救灾工作开始进入伤员医疗和生活安置阶段，当下灾区最缺乏的是医生、水电工、瓦工等专业技术人员。在"合肥论坛"发布这一信息的第一时间，周薛的名字出现在了招募志愿者的"医生"一档中。

周薛在入伍前，已经取得了医科中专学历，退伍后被分配到血防站工作，前前后后有了十几年的医疗系统学习、实践的历练。无论出于他个人愿望，还是基于灾区的需求，周薛自然是最恰当的人选之一了。14年前，周薛从医科中专学校毕业，本可直接分配到医疗部门工作，这在当时足可令人艳羡的了。但周薛却毅然选择了接受祖国的挑选，把自己的青春年华奉献给了边关国防。如果说周薛当年的选择，是一个青年人的血性使然，那么，14年后的周薛再次站出来接受挑选，就显然不是一次简单的人生重复了。步入中年的周薛，经过十多年的风雨磨砺，他的生命境界，已经进入到一个新的境地，其中的主体构成，就是对生命本体的关切与悲悯。这样的价值归向，恐怕无不来自一个共同的源头：出生于三代从医之家，自己又有着十几年的行医经历。它们一起积淀在血脉里的那份医者仁善之心，使周薛的视野始终离不开那些遭受摧折、处于弱势状态下的生命个体。

汶川大地震对无数生命造成的伤害，与周薛的这份情怀产生了强烈冲撞，将周薛推向人生的又一个特殊关口。换个角度来看，这是周薛体内积聚已久的特定的生命热度，向外部世界的释放。

5月19日，"合肥论坛"招募的志愿者人数达到规定的15人，周薛成为当时繁昌县唯一一个参加汶川救灾的人。经过投票选举，周薛担任临时成立的"安徽省爱心援助队"队长。这里需要说明的是，所有队员入川的一切费用完全由个人自理，后来正是由于个人资金用尽，周薛和队员们不得不遗憾而退。从5月21日进入汶川灾区，整整15天时间里，周薛带领的"安徽省爱心援助队"实际参加各项救灾时间，前后长达420个小时。在人生的漫长岁月中，这仅仅是一个瞬间，但这420个小时留给周薛的，却是一段铭心刻骨、永难忘却的峥嵘时光。

大灾之后，最重要的工作莫过于防止疫情的发生。当时灾情相对较重的绵阳市迎新乡，最紧迫的任务，是对其所有水源和生活区域进行消毒、杀菌。灾区指挥部把这项重任交给了"安徽省爱心援助队"，作为专业人士，周薛当然清楚震后防疫的紧迫性，一接到任务，他立即带领队员马不停蹄地赶往绵阳市迎新乡。由于地震造成灾区道路交通瘫痪，从绵阳市进入迎新乡完全要靠人力跋山涉水。他们到达绵阳时，天色已晚，此时，周薛和队员们单从双流机场一路过来，就辗转奔波了十多个小时，对大家来说，当下最需要的是就地休息一晚，等到天明再赶往迎新乡。但周薛深知，如果消毒被耽搁一晚的时间，灾区发生疫情的概率就会大大提高。不过，迎新乡距离绵阳市约50公里，要靠双脚连夜完成这段崎岖难行的山路，对每个队员的体能无疑是极大的挑战。而军人出身的周薛对执行任务的时间观念，比普通人更为敏感，要求也更为严格，在他的鼓励和带领下，全体队员在夜幕下以急行军方式向任务点奔赴。

十几年后，回忆起这一夜急行军的情景，周薛的胸腔里依然荡起当年的豪迈之情。"到了下半夜，所有人处于困乏难当之际，为了提振士气，我带头咏诵起毛泽东的《忆秦娥·娄山关》，先是我一个人，然后一个接着一个，最后大家一起高声咏诵起来。'西风烈，长空雁叫霜晨月。霜晨月，马蹄声碎，喇叭声咽。　雄关漫道真如铁，而今迈步从头越。从头越，苍山如海，残阳似血。'"可以想象，如此激越、高亢的咏诵，在震后的荒凉夜空下回荡，那样的诗境，激起的将是怎样的悲壮、雄迈之气。正是凭着这征服雄关险阻的诗意激情，支撑着15位勇士背负重任，身披冷月，脚踏晨霜，攀援行进在万山丛中，最终迎来了迎新乡第一缕晨光。由于周薛他们赶在最佳时间点里，对散落在全境的5000多口饮用水井和所有居住区及时实施了消毒、杀菌，从而保证了迎新乡未发生一起震后疫情。

在灾区的15个日日夜夜里，这一夜的超出常人的极端体验，对周薛他们来说只是一个序幕，只是后来许许多多的难以想象的挑战的开始。其中最大的挑战，是持续不断的余震带来的危险度。

由于山体崩塌造成道路完全阻塞，什邡市受灾最严重的红白镇一直得不到援助，水和食物的缺乏，已经对灾民的生命构成直接威胁，当务之急，是要将这些物资尽快运送进去。抢险指挥部又一次将重任交给了"安徽省爱心援助队"，一接到任务，队员们都争着要去。作为队长，周薛深知这次任务的艰巨性和危险性——每个人要背负40公斤的水和食品，徒步穿越60多公里的崎岖山路，沿途要冒着随时发生的余震和山体滑坡的危险，这需要挑选出综合素质最好的队员。周薛带着队员在操场上以体能测试来确定人选，10圈下来，跑在最前面的6名队员自然当选。但尽管是挑选出来的，对体能的挑战依然超出了每个人的承受极限。更可怕的是，持续不断的余震会带来石头随时从头顶上方滚落下来。周薛带头走在前面，他边走边仰着头，时刻观察上方的动静，随时提醒和引导身后的队员及时躲避。周薛不仅要保护好队员的生命安全，还要确保每个人不能受伤。事实上，在荒无人烟的群山腹地，一旦受伤，不仅任务无法完成，就连伤者也无法得到施救，这样的结果是无法想象的。临行前，周薛已经做了最坏的打算：万一我受了伤，大家不要管我，首先要确保把水和食物送进去。我们是代表安徽来的，完不成任务不光对不起翘首企盼的灾民，也给家乡人民的脸上抹了黑。

在周薛由繁昌赴合肥机场的途中，他曾接到一个境外电话，原来是一位旅居海外的芜湖籍女士，从网上看到周薛带领"安徽省爱心援助队"自费去汶川抗灾的信息，她深为家乡人的义举所感动，便想为援助队提供帮助、为灾区尽一份爱心。这位女士的行为启发了周薛：除了自己亲身参与，还可以积聚更多的力量为灾区提供更大的帮助。于是他以"安徽省爱心援助队"的名义，开通了募捐途径，很快，一位国外友人给他们寄来15个每个价值5000元的医疗急救箱，江苏一家医院寄来价值15万元的医疗设备，还有一位爱心人士寄来了9顶帐篷……这些当时灾区最亟需、最紧缺的物资让周薛如获至宝，他立即着手在灾情严重的什邡市洛水镇，建起了一座临时医疗救护站。由于地震造成大量人员受伤，稀缺的医疗资源只能覆盖到重伤者，轻伤人员的治疗主要依靠类似周薛建立的医疗救护站。"安徽省爱心援助队"

的 15 名队员中，包括周薛在内共有 7 人是医生，尽管他们 24 小时不间断服务，但面对每天 300 多人的患者，人手依然显得捉襟见肘。附近的一个乡卫生院院长得知这一情形，主动加入到周薛的队伍中。有次外出巡诊，经过一幢垮塌的楼房，院长告诉周薛，这就是他的家，家里有多人遇难了。震后他一直在组织力量救治伤员，现在又自发加入到周薛的医疗救护站，始终无暇顾及家里的幸存者。周薛劝他顺便看望一下家里人，他平静地摇摇手说，你们从安徽大老远过来帮助我们救灾，我们更没有理由只顾及自己的小家。

这些亲身经历和感受，让周薛对爱的认识和理解不断丰富、成熟起来：个人的力量是有限的，但爱具有穿透和扩散的魅力，可以唤起更多的人汇聚起巨大的能量，形成奔流不息、泽被众生的暖流。

2010 年，周薛发起组建了以"助学、助残、敬老"为宗旨的"繁昌县阳光爱心志愿者协会"。如果之前他只是一径细流，绕越山涧、穿过丛林，一路吸纳着夜露、晨霜，融合着山泉、溪水，现在终于汇成了一条河流，一条由众多的生命体温聚合的爱的暖流，流经所至，一路释放着炽烈的生命热度。

二

在汶川灾区的每一天里，最让周薛揪心的，是那些上不了学的孩子们。"学业是最不能耽搁的事，孩子是灾后重建的未来希望！"在什邡市一所小学的操场上，周薛用他们募捐来的帐篷，临时搭建了一所能容纳 150 名学生的"爱心学校"。可除了帐篷什么也没有，书本和桌椅都埋在随时可能倒塌的楼房里，现在唯一的办法，就是冒险冲进去抢些学习用品出来。周薛带着几名身手敏捷的队员，事先约定每趟不管拿到多少物品，一数到 10 秒就迅速撤出来。他们每次冲进危楼时，现场老师和孩子们的心都提到了嗓子眼上，当他们最后一次从楼房里冲出来的瞬间，摇摇欲坠的楼房在余震中轰然垮塌了。当在场的所有人从惊悸中缓过神来，操场上顿时响起经久不息的掌声和欢呼声。"六一"国际儿童节那天，周薛和队员们为"爱心学校"的孩子们买来60多只塞满了玩具、文具和糖果的书包，并捐赠了他们自己使用的衣物、用品。陪着那些失去亲人的孩子们，度过了一个不寻常的节日。在当时留下的一张珍贵照片中，周薛和队员同孩子们簇拥在一起，一双双大手牵着一双双小手，他们一起合唱着《明天会更好》。在惨绝人寰的灾难面前，这片刻的欢乐，在痛失亲人的孩子们心灵中，是多么的弥足珍贵。以至面对当时记者的采访，孩子们说出的一个最大心愿，就是希望志愿者的叔叔阿姨永远不要离开他们……目睹了无数的死亡和悲痛，经历了许多难以承受的困苦艰险，坚强的周薛从来没有流过一滴泪。可面对孩子们倾吐的真挚而感人的心愿，这条硬汉终于止不住热泪纵横。

或许是这感人至深的一刻，定格在了周薛的心中，时时触动着他内心最柔软的部位，使他后来把自己更多的爱，集中投射到那些贫困、留守的孩子们身上。从此，他深情的目光，再也没有离开过这些需要帮助的孩子们。

2011年12月，周薛在网上看到云南省玉溪市华宁县团委发出的请求资助当地贫困儿童的信息，他立即组织协会向社会发起募捐活动，短短几天里，协会就募集到儿童棉衣5000多件、棉鞋1000多双，包括多方募集的捐款在内，总价值40多万元。当时正值隆冬，对那些在寒风中瑟瑟难耐的孩子们，这些棉衣、棉鞋，正无异于雪中送炭。当时的物流业兴起不久，走物流配送显然耗时费日，为了早点让这些孩子穿上棉衣、棉鞋，周薛带领7名会员驱车日夜兼程4000多公里，亲手将这些物品和捐款送到贫困儿童手中。2011年12月18日，

《人民日报》头版刊登了此次公益活动的图片新闻。图片上的孩子们穿上棉衣、棉鞋，露出灿烂如春的笑容，这些温暖的笑容，犹如一抹春风掠过周薛的心头，这和他当年听到帐篷里琅琅的读书声、"六一"国际儿童节的操场上欢快的歌声一样，让他心安，令他快乐。这样的歌声、这样的笑容，更使周薛在他身处的这条小河中，日夜不停地向前奔流！

周薛从创办"繁昌县阳光爱心志愿者协会"，到后来发起成立的"凡心公益"组织，前后十几年时间里，他和他的团队将募集到的100多万元资金，对500多名品学兼优的贫困学子及其家庭进行资助。

除了资助贫困学子，周薛和他的"凡心公益"一直倾心于那些缺少爱、更需要温暖的农村留守儿童。他们通过推行'六一'国际儿童节，绿色公益行"活动，连续5年慰问农村留守儿童，其中投入资金10多万元，为这些孩子购买衣服、文具、书包等物品。在繁昌开展的"春蕾计划——梦想未来"公益活动中，周薛的"凡心公益"为该活动募捐筹款5万元及相关物品。仅周薛个人一次捐款3万元，用于资助孙村镇春蕾班的30名贫困女童。这些从中受益的孩子们，将来未必都能成为栋梁之材，他们甚至也不必时刻心怀感恩，但他们沐浴了人间的善行爱意，每个人的内心一定会有一片温润、柔软的湿地，这是他们在未来能善待他人、友爱社会的最重要的源头，更是周薛和"凡心公益"念兹在兹之处。

不知是一种巧合，还是上天的有意为之，周薛的生日恰好是6月1日。仅仅从这一点上，我们或许不难打开周薛对承载着特定意义的"六一"所持有的一份特殊情结的"心码"。沿着这一心灵通道，我们也就不难理解，为了让什邡市一所小学的儿童早日恢复上学，周薛为何冒着生命危险，冲进随时被余震震塌的危楼中，抢出珍贵的学习用品；我们同样不难理解，面对那些在寒风中衣单身薄的贫困儿童，周薛为何不辞辛劳、日夜兼程4000多公里，为千里之外、素不相识的孩子们，送来一份份温暖如春的人间至情；在震后的第一个"六一"国际儿童节，当那些失去亲人的孩子们唱着《明天会更好》、向为他们抚慰悲伤、带来欢乐的志愿者们表达着依依不舍之情，这让我们更容易理解，此刻的周薛为何感慨动容、泪流满面。

当然，如果仅仅局限在这一点上，我们就无法触摸到流淌在周薛胸襟情怀里的全部的温情，自然也感知不到蕴藏在他体内的所有的生命热度。

三

2010年8月16日，芜湖县一位身患疾病的孕妇鼻腔流血不止，急需输入AB型的血小板，但由于芜湖市中心血站的血库没有AB型血小板，孕妇本人和她体内的小生命危在旦夕。情急之下，病人家属通过芜湖新闻网向社会发出了"救救怀孕母亲"的紧急求助帖。周薛看到求助帖，迅速招来爱心协会里另外2名同是AB型血小板的会员，连夜赶到芜湖市中心血站。经过严格的体验筛选，结果只有周薛符合捐赠条件，其中一项条件，是捐赠者之前要有多次献血的经历。周薛自参加工作以来，坚持每年献血达20多年，他体内的鲜血连同渗透在血液里的殷殷柔情，早已溶浸在无数人的生命里。此刻，周薛将又一次以自己汩汩流淌的爱意，来挽回两个垂危的生命。不过，捐赠血小板与平常的献血有许多本质的不同，前者容易导致捐赠者身体严重缺血，从而引发血栓性疾病。另外，提取血小板的过程，存在较高的病毒感染风险。所以，非特殊情况下，医生一般对捐赠血小板持谨慎态度。本身作为医生的周薛，内心自然清楚自己所面临的不可知的风险代价。但同样基于一个医生的角度，周薛更清楚自己的选择，对两个命悬一线的生命，将意味着怎样的结果。事实上，周薛当时所面对的，绝不仅仅是一个医者的职责，两个徘徊在生死之间的生命，已成为他唯一的、超越一切之上的选择。3个多小时后，离心机从他的血液中提取了2个单位的血小板。殷红的鲜血，一滴一滴地流进了孕妇的体内，两个被死神苦苦纠缠了一夜的生命，终于随着窗外和煦的晨曦，一起重返到这个明媚、灿烂的世界。

这些年来，周薛献血的总量达3000多毫升，几乎接近一个成人的全部血量。他用自己的鲜血挽回的生命，何止是孕妇和她体内的小生命。当陌生的生命亟须救助时，他总能在第一时间挺身而出、施以援手。可当自己的老父亲在最后的弥留之际，作为儿子，他甚至无法赶来陪伴老人家走完最后的行程。

2020年春节前夕，繁昌因疫情严重，致使全境封城。处于停摆状态下的特殊时期，需要大量的志愿者站出来配合防疫、为居民提供基本的生活保障。周薛主动请缨，成为全区第一批抗疫志愿者。当时他已调入应急管理局担任办公室主任，白天要处理大量的工作事务，周薛就利用晚上和双休时间，参加卡点值班、为小区出入人员测量体温、配送生活物资。就在这个节骨眼上，他的老父亲突发疾病住进了六安市人民医院重症监护室。这些年里，周薛忙于自己的工作，奔波在公益的路上，占去了不少他尽孝的时间。老父亲是个传统型的知识分子，一直秉持"自古忠孝难两全，男儿当以国为重"的儒家理念，他经常嘱咐儿子说，我住在六安，你从繁昌来回一趟太费时间，你妹妹在身旁照顾我，你安安心心做好自己的事，就是对我最好的尽孝了。在这个意义上，老父亲的开明、通达，他的理解和支持，便成了周薛在公益的路上渐行渐远的一叶风帆。

2月5日中午，周薛在配送物资的路上接到老父亲病危的消息，他突然第一次意识到，一直助推着他前行的那叶风帆，已经不堪雨打风吹了。这一路的航程上,周薛甚至还没来得及去回望、去仰视默默守在他身后的那一叶风帆,这一刻,这叶风帆却已在急速垂落下沉了。周薛的心一阵阵酸痛:平常陪伴老父亲的时间就少,现在无论如何也要陪老人家走完最后一程。当时,防疫处于最严峻的初始阶段,对人员流动实行静态管理,即便属于周薛这类特殊情况,也需要层层报备和严格审批,耗费许多时日。况且当时医院的管控更为严格,周薛要等走完全部流程,差不多要一个月的时间才能见到老父亲。也许,垂危之际的老父亲,根本撑不到儿子走完这些流程了。

周薛心急如焚,却又束手无策。还有一件事让他同样放不下的,是他负责的春谷山庄小区防疫任务,当时周薛招募了20多名志愿者,他们除24小时轮流在小区门口值班外,每天还要为一千多名居民配送生活物资,另外要为58名居家隔离人员上门测量体温。由于任务繁重、人手紧缺,周薛既要当好领头羊、又要充当排头兵,如果此时抽身去陪老父亲,且不算上在六安的时间,光是回到繁昌后,还要接受14天的隔离。周薛不敢想象自己留下的空白,会对春谷山庄小区防疫工作带来怎样的影响。两难之间,周薛必须做出痛苦的割舍,权衡再三之下,周薛忍痛将陪护老父亲的事,托付给了身在六安的妹妹。他计划着等疫情稍有缓解,自己再去陪伴老父亲。但周薛万万没料到,2月24日,支撑了19天的老父亲,最终没能见到儿子的最后一面。在28天的抗疫日子里,人们看不到周薛掩饰在口罩和防护服内的神情,甚至多数人不知道,每天奔忙在小巷、楼道的那个身影,在默默承受着多大的痛失慈父的伤悲。人们能看到的,是那个并不高大、满身疲惫的身影,一天也没离开过春谷山庄小区。那个身影的存在,让他们感到踏实和安心,因为有了他和他的志愿团队的守护,小区里的一千多名居民,在疫情期间得以安然无恙。

当人们终于熬过那个至暗的冬天,走出家门,欢呼相庆之时,周薛静静来到父亲的墓前，此刻，他知道父亲最想看到的，不是自己的自责、悲伤。老人家虽然没能挨过阴冷、灰暗的日子，但春天还是蹒跚降临到了广大的人间。周薛看到父亲的坟头前，有几朵蓝色、紫色的野花在风中摇曳。山脚下的田野，麦苗吐青，油菜染黄。远处的村庄，鸡鸣犬吠，炊烟袅袅。周薛深信父亲一定能看到，他所熟悉的烟火之气，重又回到了人间。还有什么比之更能让父亲瞑目安息的吗？身为他的儿子，还有什么比之更能告慰父亲的在天之灵吗？作为一名抗疫志愿者，还有什么比之更值得他去珍视和守护的吗？作为一直行走在公益路上的人，还有什么比这样的烟火人间，更值得他为之眷恋、为之去释放自己全部的生命热度？

后　记

疫情过后，周薛被中共芜湖市委、市政府授予"全市新冠肺炎疫情防控工作先进个人"称号。在此之前，他先后被授予安徽省"我最感动的江淮志愿服务"优秀个人典型、"芜湖好人"、芜湖市"优秀共产党员"、芜湖市志愿者行动先进个人、芜湖市"十大平民英雄""芜湖优秀青年"、芜湖市"岗位学雷锋标兵"、芜湖市"最美志愿者"、芜湖市"最美退役军人""繁昌优秀青年"、繁昌县卫生系统"优秀共产党员"、繁昌县第一届"十大杰出志愿者"、"繁昌好人"、繁昌县"道德模范""繁昌区优秀党务工作者"等荣誉称号。

徐世宝，芜湖市作家协会会员。在国家及省市各类报刊发表诗歌、散文数百篇。散文《回望的眼神》曾获《散文选刊》二等奖。现供职于国家电网芜湖市繁昌区供电公司。

第四编 ◇ 孝老爱亲

爱的契约

——记"中国好人"顾忠霞

崔卫阳

2003年夏日的一天，繁昌医院妇产科走进来一位年轻妇女，她的脸上带着十分抑郁的神色。她叫顾忠霞，她的腹中又怀上了一个孩子，已经三四个月了，这本来是一个大喜事，她却上了手术台，做了人流手术。就在下手术台的那一刻，她失声痛哭起来，她认为自己是一个罪人，让一个本该享有生命权的孩子失去了生命，她的哭声中不停地自责，她说："孩子呀，不要怪我心狠呀，我要再生一个你，王胜必死……我这一辈子只能要一个孩子呀……"

顾忠霞所说的王胜是她的第一个孩子，也是唯一的一个孩子，这个孩子患了不能治愈的重度残疾，永远不能走路，这一年已经8岁。为了这个儿子，8年来她已耗尽了不知多少心血。为了能一心一意照顾好王胜，她决定这辈子不再生第二个孩子。

生了个脑瘫儿

顾忠霞是芜湖繁昌荻港人，是这个小镇的一个普通家庭妇女。1995年初，新婚不久的她第一次怀孕了，随着小生命在腹中一天天地成长，她的心中充满着要当妈妈的喜悦。

那年6月的一天，就在孩子被怀上六个月左右的时候，顾忠霞不慎摔了一跤，导致大出血，引发早产，8月10日，一个只有七个月的男孩提前降生了。孩子虽然早生，但经过医院保育室的医护，长得活泼可爱，一家人也甚是开心。然而到了八九个月的时候，他们感觉到了一些异常，孩子的双脚始终交叉不能自然分开，尤其是到了一周岁的时候，孩子依然一点不能站立，而正常的孩子大凡这时都能走路了。顾忠霞感到问题有些严重，和丈夫王爱民带着满腹的疑惑将孩子带到了上海市儿童医院。经过医院诊断，一下让夫妻俩惊出了一身冷汗。医生冷冰冰地告知，小孩是先天性小儿脑瘫。顾忠霞哭着问医生："那脑瘫能治疗吗？"医生再次冷冰冰地说："小儿脑瘫有多种，如果只是影响大脑发育的，还可以治疗，但你们这个小儿脑瘫是最严重的脑瘫，不仅影响大脑发育，还影响四肢发育，所以双腿永远不能站立。我明确地告诉你们，这个病目前是治不好的。"一听到这话，顾忠霞彻底崩溃，差点瘫倒在地上。半天，她搂住丈夫的胳膊痛苦地说："我们孩子的命怎么这么不好啊！"

孩子的名字叫王胜，当初他们之所以为孩子取此名，是希望孩子将来能够战胜一切困难，成为一个有出息的人，成为家庭的希望，然而孩子刚刚一周多的时候，就得到医生的这么一个结论，她俩一时仿佛陷入万丈深渊之中。

顾忠霞夫妻俩怀着重创的心情抱着孩子，悻悻地走出了医院，穿行在大上海的街市之中，他们失魂落魄，也不知如何回到了家中。

小儿脑瘫又称小儿大脑性瘫痪，俗称脑瘫，是指脑发育尚未成熟阶段，由于非进行性脑损伤所致的以姿势和运动功能障碍为主的综合征，是小儿时期常见的中枢神经障碍综合征，病变部位在脑，累及四肢，常伴有智力缺陷、癫痫、行为异常、精神障碍及视、听觉、语言障碍等症状。

王胜是早产儿脑瘫，情况就更加复杂，病情也更加严重，最突出的症状是不能站立。

为了孩子的站立

虽然上海给了冰冷的判决，但回到家中的顾忠霞一刻也不言放弃，她觉得自己给孩子带来生命，就有责任为他负责到底，她相信只要自己坚持，孩子就一定能站起来。顾忠霞高中文化，有一定的见解，从此四处打听关于脑瘫治疗的事和地方。终于她了解到芜湖市一家脑瘫康复中心可以治疗小儿脑瘫，心里特别高兴，立即将儿子送了过去，没想到经过一个多月的治疗，花去了大笔费用，果然如上海医生所说不见任何效果。

二岁三岁四岁，孩子一天天长大，别人家的同龄孩子早就满地跑了，而王胜却永远被抱在怀里，背在背上，扛在肩上，寸步也不能离。养护之苦不用说了，治疗无望才是他们最大的痛苦。正在顾忠霞无比绝望之时，有人又给她带来了一个消息，说河北石家庄的一家大医院可以治疗小儿脑瘫。可谓是病急乱投医，听到这个消息，顾忠霞无比振奋，她认为医学是发展的，几年前治不好的病，几年后或许就可以了，她发誓无论到天涯海角，只要哪里能治就一定要将儿子送到哪里。

　　这是1999年5月的一天，顾忠霞没有多少考虑，和丈夫一道抱着四五岁、二三十斤重的儿子辗转到南京火车站，赶上了去往石家庄的火车。繁昌与石家庄相隔几千里，心急的顾忠霞恨不能一步跨到医院，但拥挤的绿皮火车一站一停地低速行驶着。从没出过这么远门的顾忠霞心里一直十分紧张，她心里毕竟没有底，但她的心里又时时充满希望，仿佛石家庄将是她这个孩子命运的转折所在。

　　经过两天两夜的漫长煎熬，这一天下午，他们带着一身的疲劳，终于赶到了他们的目标点——石家庄市小儿脑瘫康复中心。然而当他们气喘吁吁地见到医生，经过一番检查后，得到的又是当头一棒，医生说："先把实话说给你们听，我们这里脑瘫儿一定程度康复的不少，但根据你们这孩子情况，康复的可能性很小，如果你们坚持要看，我们只能试试，但费用不知你们能不能承担得起。"

　　没想到充满无限期望的石家庄之行首先获得的是和上海几乎一样的结论。顾忠霞的一下从心头凉到了脚跟。半天她回过神来，急切地问："医生，我们是从安徽芜湖几千里路专程赶过来的，能不能帮我们想想办法，只要在你们这里能有一点点好转，哪怕能撑起身子几分钟我也对你们感激不尽。"医生见他们一脸的狼狈相，非常同情他们，就说："那好吧，我们尽最大努力。"

　　一听到医生同意治，顾忠霞就感觉找到了希望，立即对丈夫说："来之前我的工作已辞了，我们俩都拼在这里不上班不行，我们俩至少要保证一个人上班，这样才有收入，这样才能为儿子看病多增加一些费用。你回去上班，我在这里带孩子看病。"

　　顾忠霞在一家织袋厂上班，王爱民在荻港矶石厂打工，是一名挖机司机。两人工作勤奋，收入一般，本来能过着一种相对平静安逸的生活，但由于这几年花了不少钱，考虑到能够将儿子的病治下去，顾忠霞顾不上自己一个女人在外，直接要求丈夫回家，她一人给儿子看病。王爱民带着无奈，带着对妻子的不放心，回去了。

治疗的过程中，她一人背着个几十斤重的孩子爬楼、排队、做检查，年轻的身子压出了劳损，然而老天却并不开眼，一个月的治疗很快又过去了，孩子的病却依然无一点好转。这一天，医院的王院长亲自过来，关心地对她说："要是有希望的话，一个月也应该有希望了。针对这孩子来说，在医术上我们也尽力了。我不是赶你们，考虑到你的家庭经济情况，建议你放弃治疗，我们实在没有办法，也不想让你家再耗费钱财了。"

听到这话，顾忠霞完全绝望，但仍然表示还想坚持几天。为了减少费用，她常常一天只吃一次简餐，有时饿得人发昏。又一个多星期过去了，孩子仍然没有一点好转。这一天，一个病友告诉她，这里有一个孩子病情和王胜差不多，在这里做康复四五年了，一点好转都没有。这句话终于让顾忠霞彻底寒了心，她带着无限的失望和酸苦离开了一度给她带来希望的石家庄。

一次次失望摧残着顾忠霞的心，但一次次失望没有让她意志消沉。作为一个母亲，她只是觉得有义务、有责任为王胜尽一切可能医治，这是为自己的儿子，更是为一个本来应该享受正常人生活的人。回到家中的顾忠霞总是自责着，似乎隐隐感到孩子的这个病与自己的那一摔有关，这更驱使她要为这个孩子的命运负起责任来，她还是相信随着医学的发展，儿子肯定有希望。正是在这种期待中，不久，她又得到一个消息，说是南京的一个地方对治疗小儿脑瘫有成效。听到这个消息，她又铆足了精神。由于南京相比上海和石家庄路较近，她交代丈夫继续在家打工，她一人再次背起孩子上南京。这时的王胜已长成一米多高，几十斤重了，但她满不在乎，咬着牙，挤大巴、挤火车，一会儿背，一会儿抱，左转右折，也不知流了多少汗水，赶到了南京市，找到了南京市丁家桥小儿脑瘫康复中心。在这里，她又是楼上楼下，背着几十斤重的孩子，挂号，缴费，赶病室，吃尽了苦，坚持了十余天，最终的结果与前面无异。

再有信念的人在冰冷的现实面前也不得不低下头来，无望之中，她只能用照顾好儿子一生的决心来安慰自己。回到家的她整日不离儿子几步，她既是儿子的母亲，又是儿子的贴身保姆，喂饭、帮穿衣、帮上厕所、帮洗澡……

家里有这样的遭遇，要是换着别人，早就心灰意冷了，但顾忠霞却是一个意志力非常坚强的人，她对家人从没有过抱怨，对亲友没有一点奢求，而且还尽一切可能积极参加各项社会活动，特别是一些公益活动。这一天，顾忠霞因参加社区举办的一个义务除草劳动，时间稍稍拖长了一点，当她心急火燎地赶回家时，眼前的一幕瞬间让她泪如雨下。儿子正在地上用着双肘无比吃力地一寸一寸地向着厕所爬行着，他是要上厕所。当她走到他跟前时，他撑持不住，一下紧紧趴到了地上，头咯噔一下磕到了地上。顾忠霞的心碎了，她想，这样的儿子，这样的一幕，要是被外人看见，连一点人格一点尊严都没有了，更重要的是自己要是晚一步来，小便就会胀死的。此情此景，她的眼泪再次飞滚而出：老天呀，我一时都不能离啊！就在这一刻，她再次涌起要继续为儿子看病的信念，就在她到底相不相信医院的力量时，她又得到一个消息，说是繁昌中医院有一种针灸治疗法治好了一些脑瘫儿。一听到这个，顾忠霞没有丝毫犹豫，她认为针灸是一个新的治疗方法，决定要过去看看。有好心人看到顾忠霞为儿子看病已耗尽了钱财和精力，同情地对她说，上海、石家庄、南京那些大城市大医院都治不好，一个小小的繁昌中医院怎么可能治得好，你看看你，这些年都被折磨得不像个人了，这下就别再折腾了，花了冤枉钱，吃了冤枉苦。但顾忠霞不以为意，她觉得只要有可能我就去试一试，直到没有新的办法，否则永远没希望，至于苦吃得再多我是为了儿子，至于钱看得再冤枉，自己将来可以挣。

丈夫继续上自己的班，顾忠霞再次背着儿子坐着公交来到了繁昌中医院。当她来到医院一问情况时，她惊呆了，首先治疗需长达一年时间，其次是费用较高。顾忠霞一想自己的家境难以继续，但眼前的希望她又舍不得放弃。在矛盾之中，医生十分同情地对她说："这样吧，针灸重在扎针，我来教会你如何拔针，这样你就可以不住院，省下一笔费用。每天你将孩子带过来，我给他扎好，回去你自己拔。"由于繁昌到家只有40分钟公交的距离，顾忠霞一听非常激动："太好了，医生，太谢谢您了。"顾忠霞在这方面也特别灵活，她很快学会了拔针，这样一个早出晚归的治疗方案出来了。

虽然省了费用，但一年365天，每天早出晚归也是一个对常人来说难以想象的事。顾忠霞却一点不觉得，她每天骑着电动车将儿子扶上车，让儿子的双臂紧紧套住自己的颈子，将儿子带到汽车站台，前往医院。去时还好，回来是一个严峻的考验。根据这个治疗方案，王胜每天至少要在头部扎18根针，最多时要扎24根。这么多针扎在头上就像刺猬一般，上下车的整个路途中要高度警惕，一旦摔一下、碰一下，后果难以想象。顾忠霞每一步都是小心翼翼，上了公交车，她让几十斤重的儿子坐在自己瘦弱的大腿上，用自己的身体和双臂牢牢地防护着儿子的头不受一丁点儿触碰。晴天还算顺利，特别是大风雨雪天气，顾忠霞吃的苦受的难不计其数。一天，天下大雨，劳累过度满脸风霜的顾忠霞穿着雨衣，背着儿子上车时，一不小心，差点歪倒，重压在母亲身上的王胜突然懂事地哭了起来，咬着口齿不清的话说："妈妈，别看了，这病看不好的，就不看了，再这样下去会把你累死的。如果把你累死了，我就没有妈妈了。"顾忠霞听到这话，眼泪夺眶而下。一天天，一月月，这条公交线路上，人人都知这是来自荻港镇的一个脑瘫儿和一个无怨无悔永远默默伴随着的母亲。

　　在针灸治疗开始时，医生在王胜身上验出的血是黑色的，经过几个月的治疗，医生再次验出的血转红，这从医学上来说是希望的象征，这对顾忠霞来说也是一个难得的喜讯，然而，顾忠霞经过了长达一年风霜雨雪的付出，经过了一年的治疗，王胜还是没能站起来，也没取得一丁点儿能见得到的进展。顾忠霞不得不再一次放弃了针灸。

　　顾忠霞为了儿子吃的苦，丈夫王爱民看在眼里，记在心里。作为一个男人，他很想承担起背来抱去的差使，但从挣钱上来说，更需要他。这些年为孩子看病，不仅花光家里所有的钱，还借了一大批外债。他只得没日没夜地打工，甚至还干着兼职，力争增加一些收入。即便他如此劳累，但有限的收入相对大把大把的支出还是杯水车薪。

　　王胜不仅两腿不能站立，而且双脚一直交叉着，医学上这叫"剪刀腿"。在王胜一周岁的时候，顾忠霞曾带他到上海为他做手术，医生说，剪刀腿手术不是问题，但要等到长大些才能治疗。直到王胜11岁的这一年，她决定再到上海为孩子做双腿交叉分离手术。

　　这一个手术医疗费非常昂贵，需要四五万元。为了做好这个手术，顾忠霞再一次地借钱。亲朋好友能借的都借了，有的借了很多，有的借了两次、三次。到了医院，为了儿子这个有希望的剪刀腿手术能治疗得更好，顾忠霞咬着牙给主刀医生塞了2000元红包。让她高兴的是，这个手术很成功。就在手术结束的时候，主刀医生来到她的跟前，将她送去的红包原封不动地退了回来，亲切地对她说："当时我如果不把钱收下来，你们会以为我不会为你小孩尽心尽力手术的。你们一个普通工薪阶层，为了这样的小孩看病看了这么多年，我收了你们这钱，我的良心会永远不安的，作为医生，我把这个手术做成功了，这才是我最大的快乐。"

　　这个医生姓曲，说完就转身离开了。接过红包，顾忠霞感动得不知如何是好，她觉得世上有这么些好心人，我为自己的儿子看病又算得了什么呢？不到黄河心不死，正是这个又坚定了她继续要为儿子坚持到底的信心。快要出院前，她又找到了曲医生，问儿子的剪刀腿治好了后，能否再治疗站立。曲医生摇了摇头，坚定地说："著名大导演谢晋你知道吧，他的儿子也是脑瘫，情况也不比你儿子严重，他比你太有钱了，他到国外都治不了，你想想你还有再治下去的意义吗？回去，顺其自然吧，你们一个工薪阶层家庭，再不要盲目地去乱看乱花钱了，没意思，真的没意思。"

听了这话，顾忠霞没话可说了。

这一生只要一个孩子

养儿防老，这是中国人千百年来的一个传统思想，就在石家庄和芜湖中医院的治疗彻底失望的时候，顾忠霞近80岁的婆婆终于忍不住了，有一天对顾忠霞夫妻俩说："王胜这孩子的病没希望了，你们再生一个吧。"

关于这件事，顾忠霞想都没想过，对于婆婆的突然说起，她的心里有了一丝闪念，但很快过去了，因为她还是不相信王胜的病永远没希望，王胜永远站不起来。针对婆婆的劝说，她考虑到婆婆的感受，淡淡地回了一句："我现在一个王胜都照顾不过来，再添一个小二子，我三头六臂也忙不过来呀！"

婆婆继续坚持要一个，说："只要你生下来，我来带，小二子不让你烦一点点神。"

顾忠霞婉转回应说："我现在暂时不考虑这个，我相信王胜有希望，现在我还要把全部精力放到对他病的治疗上。"

2003年春，顾忠霞怀上了孕，婆婆听到了消息，心里非常高兴，以为自己这下有第二个孙子了，没想到顾忠霞却一点高兴不起来，决定要将孩子打掉。婆婆知道了非常不高兴,将夫妻俩数落了一顿:"人家是后面不能生了才不生,你们怀上了能生却不要,我不知道你们这是不是中了什么邪了,你们要是打掉,我就跟你们拼了老命,我也不活了。"

对于婆婆的态度,顾忠霞非常理解,但她还是没心情再要一个孩子。丈夫虽然也渴望再有一个,但他也尊重顾忠霞的意见。

在当时当地,像顾忠霞这样的情况,除非是不能生育了,能生的基本都毫不犹豫地生了第二胎,但唯独顾忠霞没有想过这样做。因此,一位街道干部听说顾忠霞怀孕了,也关切地劝她说:"像你这种情况,完全符合计划生育政策,完全可以再要一个。"一个朋友听说此事,同样对她说:"这要是换着别的家庭,后面早就添了第二个了。"

听了别人的真心相劝,顾忠霞心里虽然又有了一丝想生的闪念,但瞬间又过去了,她说:我何尝不想再有个健康活泼的孩子呢,实话说看到人家小孩能在外面打架闯祸我都羡慕,因为他们有着健康的双腿;看到人家妈妈能带着小孩自由地到外地玩我更加羡慕,因为他们的孩子有自由活动的双腿,但我不能生,不能添,你看王胜不比别的残疾孩子,就是个瞎子聋子跛子也还能有些自立,而王胜双脚完全不能站立,一步也移动不了,他爸爸要挣钱,我一个人全身心地照顾他都照顾不过来,如果我再生一个,两个孩子能照应过来吗?更重要的是王胜本来是个不幸的孩子,他是我生的,我有责任永远照顾好他,如果我添了一个健康的孩子,就会慢慢转移注意力,或许更喜欢后面的孩子了,这对王胜不公平,也对不起我的良心。"

这一年的8月,顾忠霞毅然决然地到计生服务所做了人流手术。

过了几年,又有好心人看到他们每天背着孩子的劳累,同情地劝她说:"照顾王胜,你们现在虽然还能咬牙背背,但你们也有老的时候，你们要从长远考虑，要从现实考虑，你们夫妻俩到了六七十岁、七八十岁的时候还怎么能背他呢，另外你们自己老了的时候也要有人照顾，谁来照顾你们呢？趁你们现在这个年龄还能生最好还是生一个，不管是男孩女孩，将来不仅你们，王胜也有个照应。"

面对朋友的一片好心，顾忠霞的心里一酸，但坚强的意志早已战胜了她心头的世俗：这一生命中注定自己只要一个孩子，自己的心中只有王胜，不管将来如何。

背儿上学

王胜患上了脑瘫，虽然四肢有障碍，说话比正常人要缓慢一点，但大脑思维和正常孩子没有多少区别，这也是顾忠霞的欣慰所在，正是因为这个，在王胜两三岁时，她便想将来让王胜和别的孩子一样上学，但她的这一美好愿望却让她一再失望。当王胜正式上小学一年级时已经12岁了，而正常的孩子上一年级是七八岁。

在王胜上一年级之前，也就是他四岁正值学校开学的时候，顾忠霞和所有的家长一样将王胜抱进了一家幼儿园报名上学，但学校一看王胜是这样的一个孩子，投来异样的目光，给她的答复是：这样的孩子在这里，一旦被碰了撞了，这个责任承担不起。

顾忠霞听了这话，虽然很愤怒，但也没再继续和园方强求下去了。她背着孩子悻悻地走开，一路上，泣不成声，更觉得愧对孩子。

过了一段时间，她背着孩子路过一个地方，遇到了一个认识的萧老师。萧老师看到顾忠霞在上学时段还将孩子抱在身上，便问："你孩子多大了，怎么到现在还不上学？"顾忠霞委屈地告诉了实情，萧老师一听非常吃惊，还有这样的事啊，人家不接收，我们接收，明天你就到我们学校来。萧老师能这么干脆地接纳自己的儿子，顾忠霞满怀激动，感到儿子能得到社会的承认。她顺利地将孩子送进这个幼儿园，这时王胜已经五六岁了。

然而令顾忠霞失望的是，王胜上了幼儿园不到一段时间，一次一个小孩飞跑过来，将他撞到桌角上，嘴唇破裂，到医院缝了五针。这一事件后，萧老师愧疚地要对顾忠霞进行赔偿，并十分歉意地对顾忠霞说："我们人手有限，我们实在没能力带好，过个一两年等他再大一点送来，我们一定接收。"顾忠霞听了这话，也十分理解，说："当初你能接纳我的孩子，我已经感激不尽了，到学校后又为我这样的孩子付出那么多，我怎么还能让你们赔偿呢？"

说完，她抱着孩子离开了，从此王胜就失学了。

时间一晃，王胜12岁了，他突然跟母亲提出上学读书，顾忠霞一听到他的这个要求，眼泪就在眼眶里转，她做梦都想把孩子送进学校，让孩子和别人家的孩子一样到学校学习，将来用知识来寻求改变命运。现在孩子既然主动提出了，那无论如何想尽一切办法也要满足他的愿望。

新学期开学了，顾忠霞在萧老师的帮助下，将儿子背到了荻港镇中心小学。本来顾忠霞满心疑虑，生怕学校不接收，但她到校后，没想到当时的校长二话没说就接收了，并且主动给他免去了相关的费用，这让顾忠霞再次感动得落泪——自己的儿子成了真正的小学生了，虽然此时读一年级的他已12岁，远远超过了正常的年龄。

12岁的王胜上学对顾忠霞来说是一个全新的考验，不仅是精神上的，更是体力上的。这个时候的王胜虽然看上去只有七八岁，但体重也近百斤了，再背着他上下学将是一个沉重的压力，但顾忠霞心底的精神一下被全部激发了出来——就是比登山难，我也要实现儿子读书的愿望。

学校离家只有几里路，小学低年级阶段，她要么背着要么用自行车解决王胜上学放学的问题;到了小学高年级和初中阶段,她完全力不从心,很难背得动了,只能借助电动车来回,但从家里出来,到学校后进入教室,都必须是她背上去。特别是到了初三年级,教室在四楼,22岁的王胜压在她的背上,就像一个装满石子的大麻袋压在她的背上,她往往根本撑不起腰来。

人家的孩子上到初中几乎不要接送的了,她的孩子不仅要接送,还不能离远,随时过来到教室背他上厕所。虽然学校针对王胜的特殊情况成立了学生互帮小组,在王胜紧急大小便时帮助抬进厕所,但一年365天的正常上厕所从来离不了顾忠霞那个柔弱而坚实的后背。有一次下大雪,路上很滑,电动车不能骑,累得身体状况很不佳的顾忠霞不得不背着儿子一步一步地往学校走,路上几次差点滑倒,王胜突然哭着说:"妈妈,你是我的'脚'!"到了学校,顾忠霞一阵阵眩晕,浑身无力,上楼时她抱也抱不动,背也背不动,差点将儿子弄倒在雪地之上。一念之下,她真的想放弃,不让他上学了。就在这时,有同学过来帮忙,她鼓起全部的力气,咬紧牙关,一手搂着王胜的身子,一手紧紧扶着栏杆,一个台阶一个台阶挨上了四楼。王胜被送进教室时,她却瘫坐在地上。外面的天气很冷,她的身上全是汗。

生命的自信

由于王胜的双手存在一定障碍,从他一出生,吃饭都要靠喂,为了他在一些方面能够尽量自立,顾忠霞每天给他做按摩,帮助他的手能自如起来。王胜十四五岁的时候,她鼓励他尽量自己吃饭;到了十六七岁,她正式让王胜自己吃饭。王胜也很懂事,他没有辜负母亲的期望,第一餐饭一共吃了半个多小时。第一餐饭吃完,顾忠霞激动得闪出了泪花,鼓励他说:"儿子,好样的,人生就是一场命运的考验,你一定要坚强，坚持就是胜利，胜利就是快乐。"从此之后，王胜都是自己吃饭了，虽然一餐饭要20分钟，但这是让顾忠霞激动的成就。

在鼓励他吃饭的同时，又鼓励他自己穿衣。十五六岁的一天，王胜在顾忠霞的帮助下正式开始穿衣了，冬天，虽然要穿半个小时，但在顾忠霞的眼里，儿子是世上最棒的儿子。

学会了穿衣，也开始学穿鞋。这一天，王胜足足花了30多分钟，慢慢穿好了衣服，然后开始穿鞋，当他勾下头系鞋带时，突然轰地一声倒到了地上。守在一旁的顾忠霞慌忙将他抱起时，一会儿他口吐白沫，四肢抽筋，牙齿直咬，不省人事。顾忠霞从没见过这种情况，一时慌了神。辛苦的丈夫早早出门在外打工去了，顾忠霞一个人在家，她想将儿子送到医院，但身边没有一个帮手，叫天天不应，叫地地不灵。她万分害怕出什么意外，情急之下，她凭着感觉用手指一次次地紧掐王胜的上唇，半天王胜才慢慢醒来，她紧张的心才慢慢平静下来。后经过打听，王胜的这一情况是一种脑瘫并发症，弯腰低头时容易引发。尽管如此，此后，除了穿鞋，所有的衣服都依然是王胜自己穿。

除了吃饭穿衣，顾忠霞在王胜三四岁的时候，逐音逐字地不厌其烦地教他说话，让他实现了开口说话。所有这些，无不耗尽了顾忠霞的心血。

在王胜刚刚到学校上学时，也有同学投来异样的目光，或指指点点。顾忠霞去接他的时候，他的情绪很低落。顾忠霞鼓励他说：人的命运不一样，你不要在乎别人用什么眼光看你，你就是你，妈妈永远坚守在你的身边，你一定要坚强。

为了让王胜鼓起信心，在王胜十几岁的时候，顾忠霞为他买来一台电脑，鼓励他通过电脑了解外面的世界。在电脑上，王胜一点不逊色正常的孩子，他从中寻找到了自信，寻找到了生命的色彩。

尾　声

29个年头的付出让50出头的顾忠霞经历了常人难有的经历，她用她的全部生命让另一个不幸的命运获得了新生，获得了应有的快乐，她丝毫不后悔，常说着一句话："29年了，不管哪一天，我一到家，只要看到他，我就特别快乐。"

2012年，顾忠霞荣幸地被评为"中国好人"，这个"好人"是来自一个非同寻常的伟大母爱，来自对生命的信仰和坚守，来自一个深沉的不离不弃的爱的契约！

崔卫阳，安徽省网络作协会员。著有《大爱》《初心》《大地之子》《东土人影》等，其中《初心》获安徽省第十五届精神文明建设"五个一工程"奖。另有作品在《文学报》《杂文报》等报刊发表。

世上只有妈妈好

——记"安徽好人"胡民香

吴黎明

坐在我面前的，不过是一个大男孩。腼腆、单纯，展颜轻笑，洁白的门齿微微露了一下，旋即便隐藏于略略的羞涩里。

如果不是事先的功课，我绝难想象，病痛已经伴随着他近30年了。如果不是稍显虚浮的有些黯灰的仿佛满月的脸，我不会确信，颇为阳光的他，仍要依靠药物来支撑着在人生的路上往前走。

他坐在我的对面，双臂搁在约60厘米宽的台板上。他的目光征询地望着我，等待着我来挑起话头。

说起母亲，他不由得激动起来，眼圈一下子便红了。

这是一面不可轻易揭开的帷布。生命里总有一些不可承受的东西，轻的或重的；不好掀起那一层纱，那实在是一层刚刚遮住创痛的痂！

我的心不由得一疼！顺着台板，我伸手按住他的显瘦的手，拍了拍，握了握。

孟磊儿。我在心里，轻唤了一声，生着深深浅浅的歉意。

有时候，我们无法回避，不得不进入到帷布的那一面去。这也是一种人生吗？这也是生活或生命的一种实相吗？

一

"没有我妈妈，我恐怕早就不在这个世上了。"

孟磊的情绪终于平复下来，用纸巾揾了揾双眼，对我赧然一笑，幽幽地说。

童蒙的记忆已经杳渺。孟磊只是依稀记得，6岁或是7岁，那时正上着幼儿园。

"忽然有一天，幼儿园老师领着我上厕所的时候，发现我的小便颜色不对，乳状混浊液，再仔细一望我的眼睛，眼泡也浮肿了。

"幼儿园老师把我的身体情况告诉了妈妈。妈妈得到讯息，马上背起我赶往医院。一检查，我得的是慢性肾炎。

"我那时小，什么都不晓得，哪里能意识到肾脏病的凶险。最不堪忍受的，是病痛的折磨之苦，是那些中药西药的难以下咽之苦，是各种注射针剂的刺肉之苦。

"镇上医院次数跑多了，妈妈带我出门，一转往医院方向，我心里就产生了强烈的抵触情绪，不愿往前走。

"妈妈想尽了办法，鼓励我，安慰我，哄着我拉着我。妈妈给我讲过很多小英雄的故事，说磊磊啊，人家死都不怕，你就打个针吃个药，这点勇气都没有了？我的磊磊是个勇敢的好孩子，这一点点困难当然不在话下。

"有时，正碰见背着书包去上学的学生，妈妈就会问我，磊磊，你想不想像他们一样跑啊蹦啊跳房子啊玩弹子打球啊？

"自从我得了肾炎以后，不能正常上学，体育课都是不上，待在教室里或是操场边上，一个人玩玩看看。看着同学们欢笑着打闹着，我心底里羡慕得不得了，总想冲过去加入他们；但我身子虚弱，体力大了，会心虚气短，大汗淋淋。

"妈妈这样一问，自然勾起我心里渴望体育课的馋劲。妈妈握了握我的小手，说磊啊，那你就要坚持打针吃药啊，只有打了针吃了药，你的病才会好得快。病好了，你就能到操场去打球了。

"整个小学6年和初中3年，一边跑医院，打针吃药，一边上学，我都不记得是怎么过来的了。那些年，为了我的病，妈妈放弃了镇水泥厂谋得的一份工作。她没有在我面前吭过一声，哪怕是一个脸色都没有给我甩过，总是满含笑意和慈爱地对着我。从隔壁邻居家门口走过，不止一回地听邻舍们说，我妈妈背着我不止一回地抹眼泪。

"病痛让人痛苦难耐，心里烦着，我不想再去上学。妈妈常常把我抱在怀里，抚摸着我的头发脸颊肩膀，说：'磊啊，你身子本来就弱，再不坚持学一点文化，将来怎么在社会上立足呢？'我做家庭作业的时候，妈妈多半坐在边上陪着我。偶尔抬起头来，总会碰上妈妈关切柔和的目光，说：'磊啊，怎么了？'

"得了肾炎以后，我睡眠不好，为了让我睡好，不惊扰我，妈妈让我单独睡，她自己挨着我的床边上搭一张折叠床，晚上搭，白天收。我的每一个轻微的动作，都逃不过妈妈的眼睛。咳嗽一声，或是打一个喷嚏，妈妈都会警醒地挨过来，用手背轻轻地贴一下我的额头，试试我发不发烧。妈妈既怕惊动我休息，又怕我感冒生病加重肾脏负担。见我没什么不正常的情况，妈妈又悄无声息地回到折叠床上去了。

"南京，合肥，芜湖……妈妈带着我跑过多少医院啊，都没有查出我肾炎的原因。南京军区总医院肾病研究所，那时刚刚开展肾穿刺术，也不能最终确诊我得病的原因。妈妈后来告诉我，我光是在江苏省中医院吃的中草药，堆起来，恐怕就有几个草堆了。

"带我跑医院的同时，妈妈到处打听治疗肾炎的方法，一听到哪里有办法，就带着我赶过去。有好心人告诉妈妈，某某用黄鳝血涂肚脐，治好了肾炎，妈妈马上到人家饭店去讨来黄鳝血，一遍一遍，小心翼翼地在我的肚脐上涂。至今我还记得，妈妈手里涂，嘴里念叨：磊啊，涂了黄鳝血，瘟神不敢贴，我磊磊就好好儿咯。

"不知道从哪里打听到的消息，说铜陵那边有一个民间医生，擅长瞧肾炎，据说尿蛋白三个"＋"的都被瞧好了。妈妈带着我赶到铜陵的时候，正碰到天下大雨，雨水到处横流，道路都被淹了。妈妈怕我接触冷水生病，把我扛在肩膀上，一步一步摸着往前走。突然，在我们前面的水上游过去一条蛇。妈妈自小就怕蛇和癫蛤蟆，忽然见到一条蛇从跟前游，心里一慌，脚下一滑，踩进了一个水凼里。水一下子漫到妈妈的肩膀，可妈妈仍稳稳地把我扛在肩上。天上是水，地上是水，天地一片昏暗，只有我和妈妈两个在水里歪歪倒倒。我被吓得放声大哭起来。妈妈也流泪了。但妈妈没有哭出来，忍住了眼泪，捏捏我的腿，说，磊磊不怕，有妈妈在呢，你就不会有事的。

"妈妈在手机上看到一个短信，介绍马鞍山有一个专治肾病的医生。带我跑过去，原来是一个江湖郎中，在一家小旅馆里租住卖药。妈妈心里晓得那医生没什么用，但既然来了，总得试试，说不定这药就用对了窍呢。那个郎中收了妈妈一千块的买药钱，等我们从马鞍山坐车到芜湖，回荻港的路费都没有了。幸亏跑芜湖到荻港的司机熟，让我们免费坐了车。那时候，我身上浮肿得怕人，医院已经告诉妈妈，我必须做透析，一千多块钱的药也就没有吃了。但妈妈并不后悔，她说为了我瞧病，没有什么应该不应该，都是应该的。

"肾炎陪伴着我，走过了10年时光。那年我已经17岁，读高中一年级。爸爸妈妈和我，还有亲戚朋友们，好像都对我的身体习以为常，觉得我的病总算是把住了。正当大家都庆幸我能顺利地上到高中。没想到，就在这一年，我的病却急转直下。记得那两天，身体已经有些不舒服，我也没有放在心上。一个同学过生日，我还过去热闹，回来一觉睡醒，两只眼睛肿得怕人，全身一点力气也没有了，小便解不出来，阵阵恶心，直想呕吐。爸爸妈妈慌了，马上带上我跑到南京。南京军区总医院一查，我的肾炎病已经转变为尿毒症，必须透析。那一刻，我如坠万丈冰窟，寒冷，黑暗，没有一点点光亮。妈妈走过来，握着我的手，说磊啊，再难的难关，妈妈都会陪在你的身边。

"我能听得出，妈妈的声音明显有些沙哑，显然妈妈是刚刚哭过了。但妈妈又不得不坚强，只有妈妈坚强了，才能带着我从绝望里走出来。"

二

身材颀长，线条分明，干练清爽。

这是孟家荻给我留下的第一印象。孟家荻，孟磊的爸爸。年已60的人了，除了岁月在脸上刻下不多的皱纹，平平的短发黑多白少，整个人看上去依然相当精干。

荻港镇综合文化站一楼，一个安宁的小间，窗明几净。或许是同龄人的关系，或许是我们性格都比较干脆的原因，在我的面前，孟家荻一下子便打开了话匣子。

"我跟我家人，1986年结的婚。我家人家住在新港大磕山。我们两家离得也不远，步行只要三四十分钟。也许是缘分吧。我们两家沾点亲，本来就相熟，我和我家人走到一起，并没有什么波折。"

老孟口口声声的"我家人"，也算是江边上的方言吧，是夫妻各自对对方的一种称呼。在这里，"家"一定要轻而短地读作"gā"，才会显出方言所特有的那种亲昵的意味。

"我们孟家，祖辈从江北移居到荻港来的，以开糕饼坊为生。五几年，公私合营，我们家的生意合营到了二轻。大伯家的儿子工作属于轻工机具厂，是在家里利用老房子开了个打铁铺子。那天一不小心，打铁铺子失火，连带我们住的老房子一把火烧掉了。从那以后，老房子的地基转给了轻工机具厂，我们一家老小只好在隔壁临时租房子住了下来，生活一时也陷入了重重困难之中。1969年，上面有号召，我们本来在街上也不好过，就全家一块下放到芦南的笔架方村。当时我7岁。我父亲一直能拿到13块钱一个月，对农业生产不内行。母亲是荻港街上人，姓叶，下放到乡里后，就学会了种田。我们兄弟姊妹7个，兄弟5个，我上面一个哥哥一个姐姐。1979年，我初中毕业，没有考上中专。这年秋天，分田到户，我家分到了田，我也就没有继续上学了。1980年，政策允许上调回城，我们一家回到了荻港街上。那时候，农业户口和非农业户区别不是一般的大，我们能重新成为街上人，真是鲤鱼又跳回龙门了。我和我哥在荻港运输公司板车队拉板车，母亲继续在方村种田，一家人日子不富裕，但也平平淡淡地能过。我在板车队干了5年，车队解体后，我又到镇石料矿干了15年。从镇石料矿出来，我先是开大雅机，后来买了辆奇瑞拉拉客。

"我家底子本来就薄。我们结婚后住在街上，什么都靠买。我家人把到街上来，户口只能在农村，没有商品粮供应。好在她娘家分田到户了，有田有地，有粮食，有山芋，时常挑过来接济我们。日子是苦了点，能吃上煎豆腐都是好的了。但那时社会上刚刚活泛开来，谁家的日子又格外好过些呢？

"我家人到街上后，先是经一个亲戚介绍，在苏村做了两年多代课老师，一个月36块钱。1989年，儿子孟磊出世。这时，我们已经在荷花塘边上盖起了属于我们的三间瓦屋，虽然欠了一些债，但我和我家人身强体壮，能做能累，一家人的日子也是过得红红火火。儿子的到来，让我们家平添了许多欢乐，也让我们夫妻看到了未来的希望。儿子出世就比较瘦弱，但小时候很好玩，聪明、活泼、可爱，从咿咿呀呀到会背诵唐诗，从刚晓得踏步到会走会跑，我是一点一滴看在眼里的。每天我一下班回到家，第一件事就是逗逗儿子玩。一到我下班的点，小东西总是在家门口迎着我，张开两只小膀子，喊着'爸''爸'，让我抱抱。我抱起儿子举过头顶，小东西好听的笑声就传满了家里家外。

"儿子出世后，我家人在水泥厂一边做临时工，一边带儿子。儿子上幼儿园了，我和我家人打算甩开膀子过生活。谁能想到啊？一天，幼儿园老师告诉我们，儿子身体大概有毛病。到荻港医院，经过毛医生一看，说小家伙得了肾炎，建议去大医院确诊。石料矿医疗室的矿医出热，陪我们到了南京军区总医院。一查，儿子果然是肾炎。

"民间习惯上，把肾脏叫做腰子。肾脏病，又被习惯地叫做腰子病。我自然知道这个病的厉害了。我见过腰子病的人，成年病病哈哈，拖着自己和一家人在绝望的路上苦挨。不承想，这可怕的病骤然闯进了我们这个三口之家，而且盯上了我儿子。更没有料到，这病像黑色的种子，落在了儿子小小的身子里，竟然扎下了根。

"望到人家小孩，背着个书包，蹦蹦跳跳，健健康康，我心里好酸，泪只能往肚里咽。"

三

"我家人跟我吃了好多苦！对我孟家付出太多了，不是她，我们一家早就散板子了。"

　　和孟家获的说话，我们没有事先设定主题。孟家获的家常絮语，说着说着总是离不开妻子胡民香。当今主干家庭的基本结构形态是三口之家，夫妻二人和一个孩子，仿佛三足鼎立，支撑着一个完整稳定的家，三足缺一，家既不完整，也会失去平衡，随时都可能散架。从孟家获的话语间，能深切地感到他的"我家人"胡民香在这个三口之家的重要性。

　　"我是个直性子，总是对我家人噎，但噎过了也就算了。心里晓得不能这样，但遇事又总是急。我家人性子慢，坦诚，属于老虎来了还要看看公母的那种人。遇到我急，她不急，总是笑模笑样对我，事后静下来想一想，我就觉得好抱愧。

　　"儿子得了肾脏病以后，我们家好像一条小船，陷在一眼望不到头的烂泥地里，没有光亮，没有方向。我心里好生不服，我们夫妻俩也没有做什么恶事，命运为什么对我们这么不公呢？一个小孩子，才出土的嫩笋子，凭什么就得这种病呢？走在街上，见到熟人，我都提不上打招呼的心气。

　　"心理压力只是一方面，经济上的困难也让我们家摇摇欲坠。儿子瞧病的花费本来就是一个海大的窟窿了。我家人带着儿子，跑医院，求单方，水泥厂的临时工也歇掉了，一家子只靠我在石料矿的那点工资来维持。以后，我在石料矿的事情也没有了，我家人跟我商量，干脆什么班都不上了，买辆大雅机开，人还自由一些，陪儿子看病随时可以起步就走。开大雅机接送客人空闲下来，我就到车站帮人家上上货，挣点钱贴补家用。

　　"我家人可算是为我们家操碎心了，岂止精打细算着过日子，恨不得一个钱两个用。就这样，我家人自己苦着，却从来没有让我跟儿子生活太苦。有时，我过意不去，说她，她反过来说你是家里的劳动力，儿子又小又身体不好，都不能太苦，我反正从小就苦惯了的。

"压力大了，我觉得命运对我们实在不公平，心里烦起来，风都挡事，时常发无名之火，有时做事回到家，疲劳得饭都不想吃，也不想说一句话。我家人劝慰我：'这个家是你我相互支撑着，我们哪个都不能垮下来。话说回来，我们苦是苦点，但我们不偷不抢，活得安心。过日子过日子，苦日子是过，甜日子也是过，过着过着也就过过来了。'

"在儿子瞧病上，我家人却从来没有惜过钱财，只要听到哪块有方子或医生，就会带儿子赶过去。那回两个人差点淹死在外面了，还是没有找到地方。我晓得情况后，就凶她听到风就是雨，要是在外面出了事如何是好。我家人心里本身就委屈得很，我一凶她，她心里的那道堤坝一下子就破了，搂着儿子伤心地哭起来。儿子也抱着他妈妈哭。我心里一时后悔起来，扶着我家人，也是双泪直流。我家人一见我跟儿子哭了，反而平静了，抹抹眼泪，默默地淘米洗菜去了。

儿子肾炎转化成尿毒症，从一周透析一次，发展到一周透析两次、三次。南京路远，我们从南京军区总院转到弋矶山医院做透析。那时没有合作医疗，更没有医保，高昂的医药费压得我们几乎透不过气来。还在儿子慢性肾炎的时候，就有好心人跟我们夫妻说，趁着你们现在还年轻，生个二胎。根据当时的计划生育政策，我们这种情况也确实可以生二胎。

"我和我家人儿女心都重。面对瘦巴巴的儿子，那两只巴巴望着我们的眼睛，我和我家人又哪里忍心生二胎。我们心里清楚，一生了二胎，我们的心就会分了，也就等于放弃了孟磊。我家人对我说，这事决不能做。既然孟磊有缘分做了我们的儿子，我们就要对他负责，再难再苦，我们都不能放弃。

"最艰难的时候，我们几乎走投无路。一天，我家人有些迟疑地跟我商量，说把房子卖了吧，不然这一关还真是过不去了。

"我们辛辛苦苦攒下的房子，是我们唯一的财产。房子卖了，我们到哪里去住呢。我家人说，天总不能把人绝到底，我们也不会在雨窠里过吧。

"我有些惊讶地盯着我家人，从她的眼神里我看得出来，她一定是想了好长时间了，下定了决心才跟我说起。

"我也不好再说什么。卖吧。反正都是为儿子，而且家里也实在没有什么东西可以变钱的了。房子卖了几千块钱，我们在一个亲戚暂时不住的屋里住了下来。

"那年冬天，记得雪下得好大。晚餐吃的是煎饼，对儿子胃口，我们也没有注意，儿子一口气吃多了，又喝了许多水。当晚，儿子的病就来了。送到镇医院，医生让赶紧转院。路上是厚厚的积雪，天地白茫茫一片。我们在雪窠里沿街找车。雪太大，又是夜里，没人敢上路跑车。好不容易找到车，冒着大雪，连夜挨到弋矶山医院，连夜给儿子做透析。

"我家人怕我烦，说儿子是个病人，毕竟也是个小人儿。那一宿，我家人守在儿子身旁，没有合一下眼。

"十多年前，儿子的肾已没有一点点功能，透析起不到什么作用了。南京军区总医院，弋矶山医院，都说只有换肾才能挽救儿子的生命。要换肾，不说肾源了，光是昂贵的医疗费，又从哪里来呢？我们家再没有什么油水可榨了。

"我家人劝我，车到山前自有路，我们多方想办法吧。磊儿跟了我们，我们就要对他负责，尽到我们的责任，不然我们会一辈子过不了这个坎的。

"医生跟我们说，如果是亲属提供肾源，不但费用小得多，手术的成功率也高得多。我和我家人带着儿子，在医院一做血液配型，结果我跟儿子是A型血，我家人是O型血。如果从血型来考虑，我的肾最适合做儿子的肾源了。有医生建议用我的肾。我家人问医生自己的肾怎么样，医生说当然也没有问题。

"得到医生肯定的答复，我家人决定把她自己的肾换给儿子。我家人跟我商量，说这事我已经想了好长了，你是家里的顶梁柱，我和磊儿的生活来源都指望你，你不能有任何闪失。我已经是一个家庭妇女了，多一个肾是闲着，少一个肾也没什么大的影响。再说，你要挣钱养家，又没有社保和医保，做手术一点保障都没有。

"我家人长期劳累，又吃不到什么好的，贫血，面黄肌瘦，连头发都掉得稀疏了。再让她受一刀，拿出一个肾来，我哪里忍心啊！话说回来，我们这个家，又哪里少得了我家人呢？

"说是商量，其实，我家人已经把一切都想好了。正在我们为医疗费想方设法的时候，我一个卖稻箩干子的姨夫，宣城人，来跟我们说安徽省立医院做肾移植，只要20万，比南京军区总院便宜得多。

"我和我家人求到省立医院。主刀医生刘洪涛考虑过后，决定把我家人的肾换给儿子，手术的日子定在2013年5月12日。那天早上，我家人比我还平静。我陪着她，在手术室门口，她什么话也没有说，只是紧紧地握了握我的手。望着轻轻关闭的门，我直想流泪。

"早上7点进的手术室，直到下午3点，我家人才被推出来。正常情况下，根本要不了这么长时间，点把钟不到就能出来了。那会子，连儿子都做完手术，从病房里出来了。我急得不行。护士过来告诉我，你爱人不要紧，只是身子太虚弱了。

"手术后，我家人一直惦记着儿子，刚刚能起来，就非让我扶着她去看看儿子。拗不过她，我只得搀着她，颤颤巍巍地来到儿子的跟前。望到儿子的脸色比手术前好多了，我家这才把一颗心放进了心里面。

"我家人手术后心口闷，在门诊看了看，就拖着虚弱的身子去照看儿子。儿子生病之后，睡眠不好，常常突然从睡眠里惊醒，像梦游一样，双眼紧闭，牙齿直锉得咯咯响。我家人在儿子床边的折叠床上从来就没有睡实过，每回儿子惊醒，我家人都会爬起来，轻轻地拍拍儿子的背，直到儿子安定下来重新睡稳，她才轻手轻脚地缩回到自己的折叠床上。

"换肾后，儿子还是时不时从梦里惊坐起来，牵扯得伤口流血，难以愈合，前后在医院住了一个多月，输了6袋子血浆。那些日子，我家人还没有完全恢复，就陪在儿子的病床边上了。夜里儿子惊起，让我家人在背上拍拍就安定下来了。

"我让我家人去休息，我家人不肯，说只有我懂磊儿的习性，磊儿对我也习惯了，别人陪他我还不放心哩。

"我知道，我家人说的是实情，但这也是我家人怕累着我，故意这样说给我听的。"

四

夜来的一场透雨，让江南的夏日拂过了丝丝凉意。趁着这份凉意，我独自驱车前往荻港。

这是一个周日。没有事先的预约，我再次走进安于一隅的荻港镇综合文化站。也许是一夜雨水洗润过的缘故，本来就整洁安宁的院落，显得更加悦目悦心了。大门右手边，保安室后的院墙下，长竹篙子上，晾着一竹篙子大大小小的夏衣。左前方，屋山头的水龙头下，一个人正在那里接水。我走过去，接水人刚好接满一桶水，回过头来，正是孟磊。见到是我，孟磊粲然一笑，拎起水桶，示意我跟他进阅览室。

阅览室里，窗明几净，盆栽上挂着细碎的水珠儿。显然，孟磊早晨的活计已经近了尾声。果然，孟磊问我泡不泡茶，我说我带了茶杯，我们便来到前些说话的小间相对而坐。

说是小间，不过是阅览室和藏书室之间的过道罢。过道往外的一侧阔出一米多，且向院子里开了一面大窗子，窗下横置着一张台板，隔着台板，对面搁着两把长条椅，这就让过道又成了一个小小的房间了。

台板靠近窗子的一头，放着一只鱼缸。鱼缸里，除了几条金鱼，鳌鲦、鲫鱼都是当地的土鱼，但他们在水草间自由自在地游来游去，平添了许多生命的情趣，竟然也自成一道风景了。

孟磊告诉我，鳌鲦和小鲫鱼，是人家钓来放养的，已经养了有好几年了，也长不大。说着，他拿起一个小瓶，用手指撮了一点鱼食投在鱼缸里。鱼食落在水面上，摇摇曳曳往水里沉下去。小鱼们发现有食了，摇头摆尾地游过来逐食。是在平安无忧的环境里待得长了吧，鱼儿们并不争抢，颇为优雅地啄着细小的鱼食。

因公因私，数度在荻港文化站逗留，我注意到这里的盆栽绿植很多。有些绿植并不贵重，甚至只是路边的一茎一藤，移到拳拳一握的小钵或小瓶里。然而，当你偶尔抬头，瞥见橱子或桌子的一角竟然无声地荫出了一蓬绿来。那一刻，我想你一定会怦然心动，你一定会生出小小的感动和喜悦。

鱼缸的后面，大约只有一米来长的窄窄的窗台上，一溜排放着6盆绿植。那些绿植，最长不过数寸，形态不一，色彩各异，质感不同，却无一例外地欣欣向荣。

孟磊说，站里的这些盆栽，有的是他买的，有的是站长拿过来的，有的是读者送来的。

我看到小间靠通道一侧的墙下有两盆比较大的盆栽，一盆叶儿阔大，一盆袅袅地抽出又细又长的绿茎儿。我是花盲，叫不上名字。孟磊告诉我，叶子大的那盆是龟背竹，细长的那盆叫天堂鸟，又叫鹤望南，现在还小，但可以长得老大。

我座位的斜对面，从过道门看过去，是藏书室。高高的书橱顶上，也放着一盆绿植。孟磊见我望过去，说那是一盆昙花，养了有3年了，今年才开花。站长说昙花开花难得一见，把花盆放到书橱顶上，可通过监控拍下开花的全过程。我们事后调出监控一看，只开了几个小时，真的是昙花一现呵。

说到文化站，说到站里众多的盆栽，孟磊的眼里闪烁着智慧的光泽，孟磊的脸上洋溢着充实的微笑。不难想象，这里无疑已经成为孟磊的精神憩园。

五

我和孟磊的说话，自然地便扯到了保安室后面晾着的那一竹篙子的夏衣。

孟磊说："妈妈早上天蒙蒙亮起来，赶到文化站这边来洗衣裳，6点钟衣裳洗好了去买菜，菜买回家一边烧早饭一边照看两个孙子起床……

"我这一路，都是妈妈搀扶着走过来的。"

孟磊说着说着，就陷入了对妈妈深深的感恩之中。

"开始肾透析之后，我学也上不成了。透析的都是大人，人家见到我，时不时的会问，这么点大就来透析啊？那时我已经知道一些情况，总觉得别人都用异样的眼光看我，既自卑，又对人生失去了信心。我整天宅在家里，郁郁寡欢，不愿见人，不愿说话，甚至连饭碗都懒得端。

"妈妈见我这样，说磊儿啊！爸爸妈妈不会放弃你，为了爸爸妈妈你也不能自暴自弃。再难的难关，爸爸妈妈都会陪着你去过的。

"妈妈不是一个柔弱的女子。她常说自己胆子大，女儿相，男人心。妈妈小时候喜欢读书，过年大人给的压岁钱，一毛两毛地攒着买笔买本子。有一回，家里人故意逗妈妈，把妈妈好不容易攒的几块压岁钱藏起来，并说用掉了，反正也不用上学去了。妈妈一听不让她读书了，情急之下爬到一棵大树上，说不让我读书我就跳下去。妈妈是家里的老小，一家人都把她捧在手心里。这下子可把大家吓得不轻。

"但那些日子，妈妈跟我说话，不止一次地眼睛红了，声音滞了。我又有什么理由和权利消沉下去呢？生这个病，已经让爸爸妈妈操碎了心，已经让爸爸妈妈做了所有应该做的甚至不应该做的事，我不能再无事无恼地给他们添麻烦了。

"妈妈十分关注电视上尿毒症病人的消息，一看到，马上把我喊过去看。一次，电视说一个外国人，换了肾之后，照打篮球，照参加社会活动。妈妈有些激动地喊我看，看完那个节目，我的心结更加打开了。我不是一个废人，我照样能参加社会活动，在社会上做一些力所能及的事。

"我十七岁开始在弋矶山医院做透析，记得跟我一道做透析的有七八个人，后来只剩下我一个人，其他人都或早或迟地走了。我的生命本来就是妈妈馈赠给我的。如今，妈妈又给了我第二次生命。

"做完换肾手术，我的身体终于平稳下来了。妈妈又急起来，想我老是在家里待着也不是个事，时间一长人还不变废掉了啊！必须走出去，见人，接触社会。可是我又不能负重，能做什么事呢？我妈妈去跟我们站长商议。我们站长兼做过镇上的文明创建工作，对我们家情况很清楚，我妈妈有什么事也喜欢找我们站长说。站长也觉得我长期待在家里不是个事，思来想去，问我愿不愿意来站里做文化志愿者，只是没什么报酬。这里离我家很近，是一个人来人往的小社会，又没有什么重活要做，闲下来还可以读读书看看报，对我来说，好处不是一点点，不久我就到文化站做了志愿者。后来，文化站一个同志调走了，站里人手不够，我由志愿者又被聘为了文化协管员。疫情期间，文化站关闭，社区核酸小屋招志愿者，我报了名。妈妈也很支持我。虽然有点累，但每天为社区居民服务，让我的心里有了小小的满足感。每天还有50元的补助，可以减轻爸爸妈妈的一点经济负担哩。

"我到镇文化站之后，妈妈就跟我说，磊儿啊，你在文化站做事，四周围都是文化，闲下来要读点书。站长也很赞成我学习，说学了总不是坏事，将来遇到机会就能用得上。于是，我参加了电大法律专科学习。在站里，遇到什么事，如果我正在看书，站长也不打扰我，总是自己去做。我不好意思，站长就会说，你把书看好比什么都好。

"你知道，我高中只读了一学期，以后就是长期地看病看病，基本再没有碰书本，肚子里的知识已经十分有限，现在读专科，一时困难老大。但妈妈和站长的鼓励，让我坚持了下来。两年半，每逢星期六、星期日，我都乘公交车赶到好几十里外的职教中心上课，风雨无阻，极少缺课。早上动身出门，妈妈总是千叮咛万嘱咐，让我注意安全注意休息注意饮食，好像我要出门多少天似的。晚上回家，妈妈总是守在桌子前，不管多晚，都要等我回来妈妈才端菜吃饭。我做作业的时候，妈妈总是像我小时候一样，坐在我的身边，有时做一点手边活，有时只是不声不响地坐在那里陪着我。

"我拿到法律大专文凭的时候，妈妈比我还要高兴。妈妈小心翼翼地摩挲着红彤彤的毕业证书，不停地念叨，磊儿出息了，我磊儿出息了。

"望着激动的妈妈，稀疏斑白的头发，起皱苍白的面容，我好想痛痛快快地大哭一场！

"我年龄长大了，妈妈又想为我成个家了。我是有顾虑的。妈妈却开导我，说磊儿啊，你现在也是一个正常的人了。这男大当婚女大当嫁，天经地义。再说，你在医院里见到那些没有成家的孤寡老人，没有家人，孤苦伶仃，要多可怜就有多可怜哩。在妈妈的撮合和张罗下，我终于成家了。2021年，我大女儿出世。亲戚朋友、街坊邻居都为我高兴，爸爸妈妈脸上总是挂着笑，我们家的日子好像又有了崭新的亮光。妈妈让我们站长给孩子取个名字。我们站长也没有推辞，说孟磊，孩子是春天生的，这是春天馈赠给你的最好礼物，孩子就叫语春吧，希望她长大了像春天的百灵鸟一样，把春天里最动人的歌唱给大家，把春天里最感人的故事说给大家。2022年，二女儿出世，名叫希文，我们希望她将来做个有文化有知识的人。

"家里添了几口人，我妈妈的压力一下子增大了。她不能上街去卖菜，只能一门心思料理7口人的生活。凤凰矶山脚下的大王庙那块，有一些荒地和废弃没用的旧房子。妈妈知道后，就过去把那些荒地开了出来，种上蔬菜，又把几间旧房子归整归整，养上了一群鸡鸭。后来，荒地和旧房子让政府收回去开发利用了，妈妈就在一个熟人不用的旧房子里继续养鸡养鸭，在我们馆的墙边上种了一些蔬菜。"

孟磊说着，指了指窗子的外面，说，就在那边院墙下。跟着孟磊的手指，远远的院子那边，顺了院墙，树荫下，笼着一溜绿意葱茏的花圃，却不能看见有什么蔬菜。随了孟磊，走近一看，花圃中的极小的一块地儿，种着山芋、南瓜和辣椒。照不到什么阳光，辣椒就有点瘦巴巴的，少花，也没有结什么果子；而山芋藤子和南瓜藤子，似乎泼皮得很，只要有一块土，就会蔓延得蓬蓬勃勃。

孟磊告诉我，说他家人是岭南那边的，南瓜藤子，山芋爪子，辣椒，是他们那儿的家常蔬菜，她喜欢吃，他妈妈就专门在这里种了几棵，既算院子的一种点缀，又算是有当无的收获罢。我家人还喜欢蘸料，就是把香菜加料捣烂了蘸东西吃。秋天的时候，妈妈就会在这里种上一小片香菜。妈妈现在养鸡养鸭，也是为了生蛋给他女儿吃。妈妈说，买的蛋贵不说，还不一定正宗，小人身子嫩，吃自己养的鸡鸭下的蛋才放心。

六

推开区文化馆一间练琴房的门，滕爱正坐在一张琴前专心地练习着。我们事先已经约定好了的。见我进来，她停下了手上的动作。

滕爱曾经担任过区文明办主任，至今仍与胡民香保持着联系，对胡民香的情况比较熟悉。

应该是有所准备，滕爱一下子便进入了话题，说："我老家也是荻港的，孟家住汽车站后面，离我家不远。我的印象里，他们家大屋基，人多，住在一起。胡民香比我大，我们原先不认识，但我晓得她，从农村嫁到街上来的，人既勤劳又贤惠，什么事都干。我家那一条街上，夸张着说，上街头咳嗽一声，下街头都能听得到。我经常能看到街坊们吵嘴，有时打得直轰，但从来没有听到孟家吵过嘴。一街的人都夸老孟家娶了个好儿媳，是拣了个宝了。我真正了解胡民香，是到文明办做事，见过她的事迹材料，接触到她本人之后。

"胡民香是一个善良的人。他们一家，她先生孟家荻，她儿子孟磊，都是很善良的人。那年，老孟开车经过一个路口，让一辆电动车碰上了。本来电动车是肇事的一方，但胡民香知道车祸让对方受到的伤害比较大，心里过意不去，跟老孟商量，把家里仅有3万元存款拿了出来，补偿给了人家。3万元，对于街上的一般家庭来说，也许算不上什么太大的钱，但对于孟家，已经算得上是一笔巨款了。这还是在孟磊病情稳定了之后，妈妈胡民香到菜市场摆了个摊子，一点一滴积攒下来的。

"老孟的车子出事后，胡民香到城里来找过我，让我拿拿主意。我能说什么呢？我只能通过在交通管理部门的朋友，帮她打听打听情况。倒是胡民香，反而想得开，说不管怎么样，她家老孟的车子也沾到人家的电动车了，人家受到很大的伤害，我们给些补偿也是该当的。

"胡民香摆摊卖菜，那是好几年前的事了。那时她问我，家里光靠老孟四个轮跑客，捉活鹊子，日子太紧巴了。现在她磊儿的病是稳住了，她正好也有一些闲工夫。到人家单位打工不现实，一是年龄大了又没技术，二是磊儿还要她照顾一点，想来想去，想摆个摊子卖点小菜，本钱小，自由，又在家的边上。

"我觉得这是好事，也好操作，便让镇里兼任文明办工作的文化站站长章渊协调，总算在获港农贸市场给胡民香谋到了一个摊位，并且还在摊位上挂上了'好人'的牌子。获港街上，胡民香原本就有好口碑，再加上个'好人'的牌子，街邻们对她放心，都喜欢上她的摊头来买菜，她的摊子也就摆得风生水起。她又很会过日子，几年下来，竟也有了一点积蓄。不承想，人家的车子与老孟的车子碰了，夫妻俩觉得过意不去，把等于从牙缝里省下来应急的钱拿出来给了人家。

"老孟跑车，经常捡到钱物，但他从来不藏私。那回在路上捡到一个钱包，怕人家急，便把信息发到派出所的微信群里。失主找回钱包，非要感谢老孟，往老孟手里塞钱，说是给老孟小孩买点东西吃。老孟觉得钱本来就是人家的，捡到归还人家，是再平常不过的事，说什么也没有收人家的钱。'芜专水泥厂'一个职工坐老孟的车，临走的时候把一部苹果手机忘在了车上。那年月，苹果手机可是稀罕货，有人为求一机近于疯狂，竟然做出卖肾的举动。但老孟不为所动，等在原地，直到失主打电话过来取走手机。经常有人乘车把钱物忘记在了车子上，寻找失主有时很费事。后来，每逢客人下车，老孟总是会叮嘱一句，让客人别忘了带好自己的物品。

"胡民香真的不容易！"

滕爱不经意地轻拨了一下琴键，由衷地感叹，说："你想想，她儿子打小就生病，几十年，妈妈一路相伴，不离不弃，自己从黑头毛熬到了白头毛，最后献出一个肾，给了儿子第二次生命。都说母爱，这母爱是多么的绵绵恒久呢？试问，有多少母亲能够这么地执着和坚持？小孟磊是不幸的，不幸在于他很小就被病魔扼住了命运的喉咙；小孟磊又是幸运的，幸运在于他遇到了一个好妈妈，一个好爸爸。"

谈到胡民香到底给我们提供了什么值得倡扬的东西，这位前文明办主任自有自己的看法："捐肾救子，好像是一种私情。我们看胡民香，不能止于母爱这个层面；如果仅仅从母爱的意义上来讨论胡民香，未免有些狭隘了。我觉得，胡民香的意义，更在于她为我们提供了一个最美中国妈妈的典型，善良、诚信、勤劳、担当，是其基本的内涵。胡民香，不正是我们时代所需要的和值得大力弘扬的吗？不正是根植于中华优秀传统文化沃壤上的一株香草吗？同时，胡民香的家庭，也为我们提供了一个美好家庭的范例：这个家庭，洋溢着善良、坚韧、爱和积极向上的气息。家庭是社会的细胞，细胞健康了，必然会促进整个社会的健康美好。"

七

章渊听说我想写一写胡民香的事迹，不止一次地跟我说，胡民香的事儿很感人，值得一写。

章渊是荻港综合文化站的站长。虽然不是古镇的土著，但他在这儿工作多年，长期做群众文化的事，又兼过一段时间的文明创建工作，与本地的上上下下、方方面面都有或深或浅的交往，对街前街后的人际种种都了然于胸。可以毫不夸张地说，章渊就是荻港的一本活字典。

一间小小的办公室。墙上挂着几幅当地书画家的字画，平添了几分书卷气息。桌上，条案上，小架子上，随顺地放着书刊和笔墨纸砚，又透发着一种闲适自在的意味。打开的台式电脑旁，一盆绿植仿佛不遑旁骛似地生长着，一下子就把小小的环境挑动得鲜活灵动起来了。

我一边若有若无地观察着绿植叶片间的一枚精致的小虫，正在那里爬来爬去，却怎么也不肯爬出绿植之外去，一边听章渊说话。

"孟磊肾移植大概半年罢，就到站里来做志愿者了。先是胡民香来找我，说孟磊的事，想让孩子走进社会，有报酬没报酬倒不在首先考虑的范围里。后来社区书记也跟我说起这事儿。我考虑孟磊来站里做文化志愿者还是比较适合的，虽然没什么收入，但可以看看书，见见人，接触接触世面，而且每天的事情也不繁重。只有一点点微薄的补助，孟磊却是志愿者一做就是五六年。细细一想，一眨眼的工夫，孟磊到站里来，做志愿者，做文化协管员，已经整整十年了。不知不觉间，孟磊人变得自信了，性格也开朗了许多。说不上有什么收入，但孟磊非常珍惜这份工作，不管是老人小孩到站里来，他都周到耐心地对待人家，人们都喜欢这个说话低声悄语的年轻人。你瞧瞧，这么多绿植盆栽养得多好，这么多书刊报纸摆放得井井有条，这么大的环境打扫得多清丝，这主要是孟磊的功劳。当然也离不开孟磊爸爸妈妈的帮助。

"那年，站里需要一个保安，孟磊的爸爸便担下了这份责任。爸爸既做保安，也能给孟磊的工作提供支持。遇到站里有什么负重的活，老孟总是抢着去做。老孟住在大门口的保安室里，早早晚晚，看到站里有什么事，他都不言不语地去做了。自从孟家父子来到文化站做事，孟妈妈胡民香也时不时地到站里来，碰到什么能插上手的事，也主动地揽下来，俨然成了文化站的一员了。偶尔闲下来，胡民香会隔着一些距离，悄悄地看着儿子在那有板有眼地工作，眼里尽是柔柔的波光。有时与胡民香闲话，她总是说我书念得不多，一直是心里的遗憾，如今我也不图什么，到站里来，只是想与书本亲近亲近。孟家，胡民香，孟家获，孟磊，早已把文化站当作另一个家来关心爱护，而且关心爱护文化站更胜于自己的家，哪怕是这里的一草一木，都被他们放在心尖子上。"

不知道什么时候，一不留神之际，那枚精致的小虫终于在绿植的叶片间爬得不见了。章渊边为我的茶杯续水，边说过去他离开站里总有些放心不下，现在他出差在外几天也不用担心站里了。

章渊重新坐下来，说获港临江，是个水码头，境内又多山，矿产丰富，因此，获港是个富庶繁荣的地方。先人几次在这里建置县治，最早可上溯到2000多年前，因此，获港又是一个历史很悠久的地方，文化相当厚重，民风可以说比较淳良。凡此种种，就是获港在"好人"评选中能涌现数量众多典型的原因。

谈到文明创建工作，章渊感触良多，说我一直想到的是，文明创建工作，其目的和关键还是在于做人的工作。人的素质提高了，文明了，整个社会的风气也就好了，社会文明水平也就提高上去了。"好人"评选，当然是出于良好的初衷，但我想说的是，一方面，我们要用"好人"来推动和引领社会风气向好、社会文明水平提高；另一方面，我既要发现好人，隆重地推出"好人"，又要关心爱护"好人"，为"好人"营造良好的生存和发展环境，决不能让"好人"生活在艰难困苦的境地。

八

首先引起我注意的，是墙上挂着的一帧二十四时照片。

时在2023年6月13日。雨后的半晌午。我坐在胡民香家客厅的方桌旁，一抬眼，就望见对面墙上的照片了。

胡民香坐在我的侧边，两臂搁在桌子上，手里盘着一只儿童饮料杯，杯子里仿佛是半满的牛奶或是米汤。看上去，她并没有繁重家务活带来的那种邋遢，全身上下，倒显得整整洁洁。

见我问，胡民香侧转头，说照片照的时间不长，她和老孟坐在中间，两个孙儿偎在他们的膝头，孟磊夫妻则依在他们的身后。

照片上，孩子天真烂漫，大人美意盈盈。胡民香沉吟良久，说："我们这一路走过来，尽遇到好人，现在，政策好，社会好，医学好，要不然，我们这一家人还不晓得是个什么样子。"

"儿子在弋矶山医院透析，时间一长，和病友们就熟悉起来。人家见我儿子那么小就需要透析，而且我家的经济条件又不好，就把营养品和其他物品送给我们。为了不让我们有什么心理负担，送我们东西时往往还叮咛一声，剩下的，剩着也是剩着，我们用不上，送给你们吧。

"儿子透析的第二年，弋矶山医院年底开表彰会，特意把我儿子请过去，鼓励我儿子，还奖励了我儿子一只书包。透析医生也劝导我儿子，说你不要灰心，毁了自己，只要树立信心，坚持透析，坚持治疗，疾病也就没什么可怕的了。

"当时没有合作医疗，巨大的医疗费用像大山压下来，让我们透不过气，霎时陷入了困境。就在这个时候，社会上晓得了我家的困难，政府、学校、社区，纷纷发动大家捐款捐物，政府还把最好的政策给我们享受，帮我们渡过难关。亲戚朋友，也是有力的出力，有钱的出钱，向我们伸出了援手。

"你瞧，这房子，是我姨侄的，只是象征性地要一点点房租，一住就是好多年了。"

胡民香目光环视着眼前的房子说。这是一套两居室的单元房，不新不旧，不大，几乎有些小，摆满了东西，但归置得比较有条理，看起来却也颇为悦目。

靠阳台那块，一个两三岁的小女孩正坐在儿童垫子上玩着什么。或许是胡民香的说话提醒了她，小家伙放下手里的玩活，过来就往胡民香的身上爬。胡民香把小女孩抱到自己的腿上，一边把桌上的儿童杯子塞到孩子伸出的手里，一边对我报以一笑，说这是大宝语春。

语春拿到杯子，从胡民香的身上溜下来，双手捧着杯子往阳台那里走，走过我身前的时候，偷偷地瞄了我一眼。就是这一眼，我发现，这是一个十分漂亮的小女孩，尤其是那两只眼睛，乌黑发亮，像两枚晶明的黑宝石。

胡民香的目光，慈爱地追随着小孙女摇摇晃晃的身影，轻轻的哼声也像跟了过去："宝宝，人之初，性本善；性相近，习相远……"

语春奶声奶气地跟在后面学舌，兀自自己玩自己的去了。我们也重新进入了话题。

胡民香说："新农合兴起来，社区书记第一时间跑来告诉我这个消息，为孟磊办理了相关的手续。从那以后，我儿子的医疗费，自己承担的就少了，而且越交越少。"

"我陪儿子到弋矶山医院透析，都是坐获港到芜湖的客运班车，40分钟一趟，来来回回，一个星期要跑好几趟。不管我们坐哪个师傅的车子，好像他们是商量好的，都不收我们的钱。那可是私人承包的班线，几年呢，让我们免费坐车。

"在我儿子人生最关键的时候，是文化站接纳他。我儿子到文化站之后，心结解开了，对生活也有信心了，还学到了许多文化。这么多年，章站长，已经成了我们最贴己的人，他把小孟磊当作自己的孩子一样看待，我儿子有什么事不跟我们说，但总愿意跟他们站长说。

文化站也成了我们的一个依靠，有事没事，我总是忍不住想去转转，一天不去，就像有什么事没做一样。

"我们一家得到的好，一时半会，一句两句，那是说也说不完的。"

胡民香扳着手指说："我们一家3个人吃低保，一个月有两千块的收入，基本生活有保障了。我儿子每个月吃排异药和保肝药，自己出的钱也不多。我们家就像一艘小船，要是没有风平浪静的好社会，怕是一天也走不到头的。"

从胡民香的眼里，我看到了亮晶晶的东西。

九

结束采访好多天，我的心头一直萦绕着那奶声奶气的学舌，"人之 zhū（初），shēng（性）本善……"孩子只会把这些句子当歌来唱，自然不知其中的滋味。但终究有一天，她会理解的。

窗外，是蓝到极致的天宇。几团云絮，悠悠地飘弋。一只鸟儿，从白云下飞过，并不作稍稍地停留，往南，往苍翠的远山那边飞去。

我在电脑前已经坐了半天。我不晓得我的这篇采访该从哪里开始。

终于，我在电脑上敲下一行文字，"世上只有妈妈好"。妈妈！好！就从这里写起吧。

吴黎明（1962—），繁昌县保定乡（现属芜湖市三山经开区）人。退休。居芜湖市繁昌区。

我还会远嫁到赭圻

——记"芜湖好人"杜永乾

程红旗

江水长，山道远；一个家，一片天。

她是"90后"四川宜宾姑娘，远嫁到芜湖市繁昌县荻港镇赭圻村，无怨无悔，悉心照料伤病且有听障的兄长和身患重病的婆婆，寒来暑往十三载，以火热的青春，让一个地处偏僻的困难家庭充满了烟火人间的和谐温暖。

像赭圻山里头的一杆翠竹，挺拔坚韧；像阳春三月的一枝映山红，热烈鲜艳。

"如果让我再选择一次，我还会远嫁到赭圻。"

她是杜永乾，第七届繁昌区道德模范，2022年第二季度孝老爱亲类"芜湖好人"。

<h1 style="text-align:center">一</h1>

"我住江之头，君住江之尾。"打开手机地图，从繁昌到宜宾，走高速，显示的是1672公里。杜永乾扎根赫圻村东西冲山里人家，孝老爱亲，不离不弃，看似千难万难，殊为不易，也是因为源头活水，水到渠成。

1991年冬天，杜永乾出生在四川省宜宾市宜宾县横江镇五保乡伏龙村。当年那里交通闭塞、经济落后，村民多外出打工。杜永乾呱呱坠地，忠厚朴实的父亲给她取名"杜永钱"，寄托了希望她长大后能够过上富裕美好生活的一片心意。户籍登记时，派出所民警笑了："你取这个名字，女娃子长大了会怪你的啊！"还是民警又热情又有文化，一番斟酌，巧妙地用谐音大气的"乾"，代替了赤裸裸的"钱"，于是户口簿上就有了"杜永乾"这个两全其美、别有意味的名字。

杜永乾有一个姐姐，后来又有一个弟弟。小时候，杜永乾家里没什么钱，种的粮食只够温饱，但她父母觉得"一家人在一起，平平安安就好"，坚持留在家乡以务农为生，没有让孩子成为留守儿童，这让杜永乾从小就感受到父母的慈爱、家庭的温暖。

伏龙村的乡亲们，勤劳朴实，乐于助人，团结得像一家人。谁家遇到事情，邻里都会主动去出力帮忙，绝不收一分钱报酬。杜永乾说，她爸妈识字不多，只念过小学，但都是"根本人家"，淳朴善良，宽厚待人，人缘特别好。农忙的时候，帮助左邻右舍插秧、割稻、掰玉米、收高粱。村集体的事情，经常主动去出力，不声不响，从早忙到晚。父母对待长辈的态度，对她影响也很大。小时候分家，年幼的杜永乾不开心，可是父母毫无怨言，一如既往地孝敬老人。父亲开导她说："长辈讲得对不对，我们都要听着，他们做的事情，应该也有他们的难处，我们哪能计较呢？再不是，也是我们的长辈啊！"

杜永乾小小年纪，就能吃苦，有爱心，不计较，乐观开朗，一天到晚，总是笑嘻嘻的。每天上学放学，来回要走三个多钟头的崎岖山路，遇到风雨雪，更是不容易。初中毕业，她考上了镇上的高中，因为家里经济条件不好，弟弟上学还要花钱，加上看见同学打暑假工，生活有了改善，就下决心也要出去打工，养活自己，帮助家里。

2008年突如其来的汶川大地震，地动山摇，余震不断，外面很不安全。杜永乾回忆说："那年秋天，我吵着要出去打工。爸妈说我才17岁，太小了，不同意。后来实在拗不过，只好给了车费，我带了两套衣服，就和同学去县城做服务员。到县城后，找表姐借了100块钱，买了洗漱用品什么的。没过几天，妈妈不放心，找到我工作的地方，给我买了被子。第二年，我又和同学到成都去工作，在火锅店当服务员、收银员。"

杜永乾不怕吃苦，到哪里，老板都表扬她，工友也喜欢她。领到不多的工资，小姐妹逛街买化妆品买时尚衣裳，有的很快就把钱花完了，还要向父母要。她省吃俭用，不舍得乱花一分钱，尽量多拿出一点，寄给乡下的父母，帮助读书的弟弟。

"外面的世界很精彩，外面的世界很无奈"，年轻人总是向往诗和远方。为了找到理想的工作，2010年夏天，杜永乾坐了40多个小时没有空调的绿皮火车，从天府成都，一路向东，来到了长江下游的古都南京。

千里姻缘一线牵。建邺闹市，鱼馆餐厅，生意火爆，工作紧张。劳动创造财富，也培育情感。纯朴的川妹子，遇到了一个她喜欢的工友、安徽繁昌的农村小伙子周小飞。

二

一家有女百家求。那时候他们都是餐厅服务员，小伙伴们来自四面八方，工作中互帮互助，相处得快乐开心，自由恋爱也是说来就来。追求她的人很多，有的家住城市，经济条件也好。正值青春妙龄的杜永乾，为什么偏偏要选择家境并不好的农村小伙子呢？

"就因为我觉得他人品好，相信以后也会有责任心的。"杜永乾说，"他对我实话实说，毫不隐瞒。比如他家住在偏僻的山冲里，手机经常没信号，房子是旧的平房，他16岁时候父亲就病逝了，欠了债，还有一个没有结婚、先天有听障的哥哥，又出了严重车祸，生活不能自理，两个姐姐嫁在当地农村，条件也很一般。"

最打动她的，还是小伙子对她说的这番话："你要是决定了，我就要先回家一趟。我要跟我妈妈说，我已经有女朋友了，妈妈以后可以不要为我操心了。"在杜永乾看来，一个对妈妈有这样孝心的人，一定是个心地善良的好人，他家条件不好，只要他人好，以后我们是可以慢慢改变的。

她一直记得第一次跟周小飞去他家的情景。

"那是十三年前的秋天，农历九月初九，重阳节，我怀着好奇忐忑的心情，和周小飞一道，先从南京坐火车到芜湖，转汽车到繁昌，然后转到荻港，再包了一辆'大压机'（小三轮车），沿着山路，一路颠簸，来到巍巍寨山赭圻村东西冲的西冲。进到大山深处，我的第一印象是想起了成语'坐井观天'。四周都被大山和树木环绕，门前一条小涧沟，抬头只能看见一小片天空。第一次上门，他的姐姐、姐夫都回家接待我。怕我不习惯不自在，给我夹菜，跟我唠家常。姐姐的一番话尤其让我感动，她对我说：我们周家是苦底子，不过反正以后只要姐姐家有的，也会让你有，不会让你比姐姐差的。初来乍到，我就觉得他们一家人都是淳朴善良的好人。"

赭圻的夜晚，月色如水，万籁俱静。

杜永乾思前想后，又给自己决心远嫁加持了更多的理由。她说："当时我就是这样想的——如果我不远嫁，在四川老家，结婚以后，肯定也要外出打工，外出打工，不也是不能经常回家吗？我嫁到这里，虽然离家很远，但以后交通方便了，我一两年也可以回家一趟。男朋友家境不好，房子不好，他能过，我就能过，他能住，我就能住。如果我嫌贫爱富，三心二意，在他困难的时候不帮助他，他以后不是更困难吗？只要我们两个人齐心，条件都是可以慢慢改变的呀。这样一想，我就说服了自己。"

就这样，在那座经过简单刷白、家里还是泥巴地的老房子里，年轻的川妹子经历了一场山里人家的简朴婚礼，成了赭圻村东西冲周家的新媳妇。

三

遇见容易相守难，欢喜容易懂得难。

杜永乾当时没有想到，婚后的生活，会把她历练成怎样的人。多年以后，她第一次获得政府部门授予的荣誉称号，忍不住落泪了。她说："我好荣幸，从来没有想过要获得什么荣誉。我只是做了自己应该做的事，理所当然的事，很多人都能做到的。"

新婚燕尔，日月绵长。

周小飞的哥哥，原来只是个听障人士，虽然残疾，还能够帮家里干活，一个人也能到山头上砍树。不幸的是有一天傍晚，他扛着一棵树回家，山路狭窄，又是转弯，汽车按喇叭他听不见，出了严重车祸。出院以后，他几乎半身瘫痪，行动不便，咀嚼困难。因为大脑受伤，经常突然头痛得厉害，性格脾气也跟过去大不一样，在家里摔东西，甚至打人，有时候半夜里还出门乱跑，家人只得到处去找。杜永乾的婆婆，本来是个乐观开朗的人，身体也还好，因为儿子出了车祸，她日夜照顾，非常焦急，身体变得越来越差。

刚结婚的一对年轻人，想想家里的实际情况，就决定不再到外地打工，他们要留在家里，共同撑起这个家。周小飞在附近水泥厂找到一份工作，体力活，很辛苦，杜永乾有了身孕，暂时留在家里，帮助婆婆一起照顾哥哥。

杜永乾说："婆婆只要是身体好点的时候，就一点都不舍得歇。嫁到这个家，婆婆又要照顾不能动的有听障的哥哥，操持家务，下地干活，又怕我在这里过苦日子，水土不服，想念家乡。婆婆对我真是疼爱有加，她早上都会主动把全家衣裳洗了，做好早饭，然后再出去干活，中午也会赶回来做午饭。婆婆说，我只要还能动，就要多做一点。婆婆的爱，朴实无私，温暖如春，让我感到就像回到老家母亲身边一样。

"刚嫁过来的时候，哥哥看见我这个陌生人，一时不能接受，经常朝我发脾气。因为他是听障人士，沟通非常困难，我就跟着婆婆后头学，照她样子做。怀宝宝六七个月的时候，夏天婆婆发烧，烧了几天都不退，到芜湖住院去了。小飞上班，就我和哥哥两人在家。那时候我怀宝宝也挺辛苦，一日三餐做饭给哥哥吃，随时随地照看他，小飞的姐姐就来帮忙洗衣裳。有一天姐姐家里忙，快到中午还没来，我正好身体也不舒服，就没有及时洗衣裳。哥哥急性子，一个劲儿地催我洗，我连说带比画，意思是等一下姐姐来洗，他老是不懂，突然就冲我发起了火，拿起一根棍子跑到我跟前，像是要打我，还非要把我赶出去。我吓得不轻，觉得太委屈了，就大哭了一场。不过我从始至终，都没有动过想要离开这个家的念头。附近村子就有远嫁的媳妇不辞而别的，我知道那样一走了之，会给她的家庭和孩子带来多大的伤害。婆婆回来了，当然责怪哥哥。我说过去了就不讲了。我知道哥哥是残疾人，头脑又受了伤，不能自主，也挺可怜的，我要是不能同情他原谅他，就是不忍心。

"照顾有残疾的哥哥，姐姐姐夫也给我做了榜样。他们没有因为哥哥丧失劳动能力而嫌弃他，而是隔三差五的就来看看，给哥哥活动一下僵硬的手脚，告诉他慢慢会好的。

"一幕幕情景，深深地触动了我。我也试着和哥哥沟通交流，点点滴滴地关心照顾他。他手脚不便，我帮他洗手、洗脚、洗头发，帮他剪指甲、系鞋带子。天冷了，我会给他织围巾、买棉衣棉鞋。他因车祸口腔牙齿伤得厉害，我做饭就特意烧一些软的烂的，上街也会买一些香蕉橘子软的水果和蛋糕之类的给他吃。慢慢地，哥哥就对我露出了笑容，对我挺好，我也觉得好高兴。"

"虽然你不能开口说一句话，却更能明白人世间的黑白与真假，"杜永乾说，"就像这首《酒干倘卖无》的歌里唱的那样，哥哥虽然不能开口说话，但朝夕相处，我能感受到，他和小飞一家人一样心地善良。"

"白天小飞上班，婆婆到地里干活，都是我带着宝宝和哥哥在家。哥哥看我累，也尽力帮着照看宝宝，让我把宝宝放在他怀里，艰难地给我抱一下。宝宝睡着了，他就坐在摇篮边上，一动不动地看着，因为他听不见，一看见宝宝在动，害怕醒来，马上会给我出力摇。这样我就有时间抓紧做饭，等婆婆干活回来，我们就可以一起吃饭了。

"那时候，我和小飞都有一个共同的想法：哥哥这辈子不能结婚，没有孩子，身体也不会好起来的，比哪个都过得苦，我们要一直跟他住一起，尽力帮他，等他以后老了，要给他养老送终。"

四

生离死别，最是人世伤悲。几年以后，小飞的哥哥因为车祸的严重伤病，还是离开了他一辈子未曾走出的赭圻山山岭岭，离开了始终深爱着他的母亲和姐弟，离开了远道而来胜似亲人的弟媳妇杜永乾。

白发人送黑发人。婆婆经常坐在涧沟边上的石头上哭，杜永乾就和邻居一次次去劝她。她感觉婆婆突然老了许多，弱了许多。想起哥哥，看看婆婆，杜永乾也止不住暗自伤心。

祸不单行。快要过年了，家家户户都在喜气洋洋置办年货，婆婆却突然病了，检查的结果是结肠癌，事不宜迟，马上到芜湖做了手术。术后的婆婆，身体虚弱，声音嘶哑，面部浮肿，喘气困难，又查出患了严重的心脏病，每天都要多次吸氧，不然就难以呼吸。婆婆病重，宝宝还小，丈夫为了多挣点钱，去了上班时间更长、干活更累的企业，风里雨里，骑车上班，还经常上夜班。虽然姐姐姐夫也常来照看帮忙，但杜永乾知道，以后自己的担子更重了。

那段日子，也是杜永乾嫁到赭圻后最艰难的时候。她白天给婆婆擦洗身体，换洗衣服，喂水喂饭，晚上要扶她下床起夜，随时观察她的病情。还要带孩子，料理家务。周小飞上班那么累，星期天也一直加班，回到家里，她总是体谅他的辛苦，尽量让他睡个囫囵觉。

"你知我不易，我知你辛苦。"艰难的日子里，周小飞也给了杜永乾很多精神鼓励。她说："小飞心态好，生活乐观，不管多困难，他身上都看不到悲伤的影子，充满了正能量。有时候我实在太累了，情绪也有些低落。他就开导我，抢着帮我干活。他的表现让我觉得，一家人在一块，就挺好。"

"后来婆婆身体稍好一点，能够到门口走走，她逢人就说：'我有这么好的媳妇，真是我上辈子修来的福气！'说得杜永乾都感觉挺不好意思的。她想人都有生病的时候，服侍长辈，照看孩子，体谅丈夫，自己多吃点苦，也是应该的。眼下虽然很难，也不能失去希望。这个世界上，有着不幸遭遇的人很多，而她至少还有一个完整的家。

"因为家里连续发生不幸，虽然婆婆的医药费可以报销一部分，姐姐家也分担了好多，但各种花费，还是让本来就困难的家庭雪上加霜。杜永乾不能出去上班，就尽量抽出时间，'关心粮食和蔬菜'，开始学着下地干活。"

杜永乾说："我在娘家没干过农活儿，也不会干，但婆婆不能下地，自己学着种菜，可以省钱，吃也方便。两个姐姐，教我种菜，也让我有了信心。夏天，菜种出来了，自己不会骑车，菜地离村子很远，我肩不能挑，就用篮子拎，满满一篮子菜，很重很重，拎回家都要走走停停。把菜搬回家，真的好累。可看到那些水灵灵的新鲜蔬菜，又觉得好开心好有成就感，就像看到自己的孩子一样。我学会了什么季节种什么，怎么翻地，怎么施肥，怎么搭架子，怎么防止野猪来偷吃我的菜……在地里干活，村里人经过，都会指点一下没经验的我，有的手把手教，年龄大一点的乡亲，还会着急得直接上手，教我怎样割油菜，菜荚才不会炸开，等等。艰难的日子，贫困的日子，没有看见别人的白眼儿，别人看到我，都会关心安慰我几句。村干部也非常关心照顾我们，只要是政策允许的，就尽量向我们家倾斜，还让我们家庭获得了'最美家庭''五星文明户'等好多荣誉。

"婆婆身体渐渐好些，孩子也大点，我歇不住，就去附近工厂上了几年班，后来添了二宝才辞了。添了二宝不久，身体刚好点的婆婆肺部又出了问题，又去芜湖做了一个大手术。二次手术后，我又像过去那样照顾老人……

"每天晚上，我把孩子和婆婆安顿好，就想好明天要做哪些事，怎么去做，然后我很快就能呼呼入睡，也许我太累了吧。我是个简单的人，想得比较多的，就是不管多难，都要尽力把日子过好，不能低头。现在婆婆70多岁又有病，娘家又离得很远，过日子就是要靠自己。

"我觉得自己想得比较开，跟自己喜欢看书也有一些关系。忙里偷闲，我喜欢看唐诗宋词、四大名著之类的书，还有当代名人的散文。看书丰富了自己，觉得世上还是挺美好的，值得珍惜。女儿现在读五年级，因为房子小，还和奶奶睡上下铺，很不方便，但她受我影响，也喜欢看书。小书架就在她的房间里，网购的书，从荻港文化站借的书，都装不下了，她写作文，也经常模仿书上的写法，表达对奶奶和父母的爱，她好懂事的。"

杜永乾说这些话时，一直是面带微笑的，仿佛生活中的种种不幸和艰难，都离她很远很远，因为她相信，日子总会慢慢好起来。

五

蔼蔼晴光晓渐分，
西山爽气倍氤氲。
赭圻风月今何在，
留得朝来一片云。

美丽乡村建设，让历史悠久的赭圻村焕然一新，也让杜永乾的生活发生了很大改变。

第一次来赭圻村东西冲周小飞家时，抬头只能看到头顶上的一小片天空，这让她想起了"坐井观天"这个成语。她感觉这里好偏僻，比老家四川宜宾农村还要偏僻，去荻港和新港镇子都不方便，山路是狭窄的黄泥巴路，下雨天不能走，手机没有信号，村里人家普遍都不富裕。

这几年，赭圻村东西冲经过美丽乡村省级中心村建设，一举变成了远近游人前来旅游打卡的地方。山路拓宽了，砂砾路变成水泥路，现在又铺了平整宽阔的柏油路，山涧护坡，雨污分流，厕所改造，外墙粉刷一新，画上了鲜艳的壁画，夜晚路灯通明，自来水入户，垃圾分类，送戏下乡，设立老年助餐点，成立合作社……真是什么都有，就连孩子上幼儿园，也有校车开到家门口接送，一个都不会少。

杜永乾说："美丽乡村建设，给赭圻带来了游客，也带来了商机。我家隔壁的邻居，投资新开了农家乐'覆釜竹苑'，想到我带宝宝照顾老人，不能出去上班，他们就帮助我，找我去给农家乐做饭，这样也让我增加点收入。经过'新徽菜名徽厨'培训，顺利上了岗，这是我在离家最近、只有几步路的地方的一份工作。我的身边，总有很多帮助我的好人。

"前些时候，赭圻和周边农村到处都在建设美丽乡村，工程队比较多，中午需要订餐，我觉得这也是个商机，就决定要做快餐。做快餐挺辛苦，还得有家里人的支持。小飞心疼我，怕我太累了，就说如果你真的想做的话，我尽量帮你。他每天夜班回家，宁愿不休息，也要让我轻松点，翻山越岭地帮我去各个工地送饭。听说繁昌峨山圩区蔬菜批发便宜，半夜里开着三轮车陪我一起去那里买菜。

"做快餐的日子，我早上四点钟起来开始切菜，切到六点钟，把两个宝宝喊起来，收拾好，送上校车，再照顾好婆婆的起居，七点半左右继续做快餐，直到中午把快餐全部送完，下午又开始准备第二天的事情，接孩子，照顾婆婆……我中午从来不午睡，没这习惯，也没有时间。周而复始，我每天忙得像个陀螺，根本停不下来，但真的很充实。反正我还年轻，有力气，只要婆婆身体能够一天天好起来，我打算去学习更多的技能，现在我在学车，快要拿到驾照了，如果条件允许，还想去做自己小时候就梦想的事情……"

六

因为爱情，

简单地生长，

依然随时可以为你疯狂。

时至今日，历经艰难生活的考验、两个孩子正在长大的杜永乾，回想起那时的爱情滋味，还是那么纯真自然，纤尘不染。她说："自己从来就没有后悔自由恋爱，没有后悔远嫁后的这一段人生经历，如果让我再选择一次，我还会远嫁到赭圻。"

"只是谈起父母，她也觉得有好多遗憾，感觉做女儿的，对不起他们。"

她说："当年我怕父母不同意我远嫁，是瞒着他们结的婚。后来怀了宝宝以后，才告诉了爸爸妈妈。他们接受不了，在电话里，妈妈哭得稀里哗啦。直到宝宝三岁的时候，我和老公带着宝宝才回了一次家，那是我婚后第一次回娘家，也是爸爸妈妈第一次看见我老公和我的孩子。我都已经四年没回家了，当我看见妈妈的时候，我非常震惊，因为妈妈的头发真的白了好多好多。可怜天下父母心。那一次回家，妈妈也接受了这个事实，说不管怎样父母都是望你们好的。她反复叮嘱我，一定要好好过日子，把宝宝带好，要孝敬老人，跟婆家人好好相处，也要照顾好小周，他一年到头天天上班，也很不容易。"

"父母亲在我心里真的很伟大，我也很感激他们。结婚写请帖的时候，是写了爸爸妈妈请帖的，可是直到今天，我都没有勇气拿给他们看，一直留着。那次回娘家，临走的时候，他们一定要给我们一笔钱，说是让我们置办点东西。我们不要。爸爸就说，我们家两个女儿出嫁，都是不要一分钱彩礼的。我们养女儿，不是为了彩礼。嫁女儿，如果要多少彩礼，让你们背了债，往后苦的，还不是你们吗？只要你们过得好，就比什么都好。这点钱你们带着，我们做父母的心里头才能高兴啊！

"当家才知柴米贵，养儿方知父母恩。因为生活的磨炼，我更加懂得了父母对子女的感情。儿行千里母担忧。在安徽这边，我获得的'好人'之类的荣誉，是从来都不对父母说的。因为这些在别人看来是荣誉，可是在自己亲人父母眼里，看到了他们会心疼我，知道原来我过得那么不容易。做父母的哪能不疼自己的孩子呢？我不想他们为我操心，所以我从来不告诉他们。我只会给他们分享一些好的事儿，一些快乐的事儿。我相信，好的事儿，快乐的事儿，也一定会越来越多的……"

一个家，因"好人"而温暖；一个村，因文明而美丽。"好人"是文明进步的种子，是蓬勃向上的力量。

"在那遥远的地方，有位好姑娘，每当人们走过她的帐房，都要回头留恋地张望……"

程红旗，繁昌荻港人，芜湖市作协会员，多年从教，《故乡的罾》等发表文章于《光明日报》《中国教育报》等报刊，《家住财神湾》等获文艺报社、中国报业协会主办的全国征文奖项，作品入选《我们的乡愁》等。

泪光中的坚守

——记"芜湖好人"黄玉仙

汤昌根

苦难是一把尺子，它能丈量出情感的深厚浮浅；苦难是一面镜子，它能折射出品德高贵低劣。

繁昌区平铺镇五华村村民黄玉仙的人生历程不能不谓之苦难深重：婆婆瘫痪在床，她日夜伺候十多年；丈夫患病瘫痪，她全家辛劳扛在肩；子女行动不便，她倾心呵护操碎心……

风雨五十载，泪水常沾襟。可黄玉仙并没有倒下，她用瘦弱双肩，扛起风雨前行；她用满腔爱意，坚守在家人身边。世间苦难面前，黄玉仙用平凡人生诠释了一个普通农村妇女孝老爱亲美德。

好儿媳：照料婆婆是本分

1947年12月的一天，在平铺镇五华村一个叫鹅毛的自然村里，一个女孩呱呱坠地。父母给女孩取名黄玉仙，希望她冰清玉洁，一生如仙女一般快乐。出于对她的溺爱，在她八九岁的时候，父母没有像其他家长那样让她帮衬家务，而是不顾家庭拮据，坚持送她到邻村小学读书，直至小学毕业。

20世纪60年代，火热的建设浪潮席卷祖国大地，鹅毛村这个偏僻如世外桃源一般的小山村也敞开胸怀拥抱沸腾生活。大建设需要大宣传，应运而生的文艺宣传队理所当然地成为当时活跃在田间地头的一道风景。

高小毕业的女孩在那个年代的山乡可算得上凤毛麟角，因为有文化，黄玉仙被生产大队干部看中，成为游走在村头巷尾的红色宣传队中一员。

三年载歌载舞生活不仅让黄玉仙在家乡小小火了一把，而且还让她收获了芬芳爱情，一个男孩逐渐走进情窦初开的黄玉仙心田，这个男孩便是后来成为她丈夫的同村村民徐协武。对于徐协武的好感最初来自于崇高的无产阶级革命感情。徐协武的大哥是一位抗美援朝战士，牺牲在朝鲜战场，他的事迹在当地广为流传。他的二哥也光荣地参加中国人民解放军，成为部队一名工程师。这个革命家庭让黄玉仙充满崇敬。当然，同样是高小毕业的徐协武聪明能干的个人魅力也深深吸引了黄玉仙，让她不知不觉地坠入爱河。1968年，当美丽的五华村穿上黄色盛装的时候，黄玉仙穿上漂亮的新娘服装嫁入了徐家。

对于女儿婚事，黄玉仙父母是反对的。原因是徐家太穷，一间破草屋加两张木板床差不多是徐家全部家产。父母怕苦了女儿，当然反对，反对无效只能默认，最后还是风风光光地将女儿嫁到了徐家。

家穷难娶亲，徐协武三哥到外地招亲去了，一个姐姐早已出嫁了。黄玉仙夫妻俩便与一个行动不便的婆婆生活在一起。虽然物质生活不富裕，但是精神生活很富足，笑声常常充盈低矮的草棚。

很快，黄玉仙夫妇便有了爱情结晶，女儿出世了，这让家庭增添了更多乐趣，从此，黄玉仙更忙了。男女同工同酬是当时农村普遍现象，成了家的妇女每天都要同男劳力一道外出务农，忙完农活回家后男人可以聊聊天，女人一般都要洗衣、做饭、带孩子，在劳累中享受生活。

天有不测风云，灾难无情地降落到黄玉仙家中。在她结婚的第三年，原来靠拄着拐杖行走的婆婆突然卧床不起了。那时候医疗条件有限，虽然看过医生有过治疗，但婆婆病情非但没有好转，反而日渐严重，连吃饭都要人喂，在床上拉屎撒尿更是常事，服侍婆婆的重担结结实实压到了黄玉仙身上。

收拾大小便说起来简单，做起来并不容易。也许是本能吧，帮女儿清洗大便，并不觉得有什么，可黄玉仙毕竟还是个爱清洁的年轻媳妇，帮婆婆清洗床上脏物，总是感到不适，有时难免恶心呕吐。由此，她手里做着事，心里却透着一百个不愿意。可她又想：婆婆都病到这个份上了，总得有人帮她啊。再者说了，婆媳是一家人，服侍家人是做媳妇的本分，再苦再难也不能推托吧！自我劝慰次数多了，渐渐地就想通了，习惯了，厌恶的心理也就慢慢平复了。

自此，黄玉仙开始了日复一日地操劳：每天早上天还没亮她就起床，帮婆婆收拾床铺，到外面水塘清洗全家衣物，回家烧锅做早饭，喂饱女儿喂婆婆，自己匆匆吃完早餐后就到生产队干活，其间还要抽空赶回家照看女儿和婆婆；上午农活一忙完，她就要快步奔回家，在别人吃饭、歇息的短暂时间里，她要手忙脚乱地做饭，服侍家里一老一小吃喝拉撒；然后继续忙下午农活，继续忙晚餐、忙全家人洗漱入睡。直至夜深人静，她就像上足劲的钟表发条一样转个不停。

不久，黄玉仙又怀孕了，她仍然要挺着个大肚子忙前忙后。在她产下儿子不久，她就劝说来家服侍月子的母亲回家，继续当起家庭"保姆"。邻居见此，既钦佩又心疼地劝道："我们农村妇女都讲究坐月子的。你这么做就不怕亏了身体？不如再请回你母亲服侍你一阵。"黄玉仙说："娘家也很忙，母亲在家既要做农活，又要做饭洗衣，不能多耽搁。我在家做事多注意一点就是了，身体应该不碍事的。"说者无意，听者有心。婆婆闻言热泪盈眶，她被贤惠的媳妇行为深深感动了。

辛苦不必流泪，对于一个坚强的人来说，一般不会用泪水洗涤辛劳；委屈常会流泪，再坚强的人也有软弱的时候。

"双抢"对于20世纪农村人来说，都会刻骨铭心的。在那个骄阳似火、高温难耐的酷夏，生产队里凡是具有一定劳动能力的人都要参与"双抢"，起早摸黑抢收抢种水稻，往往累得连走路都迈不动步子。

7月底的一天，历经"双抢"已有20多天了吧，劳累差不多达到了极限，走路自然慢了下来，加上劳动地点离家又远，黄玉仙中途回家照看婆婆时比平常晚了一些。婆婆不高兴了，说你怎么这么迟才回来，想渴死我怎么的？黄玉仙心想：我都累得不行了，你不安慰安慰我也就算了，还给我脸色看？就没好气地说："干活地点离家远，我又没长翅膀，还能飞回来不成？"婆婆不依不饶地说："既然知道路远，你就不能早点回来？你有脑子没有？"黄玉仙说："在生产队干活是生产队长做主，不是我做主，什么时候回来我怎么决定，这跟有脑子没脑子有什么关系？"

俗话说吵架没好言。两人你一句我一句，声音越来越高，情绪走向失控，脾气暴躁的婆婆率先暴发了，她大声嚷嚷道："既然你没办法，那以后你干脆不用回来帮我了，让我自生自灭好了！"黄玉仙又急又气，委屈的泪水挂上脸面，她回应道："你以为我想管你啊，这些年来我没日没夜地服侍你，到头来落得你这般奚落，我容易吗？"婆婆吼道："不容易你就走啊，我不稀罕你来服侍！""走就走！你既然不稀罕我服侍，我也懒得服侍你！"黄玉仙边抹着泪水边到房外照料孩子去了。

黄玉仙慢慢冷静下来，她开始同情起婆婆来：在这个炎热天气里，半天喝不上一口水，生理需求没办法解决，身体也没人帮她翻动一下，难受程度可想而知，老人发火也情有可原，做媳妇的不能跟她计较……想通了事儿后，黄玉仙就到婆婆身边去道歉。婆婆情绪稳定后，看到全身汗湿透了的媳妇能主动与自己和好，想起媳妇这些年来为照顾自己、照顾这个家所付出的一切，不禁悔恨交加，呜呜地哭出声来。黄玉仙一边给婆婆喂水，一边不停地安慰婆婆，于是婆媳俩又和好如初。

1979年的冬天似乎比往年来得更猛烈更漫长，几场鹅毛般的大雪相继降下，整个山村都浸泡在皑皑白色中了。持续的低温不断侵袭着婆婆身体，导致婆婆拉起肚子。

为了照料好婆婆，黄玉仙总是及时地将婆婆弄脏了的衣物拿到冰雪覆盖着的池塘里去清洗，低温下长期做家务，她的一双手被冻得裂痕累累。在清洗衣物时，殷红的鲜血常常从她破裂的手指中渗出来，滴在洁白的雪地上，显得格外刺眼。

邻居看到后就劝她说："衣物不必一脏了就马上去洗啊，能马虎就马虎一点吧，不能弄残了一双手啊！"黄玉仙说："习惯成自然了，看不得婆婆脏物在身，不洗总感到心里不安。再说这手也习惯了，冬天总有裂痕，痛能忍一忍，一到春天就好了。"

不管黄玉仙多么努力地照看，病魔还是无情地夺去了婆婆的生命，婆婆的生命年轮定格在1982年。

邻居在帮忙送走婆婆后由衷地感叹道："真不容易啊！一个卧病在床10多年的老人的床上被收拾得干干净净，没有一丝异味，黄玉仙花了多少心思啊！"

黄玉仙听罢泪流满面。泪水包含了数千个日夜操劳的辛酸；泪水包含了恪守孝道的欣慰；泪水包含了对形影不离的婆婆病逝的伤感……一切说得出说不出的情感都随着这泪水倾淌。

好妻子：不能同甘能共苦

洗干泪面，收拾心情，黄玉仙一家人过起常人生活：当过人民公社突击队员、做过生产大队民办教师、干过行政村电力维修工的丈夫一如既往地"男主外"，忙活养家生计；和绝大多数农家妇女一样，黄玉仙在干着农活同时，多年不变地"女主内"，做着家务活儿；一个儿子、两个女儿则身背书包上学忙。这时的黄玉仙真切地感受到了幸福原来这么简单：全家平安，生活正常。

患难时度日如年，幸福时日月如梭，一晃就度过了5年美好时光。一场突如其来的变故打破黄玉仙一家平静生活，灾难再一次降临。

1987年的一天晚上，黄玉仙丈夫下班回家后感觉小腿有点痛，以为是疲劳缘故，没怎么放在心上。一段时间后，随着腿上疼痛加剧，一家人紧张起来，黄玉仙就陪着丈夫四处求医，得到诊断大同小异：风湿性"怪病"，不要命，难根治。到1994年初，丈夫行动不便，拄起拐杖，不久，他就像母亲一样瘫痪在床，生活难以自理。

黄玉仙又一次坠入苦难之中，务农和服侍病人的压力像两座大山压到她的肩上，辛苦伴随心苦与她形影不离。

黄玉仙家承包了5亩多责任田，丈夫病倒前，两个人共同耕耘，倒不觉得累，如今农活压到她一个人身上，辛苦可想而知。犁田、播种、育苗、插秧、田间管理、收割、脱谷、运输、晾晒……一年的农事多如牛毛，做完一件又来一件，件件都得她一个妇女独自完成。

插秧苦，弯腰躬背一干就一天，干不完可摸黑加个班；挑谷累，重担压肩腿打颤，挑不动时可中途多歇息……对于这些，黄玉仙咬咬牙还可以对付。黄玉仙最怕的是抽水和脱谷。要把近百斤的水泵从家中扛到田间去，黄玉仙不使出吃奶的力气是万万办不到的，要把更重更难扛的脱谷机扛到田头，黄玉仙怎么用力也是做不了的。好在有乡亲们帮忙，每当看到黄玉仙力所不能及的时候，他们都能主动放下手中活儿，帮助黄玉仙解决生产难题。在这当儿，黄玉仙也常常流下感激泪水。就这样，她坚持耕耘自家责任田，直到66岁那年，她把承包的责任田流转给了种田大户，她的肩上才轻松了一半。

纵使长年辛劳，家里不但没能致富，反而越来越穷。看病买药花光了家里原先就不多的积蓄，渐渐筑起了债台。没有钱，两个女儿出嫁时想帮她们添置点嫁妆都做不到，因为穷，儿子只得到几百里外的他乡去招亲，想回家帮母亲务农只能想上百千回、实难办到一次。

不管忙还是不忙，黄玉仙一刻也没忘记照料丈夫。喂水喂饭，端屎接尿，洗衣洗被，丈夫有需要时，黄玉仙基本上是随叫随到。长时间卧床容易长褥疮，肌肉会萎缩，黄玉仙不管多忙多累，都要抽出时间给丈夫翻转身体，并为他做肢体按摩，帮助他活络经脉和肌肉。每当出现空闲时，黄玉仙都要使尽力气将丈夫抱到轮椅上，然后推着丈夫到屋外面去呼吸新鲜空气、晒晒太阳，与乡亲们打个招呼问个好，帮他调理一下心情。

长年卧床，丈夫的并发症逐渐增多，疼痛让他常常夜不能寐。本来脾气就暴躁，加上久病增烦，丈夫经常在深夜嚷个不停，有时吐露些轻声话语。黄玉仙总是耐心安慰，聊聊轻松话题，转移丈夫注意力。

睡眠严重不足，黄玉仙更加憔悴了。亲朋好友看了，都心疼不已。有人劝她说："这些年来，你为徐家付出了那么多，也能对得起他们了。可这日子看不到头，你再这样撑下去也不是个事儿。俗话说夫妻本是同林鸟，大难来临各自飞，你有没有想过要离开徐家？"黄玉仙说："不是说夫妻是一场缘分吗？缘分注定了，同甘也好，共苦也罢，都得坚守下来啊。我如果离开徐家，人是会轻松的，可心能安吗？我能看着徐协武自生自灭吗？"劝说之人听了，心里充满敬佩，不再劝她分手了。

父母是儿女永远的牵挂，无论走到哪里，无论年龄多大，都想时常回到父母身边，看看父母是否健康，帮父母做点小事。

自从丈夫卧床后，黄玉仙很少回过娘家，即使有事回娘家一趟，也像火烧屁股一样马上赶回自己家，没有在娘家住过一晚。现如今，父亲已过世，90多岁的母亲行动不便，由妹妹照顾起居。作为长女的黄玉仙心里充满愧疚，经常为不能尽孝心侍候父母而自责流泪。

看到妻子流泪，徐协武心里也不是滋味，他多次劝黄玉仙常回娘家看看，但每次的建议都被妻子否决。妻子的付出让丈夫感激涕零，他常常对看望他的亲戚邻居说："如果没有我老婆，我恐怕早就不在世间了，我一病就是30年，她吃过的苦头难以说清，该享的福基本没有享，这些年来她想去逛一次县城都没有机会，她把她的大半生青春都奉献给了这个家。如果真的有下辈子，我希望还能与她做夫妻。"

好母亲：倾心呵护不言累

屋漏偏逢连夜雨，灾难一而再地降落到黄玉仙身上。2019年后，黄玉仙的儿子女儿也先后出现了风湿性"怪病"症状，以她儿子徐云峰的症状最为严重。刚开始，徐云峰勉强还能生活自理，2020年开始，他只能依靠拐杖和轮椅了。女儿正在读高中，妻子要进城陪读，他常常处在无人照料状况。

病在儿身痛在娘心。为照料儿子，黄玉仙请人将儿子接到家中，倾心照料其起居。她帮儿子按摩身体，还尝试着做儿子心理导师。悲哀莫过于心死，已年过半百的儿子看着自己病情不断加重，逐渐心灰意冷，情绪低落到极点。黄玉仙开导儿子说："妈妈一生所遇苦难不能说不多，但我从来没有放弃生活信念，命运给我什么我做不了主，但活成什么样我自己说了算，不能自暴自弃让人看不起。何况我们还有家人，我有你父亲和你们这些子女，你有老婆和女儿，我如果想不开了出了什么状况，谁来照顾你父亲和你们？你如果想不开出了什么问题，你的妻儿怎么办？为他们着想也得好好活着。"

对于妈妈的苦楚，徐云峰是最有感触的，从他能够记事那一天起，他就记住了妈妈的辛酸。妈妈太累了，以至于不管白天晚上，只要得空儿，妈妈总是打起瞌睡；妈妈太穷了，几十年来妈妈很少添置过衣服，一件衣服到了实在是穿不下去的时候，她才将它拆了做鞋料。妈妈是坚强的，再苦再累她从不言语；妈妈是无私的，逢年过节家里有点好吃的，她总是省给大家吃，自己很少动筷子。想起这些，徐云峰泪流满面地说："妈妈你一生为我们操碎了心，做儿子的本应该多孝敬你服侍你才对，到头来还得要你服侍儿子，你叫儿子于心何忍？"

黄玉仙说："你知道做母亲的需要什么吗？母亲需要的不是儿子回报，而是儿子生活得好。你只有安心养病，才能有康复的希望。你的希望就是妈妈的希望，你能安心妈妈才能心安。"

妈妈真情开导温暖了儿子心境，让他增强了生活信心。

一天，黄玉仙接到大女儿打来的一个电话，说由于走路不太方便，前段时间还摔了一跤，身上有好些伤口，现在连上班也成了问题。黄玉仙听罢，心如刀绞，眼里溢出了泪水。她强忍抽泣，赶紧安慰女儿。等挂断电话后她开始责问上天、祈祷上天："老天爷啊，你为什么这样不公，一而再地将灾难降落到我们一家人身上？老天爷啊，你行行好吧，放过我的家人吧，哪怕将灾难降落在我一个人身上，我也心甘情愿啊！"

从此以后，黄玉仙每天都要利用晚上空闲时间打电话给大女儿、小女儿，询问她们生活情况，叫她们放松心态，常常聊到深夜。女儿们关心母亲健康，劝她早点休息，她总是说不累，不把女儿安顿妥当绝不罢休。

久病成医，说的是患病时间长了，会懂得一点治病"皮毛"。黄玉仙服侍病人50多年，对治疗风湿性"怪病"有些心得，比如在饮食对病人影响、如何减轻病人痛苦、用药注意事项等方面，她都能说出一二三来。她便通过电话交流，将这些良方反复灌输给儿女们。

电话通话说方便也方便，跟儿女们通个话随时都行；电话通话说不方便还真不方便，只能闻其声难以观其容。长此以往，女儿那头，说病情的信息少了，劝妈妈多休息的话多了，黄玉仙有时怀疑两个女儿在善意撒谎，对自己瞒报病情，以致每次打完电话后都恨不得飞到女儿家看个究竟。通话有挂断的时候，但母亲对女儿的挂念是永远也挂不断的。

种菜是黄玉仙每天必修课。只要一得空儿，她就去菜园忙活：翻地、撒籽、浇水、上肥……每个环节都细心做好。多种些菜，除了保障自己食用，还为两个女儿生产些绿色菜品，找机会带给她们。方便的话就带些新鲜蔬菜，不方便的话就带些干菜和咸菜。夏天，豇豆长势旺盛，采好豇豆，放在太阳底下晒两天，水分蒸发得差不多了，收起来用塑料袋包好，一份干菜便制成。秋冬之交，白菜、萝卜上市，洗好了，切成丝子或丁子，放在太阳下晒够时间，再放到罐子里腌渍一段时日，两份咸菜也制好。就这样，黄玉仙把又一份母爱寄托在种菜制菜上。

真情守护，拨开云雾见日月，好事情也常来光顾黄玉仙。政府部门将黄玉仙丈夫定为低保对象，帮助其解决部分生活困难，并且将黄玉仙孝老爱亲事迹上报有关部门，她因此获得"繁昌好人""芜湖好人"表彰；50年来，她受到了乡亲们无数次生活帮助和精神鼓励，为她战胜困难增添精神动力；现如今，丈夫、儿子、女儿也逐渐改掉了暴脾气，心平气和地接受治疗，康复信心不断增强；今年孙女已高中毕业，顺利考上大学；而且黄玉仙相信，随着科学技术的不断发展，这风湿性"怪病"早晚必有被攻克的那么一天，全家人过上平安幸福生活的日子也许就在眼前……

汤昌根，先做过教师，后供职于繁昌报社、繁昌区融媒体中心。业余写作小品剧本多个，其中《纪检员之恋》代表安徽省参加华东六省一市汇演并获奖。偶有散文、诗歌作品发表于《中国作家网》等平台。

嫂　娘

——记"芜湖好人"凌桂珍

夏　娜

　　七月盛夏，虽然才早晨六点多，日头却早已高高挂起，明晃晃的，照得人和物都火辣辣的。芜湖繁昌新林镇陈湾村的一处农家小院内，67岁的凌桂珍和往常一样，不畏烈日的蒸晒，打理着自家院子里种的农作物，丝瓜、黄瓜都爬上了藤，结出了果，凌桂珍想着中午可以做一顿丝条汤了。不远处的廊檐下，一个一米左右高的身影挂着一根细长的棍乐呵呵地看着凌桂珍忙碌的身影，远远望去像是一幅祖孙俩夏日和乐的画面。"你在这里干么事嗨，外头热，听话。快进去。"凌桂珍对着那个矮小的身影一顿呵斥，随后自己拿着新摘下的蔬果一边牵着那个小人儿一边往屋里走。待那小人身影转过身，面容却足以吓人一跳，小眼睛，塌鼻梁，扁嘴唇，五官似乎都挤在了一起，满是皱纹的脸庞实在看不出来这是一个几岁的儿童，倒更像是一名中年男子。"快叫人"，凌桂珍像是哄小孩般地对身旁的小人说道。那长着孩童身躯成人面孔的小人嘴巴里哼哼了两声，随即扶着那根长棍坐在堂屋的沙发上，像孩子般乖巧地静静看着凌桂珍和村干部鲁书记聊天。

"他的补助这个月记得来领。"鲁书记对这家人极为熟稔，一般上门不是帮忙就是发钱发物的。凌桂珍笑着应下，又眼带慈爱地扫过鲁书记口中的"他"的脸庞，他还是那么乖巧，仿佛不知道大家讨论的是自己，可凌桂珍却知道，"他"——名叫张诗保，是自己的小叔子，是一个有着五十岁出头的年纪却只有几岁智商的残疾人，是世人眼中不解的累赘和负担，是已过世的婆婆对自己的信任和嘱托，是自己用善和爱抚养了八年的亲人。

缘　起

1990年，一个再寻常不过的秋日下午，刚干完地里农活的凌桂珍正准备给家里的两个孩子做晚饭，13岁的大儿子张书兵已经上了中学，放学要迟一点，小女儿张书霞才10岁，写完作业在家门口和小伙伴们玩耍，只见一名乡亲急忙急慌地冲过孩子们刚搭好的泥巴房子，拉着凌桂珍就往外跑。凌桂珍身上的围裙还来不及解下，忙问什么事。"不得了了，你家男人开拖拉机被电打了。"凌桂珍脑子里顿时一片空白，后面的话也听不清记不得了，就记得等她赶到的时候，丈夫的尸体已经被拖走了，家里的顶梁柱没了，凌桂珍的天也塌了。

处理完后事，看着家里的一双儿女和几亩薄田，凌桂珍不禁泪流满面。孤儿寡母的，以后的日子可怎么过？

村里的干部和乡亲看不过，想着劝凌桂珍再嫁，却被她拒绝了，拖着一双儿女，她不想再嫁到别人家给孩子们添堵，甚至想就守着这几亩薄田总能把日子熬过去。然而苦酒难喝，寡妇难当，丧失了唯一男性劳动力的凌桂珍家就像风雨中的一片芦叶，一不留神就被雨打风吹了去，且不说抚育两个孩子长大成人需要经济来源，就算这几亩田地，她一个寡妇也很难做下来。就在此时，一个叫张诗金的汉子走进了凌桂珍的视野。

张诗金的名字凌桂珍以前模模糊糊地也听到过，都在一个村子里，好像还是已过世的孩子他爹的远房表亲。张诗金是补鞋匠，在家排行老二，中等身材，长得精瘦，因为家里困难，快四十了还是光棍一名。家里困难的原因除了穷，还有一个大家都知道的原因就是他有个排行老幺的特殊弟弟。弟弟叫张诗保，是母亲刘代兄41岁时才生下的幺儿子，然而出生没几天，张诗保就患病了，他被医院诊断为先天性侏儒症，智商也被判定最多只能成长到两三岁儿童的水平。

乡亲们都知道，刘代兄是个顽强坚韧的女人，几十年来，一直是身为母亲的刘代兄每天起早贪黑，不离不弃地照顾残疾儿子的衣食住行。特别是老伴去世后，母子俩更是相依为命。二儿子的婚事也是刘代兄心口一块大石，所以听人介绍了同村的寡妇凌桂珍后，刘代兄二话不说，同意老二张诗金入赘凌桂珍家。而凌桂珍听说张诗金算是亡夫的远方亲戚，没有婚史，又愿意到她家来上门过日子，再看看两个年幼失怙的孩子，便应下了这桩事。就这样，光棍张诗金和寡妇凌桂珍凑成了一个新家庭。

中国的村庄就像一张很疏的网，把许许多多有那么一点点沾亲带故的人网罗在一起，然后世世代代就在一片并不大的土地上生存，过着一种缓慢而松散的生活，就像绕着村庄流淌的水，曲折蜿蜒，从来不奔腾澎湃。组成新家庭后，张诗金不再继续他补鞋的营生，毕竟有了自己的家，家里不仅有媳妇儿还有两娃。除了耕耘凌桂珍家的几亩田，他还在后面的山头上搭了一个小屋，开始养鸡养猪，虽然比之前脏点累点，可是凌桂珍是个勤劳的好女人，每天晚上，凌桂珍都仔仔细细地把每只小鸡仔撵回家，然后在窝棚里打理收拾，有时要到凌晨两点才能睡觉。张诗金觉得活了四十多年，头一回有了累并快乐着的感觉，干活也更带劲了，鸡生了蛋，继子继女的碗里菜色也丰富了起来，再不同于以往一人吃饱全家不愁的日子，张诗金懂了肩头有担子，心中有挂念的滋味。凌桂珍也觉得日子过得有底气了，别看张诗金瘦弱，家里多了一个男人，女人和孩子出门的胆气都不一样，虽然张诗金有时脾气执拗，碰到不顺心的事也发脾气犯浑，但是对两个继子女是真心疼爱，视如己出。虽是半路夫妻，倒也一起和和美美相濡以沫地生活了几十年。随着孩子们逐渐长大成人，工作结婚，慢慢的，家里就剩下了凌桂珍和张诗金两个人，而出人意料的是这样的"二人世界"在八年前却因为婆婆刘代兄的溘然长逝被打破了。

缘　续

2015年，平铺镇新林村的一处农舍里，89岁的居民刘代兄，嘴唇微翕，眼睛已经失去光泽，像是被风化一般，饱经风霜的脸上有无奈有不舍，"妈，你还有什么心愿未了，我们都在。"刘代兄的四女儿张诗妹轻声在老人耳边说道。老人眼珠转了转，似是想看向小儿子张诗保的方向，却又有心无力。

说到刘代兄，其实算是新林村的名人，只是这个名刘代兄自己并不想出，因为出名的原因背后是生活带给她的无尽苦涩。

刘代兄老家在三山区虬湖村，很小的时候她便以童养媳的身份来到了几十公里之外的平铺新林村。她一生与丈夫总共生育了七名子女，生活过得很是艰难，老话说麻绳专挑细处断，最小的儿子张诗保出生没几天就患病并诊断为侏儒和重度痴呆的现实让本就不富裕的家庭雪上加霜。

哭干了眼泪的刘代兄没有被苦难打倒。每天早上五点，她准时起床做家务，张诗保的免疫力不高，所以身为母亲的她每天把家里收拾得干干净净，生怕儿子得病。做好早饭后刘代兄又如照顾婴儿般地帮儿子张诗保穿衣，洗漱，让他坐好并喂他吃早饭。因为经济条件困难，刘代兄的家里除了孙子送来的一台电视机便只剩一个煤气灶，然而老人因为不舍得花钱几乎没用过，还是习惯拄着拐棍去山上打柴烧火。餐桌上基本也没什么像样的菜，平时吃的多是自家腌制的咸菜。好在张诗保并不挑食，好像知道老母亲照顾他的不易，张诗保性格十分乖巧。刘代兄的丈夫患有严重的气管炎，农活做不得，重活干不得，除了照顾张诗保，家里家外可以说全靠她一个人支撑。而老伴去世后，张诗保就只有母亲作为唯一的依靠。有人曾提议将张诗保送到福利院，但是被刘代兄拒绝了。她一方面担心儿子语言行动能力低下无法与其他人沟通，一方面也生怕增加社会的负担，最终坚持由她自己亲自照料。

随着年纪越来越大，刘代兄渐渐地也有些力不从心，几个子女的家庭境况也不是十分宽裕，儿媳凌桂珍倒是有时来照应一下，送点东西，但毕竟儿子张诗金是入赘过去的，凌桂珍自己家里还有两个孩子。刘代兄心中感激，却也不敢指望什么。如今，辛劳了一生的刘代兄如同一台超负荷运转的机器，生命进入到了倒计时，能让一名母亲临终前念念不忘的唯有她的儿女，特别是异于常人的小儿子张诗保。她有太多的担心，张诗保不会与人交流，病了痛了不会喊，只能靠周围人的细心观察；张诗保大小便不能自理，虽说身形智商如同孩童，可毕竟生理年龄已经是一名四十多岁的成年男子，谁来照顾他的起居生活；她撒手一去可以远离这带给她无数苦痛的人世，可小儿子张诗保却无处可去，无人可依。

看着这名坚强的老人始终强撑着最后一口气，几名儿女心知是母亲放心不下幺弟，于是一致决定张诗保由几名兄弟姊妹轮流照顾，由女儿张诗妹告知母亲后，却见刘代弟依然不愿意合眼，就在众人不解之时，一旁的凌桂珍开口了："妈，您放心吧，小叔子我们管，只要有我们吃的，不会少了他的，我一定好好照顾他。"在凌桂珍的郑重承诺声中，曾被评为繁昌县首届"十大杰出母亲"，繁昌县孝老爱亲好人的坚强母亲刘代兄含笑而逝。

刘代兄过世后，几名子女都遵守了对母亲临终前的承诺，轮流给张诗保送饭、打扫、洗衣，只是张诗保还住在父母先前的屋子里，他依旧每天傻呵呵地看着来照顾他的亲人们，却不知道世上最疼爱他的那个人已经远去了。凌桂珍看在眼里，疼在心里，婆婆在世的时候，她亲眼见到婆婆对这个傻儿子不离不弃地照顾和付出，如今虽说哥哥姐姐们也勉强能让张诗保吃饱穿暖，但是这个傻傻的小叔子却从此以后失去了亲人的陪伴和细致的照料。有一次，凌桂珍去张诗保那里送饭，发现上一顿的饭菜没怎么动，蝇虫围绕着剩饭剩菜直打转，屋里还有难闻的大小便气味，便知道生活不能自理的张诗保一定又随地解手了。待凌桂珍打扫完，再看着身旁这个一脸无辜的傻小叔子，心中暗自叹了一口气，一个大胆的想法冒了出来：两三岁的孩子离不了人，那只有两三岁智商的张诗保不如就跟着自己吧。

自从萌生出这个想法后，凌桂珍已经辗转反侧了好几个晚上，她也有自己的顾虑。如果说父母照顾子女是天经地义，兄弟姐妹之间互相照顾是血浓于水，那她这个嫂子照顾小叔子何况还是个生活不能自理的小叔子真不知道世人该如何评议。她跟老伴张诗金商量，张诗金本就是兄弟几个中最疼爱小弟弟张诗保的，上次因为大哥夏天没给张诗保开空调的事情还跟老大吵了一架，张诗金满口赞成，但是还想征求下继子女的意见。他心里知道若真把张诗保接过来，虽说自己才是张诗保的亲兄弟，但其实真正受累的还是老伴凌桂珍。令他没想到的是继子张书兵和继女张书霞爽快同意。张书霞更是对母亲笑言："妈，我们都不在身边，你把叔叔接过来就当自己跟爸又生了个小娃，还能排遣排遣寂寞不好吗？"凌桂珍闻言笑锤自己的女儿。凌桂珍在刘代兄临终前的表态言犹在耳，张诗金回家跟其余几个兄弟姐妹一商量，大家都没想到还有人愿意如母亲在世时一样做到贴身照料弟弟张诗保，但却又都很放心把傻弟弟张诗保交给爽利勤快的凌桂珍照料，就这样，张诗保正式搬到了凌桂珍家，成为了凌桂珍的第三个"孩子"。

缘　深

人称"孬子"的张诗保虽然只有两岁智商，但到了嫂子凌桂珍家里后发现一切又变回了他熟悉的样子。清晨五点，凌桂珍就起床了，烧水做早饭，叫张诗保起床。村里的干部鲁书记发现以前老是兜着一个口水兜嘴边挂着口水的张诗保如今也穿得清清爽爽的了。原来凌桂珍发现虽然之前婆婆刘代兄对张诗保照顾得无微不至，但是一些他明明可以掌握的生活基本技能却没有人教他。

在凌桂珍家，张诗保学会了早晚要用牙刷刷牙，学会了刷牙之后，不知怎么口水也不流了，张嘴也没有难闻的气味了。凌桂珍还将好心人送来的衣服按照张诗保的身材改成了适合他穿的长短样式，虽然都是旧衣服，但是张诗保身上总是保持干净整洁。而不管春夏秋冬，凌桂珍家的饭桌上总是有四菜一汤，有荤有素，张诗保在嫂子这里不仅没有受到苛待，甚至体重还增加了。凌桂珍的两个孩子回来的时候也不停地往叔叔张诗保碗里夹菜，丝毫未觉得家里多了一份负担，只是觉得又多了一个亲人。最让凌桂珍得意的就是教会了张诗保上厕所，以前的张诗保上厕所从来不挑地方，脱了裤子就往地上一蹲，因为不知道叫人，好多次甚至拉在了身上和床上，凌桂珍也不嫌弃，帮他擦洗换上干净衣物后如同教孩子般地告诉张诗保大小便要叫人，要去厕所，如果教了几遍还犯错，凌桂珍也毫不留情地在他屁股上打上两巴掌让他长记性。张诗保喜欢看电视，电视里无论播放什么他都很感兴趣，母亲在世的时候想省点电费，别人送的一台旧电视机几乎不怎么打开，到了凌桂珍家，闲暇时，凌桂珍会让老伴张诗金陪着弟弟张诗保一起看电视节目。凌桂珍觉得既然两岁孩子能叫人，张诗保应该也可以，于是又像娘教孩子一样日复一日地教张诗保简单的称呼和发音。四妹张诗妹有次到哥哥家来看弟弟，几十年来一直只会咿咿呀呀的张诗保居然张口连叫了几声姐姐，这让张诗妹激动得热泪盈眶。每个母亲对亲自教导培育出来的孩子都有种成就感和自豪感，凌桂珍说到张诗保的优点时也如数家珍："他乖得很，从来不像小孩子一样撒泼耍赖，听话得很，也不好吃，但别看他孬，其实心里都晓得，有次我跟他哥开玩笑让他拿棍子敲他哥，他就是不肯。如果身上哪里不快活了，也不搅……"说到这里，倒是让凌桂珍后怕了起来。

　　婆婆在世的时候，特意叮嘱过，张诗保因为太乖，也不太会跟人交流，所以即使生病了也发现不了，只能靠周围人的细心观察。一天早晨起来，凌桂珍跟平时一样将做好的第一碗饭送到张诗保面前，却发现张诗保根本没动筷子。凌桂珍觉得奇怪，但觉得可能是天气热，张诗保没有胃口也就未放在心上。谁知一整天下来，张诗保都吃得很少，凌桂珍着急了，这样下去营养可跟不上。她情急之下找出过年时孩子们送的牛奶，硬是逼着张诗保喝了一袋下去。张诗保委屈巴巴地把牛奶喝完，还是不吭声。当妈的都知道，孩子生病最焦急的就是妈妈。张诗保不舒服了，最焦急的恰是一直把他当孩子照顾的嫂子凌桂珍。"走，去医院。"凌桂珍当下决定。可是张诗保从刚学会走路时因为怕摔跤就一直拄着一根竹竿做的细长拐棍，几十年来，因为不方便行走，那根细棍基本不离手，他也很少出门。可是最近的新林医院距离凌桂珍家走路也得十几分钟。凌桂珍找乡亲借来了三轮车，别人一听要送傻弟弟张诗保上医院，连忙问要不要帮忙。"不用不用，这点子力气我还有。"凌桂珍拒绝了，在张诗保的事情上，她跟已经过世的婆婆刘代兄观念一样，能自己做的就尽量不麻烦别人。天色渐渐暗了下来，暮色中，六十多岁的凌桂珍满头大汗地蹬着三轮车，后面坐着的背影乍一看以为是孩子，熟人却知道是她的傻小叔子张诗保。好不容易到了医院，医生却云淡风轻地开了几服药，告知她只是着了凉喉咙发炎。凌桂珍却急了眼："那要瞧不好，我就送他去繁昌的大医院。"话里话外都透着母亲般的焦虑。"你去市里看也是一样。"医生的诊断不容置疑。凌桂珍说送到区里的大医院不是气话，几年的相处，三轮车里那小小的背影已经由嘱托、责任变成了亲情和挂念。她不敢想张诗保要是由于她的疏忽导致生病不治带来的后果，那真是没法去面对九泉之下的婆婆，更没法原谅自己的粗心让这个弱小的生命再次承受病痛。"现在吃了点药，好了，就是喉咙里还有点痰，老是呼呼的。"凌桂珍皱了皱眉，还是有点不放心。

"不就是个'孬子'吗？死了拉倒呗。"借车给她的隔壁婶子觉得凌桂珍小题大做，有些过分小心了。凌桂珍闻言急忙制止她继续说下去，这话自己听了也就算了，要是被向来疼爱小弟的老伴张诗金听了去不免又是一场争执。其实，从凌桂珍决定将张诗保带到身边抚养照料的那日起，周围人的流言蜚语就没停止过。特别是她被评为"繁昌好人"后，传言更是尘嚣日上。有说她沽名钓誉的，有说她是看在张诗保每年几千块的五保户补助的，还有说她不知避嫌哪有嫂子带着个小叔子贴身照料的。难听的话凌桂珍听了几背篓，可是她依然每天默默地做着自己分内的事。倒不是觉得自己多高尚，作为一名没读过什么书的农村妇女，凌桂珍说她也有自己的小九九。

老伴张诗金倒插门过来的时候身体就不是很好，这些年一直当肺结核在治疗，可是两年前，张诗金被检查出患有肺癌，被诊断最多有半年寿命。这突如其来的噩耗如晴天霹雳让凌桂珍一如三十一年前般，懵了。和张诗金父子情深的张书兵当时就哭了出来，"我妈咋就这么命苦呢。"女儿张书霞也为六十多岁的母亲担忧道。一边是生活不能自理还需仰仗自己生活的小叔子，一边是生病住院正在化疗的老伴，凌桂珍过起了新林家里和芜湖弋矶山医院两边奔波的日子。儿女们怕凌桂珍辛苦，哪怕远在外地也抽空过来照顾张诗金，替换一下凌桂珍。可暴脾气的张诗金却首先崩溃了。

化疗结束后，张诗金跑到后山上当初为养鸡搭建的棚屋里，一住就不愿下来，凌桂珍把饭菜做好了三请四邀，他才不情不愿地下来扒拉两口饭又上去了。有一次，凌桂珍又上去喊张诗金下来，张诗金却不知怎么像中了邪一样对凌桂珍大声嚷嚷："滚，给老子滚，老子不靠你。"凌桂珍忍住委屈，泪水在眼眶里打转，她知道，自从生病后，张诗金不仅生理上承受着病痛，心理上更是遭到了巨大创伤。他觉得自己时日无多，是个废人，不想再连累凌桂珍。凌桂珍伤心之余，搬出了张诗保，她耐心地对老伴说："你就算不想看到我，弟弟你总要下去看看，他看不见你嘴里一直哼哼唧唧地喊哥哥。"说到张诗保，张诗金的表情有所触动，总算答应了凌桂珍的请求，回家的路上，张诗金望着走在前面的凌桂珍的背影，回想到的却都是她的好。她在母亲临终前掷地有声的承诺，她不顾周遭人的眼光和评论义无反顾照料自己残疾弟弟的几千个日夜，她在自己生病后为了不让自己辛苦忍痛卖掉养了几年的鸡崽，却在家门口的新林街道上找了个保洁员的工作，只为了让家里多一份收入的同时还能兼顾他们兄弟二人。从山上棚屋到山下堂屋的这条路很短，但是只要追随着凌桂珍的脚步，堂屋里总有他们兄弟俩的一口热饭热汤，总有迎接他的一盏灯光，总有一个家的温暖，像一辈子那么长。"那个，礼拜天喊小霞回来，拿点笨鸡蛋回去。"张诗金忽然没头没脑地对前面的凌桂珍说道。"你要真有心么，自己送过去，他们为点鸡蛋回来，每次不是带条烟就是带点水果……"以为张诗金还在闹别扭的凌桂珍随口接到，但是又忽然想到了什么，回头看看表情依然傲娇的老伴，凌桂珍想笑又忍住了，她打的如意算盘生效了，只要张诗保还在她身边，兄弟情深的张诗金的心就得跟着她走。张诗金却没理他，背着手掠过她，下山去找他的弟弟玩去了。

后　记

2023年，"平铺镇好人大道"在繁昌区平铺镇五华山路建成，这条特殊的大道集中展示了近些年当选的24位各级各类身边好人、道德模范和志愿服务优秀典型、先进典型事迹。这些好人事迹引得路人纷纷驻足称赞。其中，数年来如一日照顾患有先天性侏儒症小叔子的"芜湖好人"凌桂珍的名字和感人事迹赫然在列。如今的凌桂珍虽已到花甲之年，给小叔子端饭送水、洗脸擦身仍然是她每天生活的必修课。只是，她的身后多了一群接班人，她的儿子、儿媳、孙辈们在她的感召和教育下，正在传递着爱的接力棒。但凌桂珍并没有因此而停歇下来，她说："只要我还能动，就要照顾好弟弟，这是我对婆婆的承诺，也是对自己的承诺。"她当嫂又如娘般的大爱无私、宽广的胸怀和对责任的坚守感天动地，让人无限敬佩。

站在这条"星光大道"上，感人的故事历经时光磨洗而经久不衰，我不禁思考一个问题，"嫂娘育孤"的故事可以说是感动世人，流传后世，但到底是什么原因让凌桂珍殚精竭虑，无怨无悔地抚孤育孤，何况还是这么一个异于常人的亲人呢？在落笔本文之前我决心找出这背后的动力。

采访凌桂珍后我搜集了大量的贤良嫂子孝老敬亲、扶孤育孤、诚实守信的资料，想通过对这些资料的分析和比对找到答案。期间，我曾把这种背后的、看不见的动力归纳为人格的力量，或者是爱的力量。但我失败了，我发现人格的力量和爱的力量有作用，但还不足以支撑一个没有任何血缘关系的女人历经艰难困苦而决不放弃。我还思考过理想、信念、信仰等众多的动因，好像均似是而非，不能完整地、清晰地、让人信服地概括出这种付出和奉献背后的真实原因。那么，究竟是什么东西在支撑着这样一个饱受生活磨难的朴实农妇，历艰辛而不倒，经困苦而不垮呢？直到有一天，我在电视上看到一则故事：在美国蒙特利湾海洋馆中一只名叫罗莎的水獭将一只水獭宝宝抱在怀里，而这个宝宝并不是罗莎自己的孩子。除了给收养的宝宝足够的母爱，罗莎还教给她基本的生存技能，以便它长大后有能力独活下去。在蒙特利湾海洋馆，还有很多像罗莎一样收养其他动物后代的"代理妈妈"。于是，灵光一闪，"母性"这个伟大的字眼一下子在我的心目中灿烂起来。是的，就是这个词，只有这个表述母爱本能的词语，才能深切地表达出大千世界中异类相哺、热锅中泥鳅弓背、危难中母亲舍身护子等让我们唏嘘不已的故事的核心内涵，是无数母亲、无数女性在历尽沧桑而不改的坚韧品行，是需要我们这代人鼓励宣扬、我们下代人继承珍藏的宝贵品质，这便是好人凌桂珍故事的内核，一个当代嫂娘背后所蕴含的力量和光辉。

夏娜，女，1984年生，安徽省马鞍山当涂县人，现就职国家电网芜湖供电公司繁昌区公司，中国电力作协会员，芜湖市作协会员。曾获全国散文年会二等奖，海内外华人散文笔会二等奖，作品散见《散文选刊》《脊梁》《大江晚报》《学习强国》等。2023年入选中国电力作协百名重要中青年作家。

第五编 ◇ 见义勇为

守矶人的勇敢勋章

——记"中国好人"万甫兴

张诗群

　　我对守矶老人万甫兴的采访共有两次，两次采访的时间相隔了15年。第一次是在板子矶上守矶人窄小的瓦屋内，离她见义勇为护住文物的那一日已有一年有余；第二次是在2023年暮春，在繁昌区获港镇笔架村她安享晚年的家里。15年的时光说长不长说短也不短，她脸上的皱纹更深，短发更白，神情却依然严肃甚至稍嫌刻板，仿佛15年前的慷慨凛然一直聚敛于胸，未曾片刻松懈。板子矶上的那一夜，已然成为她一生的勋章。

一

　　第一次采访万甫兴是在一个寒冷的上午，那天正好赶上入冬以来强冷空气首次骤降，清晨开始便天色灰暗寒风凛冽。几天前就和获港镇党政办的工作人员约好，请他帮忙联系上板子矶的船，但是这样的天气有没有船愿意靠岸是个未知数。我们在街头焦急等车的空档,电话联系到板子矶所在的新河村负责人,对方答复说可以让正在矶上搞旅游开发的运输船接送我们。想到守矶老人万甫兴就是在这样一个与江岸阻隔的孤岛上与盗贼周旋,心头更添敬重几分。

到达江边,小雨终于飘洒而下。冬天的江水枯瘦了许多,站在船上,隐约可见吃水线下泛白的矶石。几排刚修建的栈道顺着岩石斜斜伸向矶顶,几台挖掘机正在不紧不慢地作业——彼时尚且不知,板子矶将在几年后成为远近闻名的红色旅游景点。

采访万甫兴一直是我的心愿。即使没有见义勇为的事迹,作为长江二十四矶之首的守矶人,她和老伴在江心孤岛上的生活——远离闹市喧嚣,枕江水浪涛入眠,与草树共老的日子也是异于常人的。

矶上能称为建筑的不多,除了人们约略知道的黄公阁、险些被盗的明塔、渡江第一船纪念碑和一座刚修缮不久的寺庙,再有就是守矶人居住的两小间平房。走进简陋的屋子,是一目了然的拮据。一扇墙壁将屋子一分为二,里间是一张木板床,外间靠墙摆着一张堆满杂物的四方桌、一把竹椅、一张条凳,从窗口透进的光线下,灶台和零零碎碎的物件被蒙上一层暗淡的光影。这是万甫兴和老伴的所有家当。

听到我们的喊声,万甫兴从里间走出来。这是一个普通得不能再普通的老人,灰布上衣下是藏青粗布长裤,矮小的个头,花白的头发,并不清亮的眼睛目光坚毅,这是老人给我的第一印象。在那个月黑风高之夜,难以想象她独对六个青壮年盗贼时,需要多大的坚强和勇气。

知道我们的来意后,她转身回到里间,一阵窸窸窣窣的翻找,很快抱着一沓纸走出来,找出外地记者采访她的样报:"你看,这是人家来写的。一想起那晚的事情,我还是忍不住要发抖。"

这时,一只黄狗从门外慢慢踱进来。她伸手捋一捋黄狗身上的毛，低下头说："那天晚上，我家阿黄快叫疯了。"又指着木板门的下角："你看，这底下的破洞，都是它抓的。"木板门靠门锁一侧，有被刨出的一条条爪印，破得最厉害的地方已被抓烂，卷起的毛边像一排流苏。可以想象，9月9日晚当盗贼来到岛上时，最先听到动静的阿黄反应多么激烈，它狂跳狂吠，对关住它的木门猛抓猛挠，它惊雷旋风般的动静让万甫兴起身下床，打着手电，拉开木门，走向漆黑的屋外，与六个盗贼迎面遭遇……

那是一个多么惊心动魄的夜晚啊，所以万甫兴说，想起来还是忍不住要发抖。

"那晚命都差点没了。"老人摇了摇头，像要赶走脑海里惊恐的苍蝇，她的思绪一下子沉浸在回忆中。我想平复她的情绪，于是央她说一说过去，老人擦擦眼角说："要说我的过去啊，真能大哭一场。"

二

1945年，万甫兴出生在原繁昌县芦南乡（现属荻港）新河村一户贫农家中。抗战胜利的喜悦笼罩全国，人们在苦难生活中萌发新的期盼——甫兴，这个名字包含的寓意不言自明。但在那个年月，贫寒人家的美好愿望也仅仅是梦想罢了。四岁那年，母亲去世，年幼的万甫兴成了没娘的女娃。

父亲再婚后，继母一连生了六个孩子，多了六张嗷嗷待哺的小嘴，对这个困窘之家来说无疑是雪上加霜，全家人在忍饥挨饿中勉强度日。奶奶对没娘的万甫兴格外疼爱，每天夜晚，奶奶给万甫兴讲故事、教她做人的道理，勉励她说："你是万家的长女呀，凡事要往大处看，要担得起长姐的责任，给弟妹们带个好头，做个好榜样。"

弟妹们年幼，生活的重担过早地落在万甫兴肩头。每天半夜，她要摸黑起来，微睁着惺忪睡眼，给弟妹们把完尿再哄他们入睡。天还没亮就早早起床，上山砍柴、下地锄草，再回家帮奶奶做一家人的早饭。看到孙女瘦弱的身影和蜡黄的小脸上挂满汗珠，奶奶总是心疼地端一碗热水给她，家徒四壁，除了热水，再也没有什么能表达她对孙女的疼爱。

转眼，入学的年龄到了。万甫兴从未想过读书和自己有什么关系。一是家里穷，读不起书，退一万步说，就算读得起，这个家还得靠自己帮衬，每天坐在教室里，那会浪费多少劳作的时间！可看到同龄人斜挎着小书包从门前走过，她还是会满眼羡慕。

有一天，奶奶神色肃然地把父亲叫到面前，对父亲说："让甫兴丫头去读书！"

父亲皱起眉，奶奶的要求让他很为难。万甫兴已超过入学年龄，让她去读书，家务谁做？弟妹谁带？六个小的都要读怎么办？能填饱肚子已是万幸。

父亲沉默半晌说："恐怕不行。家里就这情况，她继母，还有那些小的，也不见得同意。"

奶奶快刀斩乱麻："你同意了就行，他们不同意我顶着！家里事我来做！"

终于，万甫兴背起了小书包。她异常珍惜这来之不易的机会，课堂上认真学习不敢有丝毫懈怠，一下课就拼命往家跑，抢着下田割草做家务。就这样，几年下来，成绩在学校名列前茅，做农活也比过去更利索。

但这样的好日子没有持续多久，奶奶的去世让万甫兴的求学时光画上了句号。那一年她准备到邻乡的马坝中学上初中，年老体弱的奶奶熬到油尽灯枯，无限挂念地离开了人世。万甫兴哭得肝肠寸断，再没有人为她计划今后的人生了，再没有人斩钉截铁地支持她继续求学了。

果然，读初中的愿望很快成了泡影。马坝中学离新河村几十里路，住校是必然的。父亲算了算，几年下来，学费、生活费、住校费加在一起共计四十多元，这在当时的农村是个了不得的支出。加上万甫兴一住校，家里将彻底失去她这个好帮手。

万甫兴默默地同意了父亲的安排。能说什么呢？父亲维持这个家，确实含辛茹苦，能够让她圆满读完小学，已属不易。

十八岁那年，媒人到万家来提亲。万家的女儿不愁嫁，这句话一点也不虚夸。当年，像万甫兴这样能识字会劳动的姑娘，在附近还真找不出几个。对象叫高世余，家住荻港镇笔架村，也是一户贫寒人家长大的娃。父亲说，穷不要紧，知冷知热就行。在父亲看来，大女儿这辈子没有娘疼，怎么也得找个疼她的人。

十九岁的万甫兴嫁到了笔架村。很快，全村都知道了这个新媳妇样样是把好手，识文断字不说，做起农活来也比男人利索，在邻居们的眼里，她是铁娘子一样的能人。

1964年，笔架村推选贫下中农协会代表，万甫兴被群众推选为正式代表和协会委员，下半年，又被推选为笔架村妇女主任。

1965年，原芦南公社举办新法接生员培训班，万甫兴参加了培训。之前，笔架村新生儿一直沿用老法接生，死亡率之高成为悬在全村人心头的利刃，产妇分娩好比游荡在鬼门关口。万甫兴学成归来采用新法接生后，新生儿再未发生过死亡事件，她给全村人带来了希望。

角色的转变给了万甫兴从未有过的心灵体验。全村人信任和肯定的目光让她备受感动，但那些热切的笑脸，又让她觉得担子很沉。望着草屋顶上的满天星光，一股热流在她心头滚过，她想，回报这一切，只能更用心用情的工作吧。

此后，每次出工下田，她总是干得最卖力；组织妇女扫盲学文化，她总是最尽心；乡里乡亲遇到烦心事，她总是最好的倾诉对象。万甫兴觉得，要求别人做到的，自己首先要做到。因此，无论是生产劳动还是响应政策，她总是二话不说率先执行。1971年7月1日，25岁的万甫兴成为一名中国共产党正式党员。

三个儿子的陆续出生，让万甫兴体会并理解了当初父亲的艰难。夫妻二人勤俭节约，生活仍然捉襟见肘。命运似乎总是在考验她的意志。1982年，发生在儿子身上的一次事故，再次让她跌入深渊。

1982年夏天，门前大树上的知了叫得正欢，万甫兴的次子、13岁的高恒树站在烈日底下，抬起头寻找那只不停叫唤的知了。阳光太耀眼，他眯着眼睛找了半天，终于看见大树顶端的一根树杈上，趴着那只破锣般嘶鸣的褐色小东西，他高兴得手舞足蹈，然后猫一样轻手轻脚地爬上树，很快就爬到了知了跟前，就在他松开树杈伸手去捂的时候，失去支撑的身体突然失衡，一个跟头从树上直直栽了下来。

万甫兴丢下工作赶来时，孩子已痛得接近昏迷。送到医院又延误了最佳治疗时机，医院的诊断是终身残疾！

带着儿子，万甫兴走上了漫长的求医路。为了筹钱，有一次她去砖厂拉土，差点被倒塌的土方砸中。几年过去，家里债台高筑，孩子残疾的现实却无法更改。万甫兴选择了坚强，慢慢接受了这个残酷的现实。她没有要求组织给予照顾，让孩子去学了理发，几年后，高恒树在荻港开了一间小小的理发店，靠手艺活自力更生。

三

荻港是一座临江而建的小镇，在她身边，长江像一条绵长的缎带向两端延伸。改革开放以后，随着经济的复苏，荻港依托临江区位优势日渐成为皖南地区重要的工业集镇。站在江畔，举目可见兀立江心的板子矶，还有矶上枝繁叶茂的古老银杏。千百年来，正是这集历史文化、战争遗迹、风光美景于一体的江矶给荻港增添了许多厚重的底蕴。

板子矶又名"鹊起矶"，历史上被称为"吴楚关锁"。《中国名胜词典》这样描述它："惊险异常，为大江上下之要害，古来兵家必争之地。"历朝历代都把板子矶作为战略攻防的军事基地，在此凭险设障筑江防。明末，靖国公黄得功抗击清兵，以身殉国战死于板子矶。清朝张养重有诗云：

> 荻港东边板子矶，秋高日见雨霏霏。
> 荒城草长埋金镞，废垒沙深卧铁衣。
> 山上群鸦迎客舞，江边孤雁背人飞。
> 晚来风起波涛阔，疑是将军战马归。

1949年4月20日夜，中国人民解放军百万雄师开始渡江，率先在板子矶附近的夏家湖突破长江天险，继而解放了全中国。1954年，电影《渡江侦察记》在此拍摄，板子矶畔的烽火渔船，一时全国瞩目。1999年4月21日，为纪念渡江战役胜利和繁昌解放50周年，中共繁昌县委、繁昌县人民政府在板子矶筑起"渡江第一船"纪念碑，永远铭记这一光辉时刻。

如今的板子矶依然保留着明朝万历年间兴建的镇风塔（原为五级，现存两级）、明崇祯年间兴建的鹊起庵和清嘉庆年间兴建的黄公阁，另外还有一株已逾千年的古银杏。

2002年，58岁的万甫兴向当时的芦南乡政府申请，希望和老伴高世余一起看守板子矶。获得批准后，虽然工资微薄，2002年清明节，万甫兴还是和老伴满心欢喜地搬到了矶上，成为板子矶的护山员，因可俯瞰长江，于是又兼长江航标灯的义务看护。虽说是看山护标，但一直以来板子矶风平浪静，从未发生过安全事故，这份差事便显出几分清闲度日的安宁。

但是真正登上板子矶，才知道这里简直就是一座荒凉的孤岛。蔓生的杂草淹没了膝盖，到处是乱石枯藤，不通水电，没有锅灶，蚊虫乱飞，蛇蝎出没，住在岛上一天便是与世隔绝一日。

这些难不倒勤劳的万甫兴，她和老伴披星戴月地拾掇起这个赖以生存的小岛。斩草为路，辟荒垦田，在山脚下整理出一片油菜地和一小块菜园，再打扫房间，砌出灶台，他们在矶上自给自足过起了自己的小日子。

油菜丰收的季节，夫妻俩有了一小笔微薄收入。平常日子，高世余在江边捕些鱼虾舍不得吃，就拿到街上去卖。一只小木盆成了他们的交通工具，万甫兴划着木盆去卖菜籽、又划着木盆上街买米买面，偶尔，也带回半斤猪肉或几两散酒。日子，就这样不紧不慢踏实宁静地过了下来，相比于前半生的操劳和坎坷，万甫兴已十分知足。

时间很快到了2007年9月。一桩难以预料的事件，仿佛深水鱼雷，打破了岛上的宁静。

9月初的某一日，万甫兴像往常一样坐在岛上的小屋里，她眼前忽然出现了两个不知何时上岛的年轻人，一个瘦瘦高高，另一个戴眼镜的个子矮小。万甫兴有些诧异，板子矶临江绝壁，尤其在丰水期，没有渡船根本无法上岛，但她并没有看见停靠的船只。

"你们是怎么上来的？"万甫兴问。

年轻人随手往江边指了指："那边有盆。"原来，他们是划着万甫兴的木盆上岛的。

两个人东张西望，嘀嘀咕咕，不像上岛游玩的样子。万甫兴警觉起来。

"你们来做什么?"万甫兴问。

"听说山上有许多何首乌,很值钱,我们过来看看,阿姨,能不能让我们挖一点?"年轻人问。

"不行。山上竹子根连根,一挖竹林就破坏了,我守矶看山是有责任的。"万甫兴说。

这时,清早出门的高世余回来了。两个年轻人又在矶上转了几圈,意犹未尽地离开了。

万甫兴一直看着他们坐着小木盆划到对岸才放下心来。养了七年的土狗阿黄坐在她脚边,冲着两人的背影狂吠了几声。

四

几天后的晚上,劳累了一天的万甫兴早早关了小屋的门上床睡觉。板子矶的夜晚是漆黑寂寞的,只偶尔从江对面传来711船厂加班造船的声音,除此而外,小小的孤岛一片死寂。

这天早上,万甫兴很开心,儿子给她送来了一部老年机,这是她人生拥有的第一部手机,虽然对这新物件用得不甚顺手,她依然高兴地按了又按。清晨,她看着老伴高世余出门,又送别了近段时间一直住在岛上的小孙女。直到晚上,难言的清寂才陡然袭来。孙女离岛回家了,有些舍不得;高世余呢,去给大儿子晒稻,晚上便留宿在儿子家。小孙女的到来好不容易让岛上有了点热闹的生活气息,现在,他们的离去一下子带走了这些气息,小屋里只剩下她和阿黄,独对这寂静空阔的夜晚。阿黄是万甫兴老两口的忠实伙伴,即使在夏天,万甫兴也不忍将它关在门外。此刻,江水轻拍矶壁的声音托起幽深的夜,周遭一切都沉进夜梦之乡。

　　突然，阿黄毫无预兆地狂吠起来，万甫兴猛然惊醒。屋子本来就小，阿黄一声比一声叫得急迫，小屋里像炒爆了一锅豆子。万甫兴摸索着坐起来，凝神听外面的动静，忽然一阵"嗵、嗵、嗵"的声音从后山传来，好像有人在砍树，再一听，又像是对面711船厂铁器的撞击声。万甫兴想，这深更半夜的，有谁会到这漆黑麻乌的岛上来呢？一定是造船厂工人又在加班了。这样想着，便又躺了下来。

　　可是，阿黄发了疯般对屋门又抓又咬，它要冲出去！平时一句喝骂就会让它低下声来，可现在怎么骂都不行。万甫兴仔细辨别着异样的声响，不祥的预感弥漫心头。她掏出手机看了看时间，快十二点了，这个时候造船厂的夜班工人应该已经下班，但那"嗵、嗵"的声音仍然有节奏地持续着，并且越来越响。阿黄急得上蹿下跳，用前爪使劲抓门，想把门挠开。万甫兴坐不住了，她想出去看看。可是整座岛上只有她一个人，在这半夜孤岛，就算青壮年也会胆寒，何况她一个六十多岁的老人？

　　尽管害怕，万甫兴还是壮着胆子下了床，打开手电筒，对阿黄说："阿黄，我们出去吧，不出去是不行了。"说完，她打开门。门刚拉开一条缝，阿黄就"嗖"地一下冲出门，直奔后山的明塔而去。

　　跟在阿黄后面紧赶慢赶，万甫兴一颗心提到了嗓子眼。夜幕笼罩下，前面的明塔居然烛光通明！可此时既没声音也不见人影，仿佛古塔自行点燃了烛火。万甫兴探头进去，借着光，明塔基座内的情形看得清清楚楚。只见地砖已被撬开，周围是散乱的石头和泥土。这座建于明万历年间的镇风塔原有五级，经岁月磨蚀现只残存两级，第一级底座离地一米有余，底座下是一个尚未发掘的地宫。现在看来，盗贼一定是知道地宫里藏着文物。

　　万甫兴胸口怦怦跳着，她壮着胆子大声喊："你们在挖什么？宝塔就要倒了，你们快出来！"连喊了十几遍，仿佛从天而降，突然从塔内跳下一个人来，就着烛光，万甫兴认出了这个人，就是前两天划着木盆上岛的两人中的一个。原来，那天他们上岛，是为了提前踩点！

见万甫兴认出了自己，那人连忙说："你不要喊，我们在挖何首乌，就快挖到了。"

万甫兴说："何首乌也不准挖！再挖宝塔就要倒了。再说我在这里守了五六年，从来没听说过有什么何首乌。你们年纪轻轻的干这种偷鸡摸狗的事，不丢人吗？"

听万甫兴这么一说，那人换了语气，软下声来："何首乌很名贵的，长得像小人一样，根也满山遍野地钻，你可见过？你让我们挖吧，挖出来给你两万块钱。"

万甫兴听出了弦外之音。她想，塔内一定是非常珍贵的文物，否则他不会一出口就是两万！想到此，万甫兴全身颤抖起来。如果真是这样，那责任可就大了！

她凛然一振，一腔正气令她提高了嗓音："我不要你们的黑钱，共产党员是用钱买不通的！"

万甫兴的正气有一股无形的压力，那人半天没有言语。正在此时，"扑通"一声，塔内又跳下一个人来，两人一言不发，一左一右将万甫兴夹在中间。阿黄在旁边又扑又叫，两个盗贼呼吸急促虎视眈眈，仿佛能嗅到森森杀气，气氛瞬间紧张到极点！

万甫兴抑制不住地浑身发抖，嘴里说："你们想干什么！"心里却想，不能被他们害死，死倒没什么，关键是自己一死文物也保不住了。

她用手电筒指着盗贼说："你们想害我？我这么大年纪能死了，可是你们还年轻，你们那天上岛我家老头见过你们，你们是跑不掉的！"

两个盗贼面面相觑。不错，那天在岛上确实看见了一个老头。

万甫兴见他们迟迟没有动手，知道自己的话起了作用，见有缓和，她不失时机地好言相劝。可是说了半天，两个人还是没有离去的意思。万甫兴想这样僵持下去可不行，拖下去只会更危险。这么想着，她便起身往小屋走，想回到小屋再想办法。两个盗贼警觉起来，怕万甫兴报警，其中一个寸步不离地紧紧跟上。万甫兴见盗贼盯她太紧，只能再回到古塔，经此折腾，已浑身乏力，她索性坐在塔根前，就算耗到天亮，她也要看牢他们不让他们带走文物。

夜已经很深，狗吠人声丝毫唤不来任何回应，孤寂的小岛上只有江风吹拂枝叶的飒飒声，以及深不见底的无尽幽暗。

时间一分一秒过去，万甫兴的手忽然碰到了裤兜里硬邦邦的手机，内心一阵激动，刚学会用手机的她瞬间想到了护山员熟记的报警号码，于是她悄悄将手伸进裤兜，摸到手机，凭白天练习的感觉一遍遍去按"110"三个数字键。"嘀，嘀，嘀。"按键的声音微弱地传来，盗贼一惊，问："谁的手机响？"

万甫兴故意胸有成竹地大声说："不管是谁的手机，你们赶快走，警察马上就要到了。"

听到警察两个字，一个盗贼从口袋里掏出两百元钱，对万甫兴说："给你两百块钱，你不要报警！"

万甫兴抬起头摆了摆手："我不要你的钱！警察已经知道了，你们再不走，他们马上就来抓你们去坐牢！"

一阵紧张的沉默。时间在沉默中一分一秒走得很慢，这沉默里纷杂的念头在撞击、在权衡，片刻后，其中一人像下了天大的决心，咬牙冲古塔喊道："出来，快走！快走！"

一连串"扑通、扑通"声后，仿佛再次从天而降，塔内又跳出四个人来，全都赤裸着上身，下穿短裤，手里拿着铁锹绳索等工具。一行六人慌慌张张地准备离开，万甫兴叫住他们："不行！让我检查一遍你们才能走！"

事后万甫兴想，自己当真是吃了豹子胆，居然还那么清醒地去检查盗贼的随身用具。在那个节骨眼上，这些人随时可能改变主意，给她带来猝不及防的危险！

这天是农历七月底，张目望去，天像一块幕布，没有月亮，没有星星，江面上的航标灯和711船厂的灯光远远折射过来，有一些隐约的微光。六个盗贼借着微光一溜烟地下到矶底，站在江边，几个人嘀嘀咕咕犯起了难。夜晚的江水黑铁水一般涌动着，发出有规律的"哗哗"声。万甫兴怕他们反悔，自告奋勇地说送他们过江。

她划起那只小木盆，划了三趟，将六个人送到了对岸。江水在木盆周围哗哗响起，万甫兴一心想让他们远离文物，后来才后知后觉地想起，若是六个壮汉合力将她推进江里，怕是不会有人知道。

回到小屋，已是凌晨三点。万甫兴浑身瘫软，她一个电话将睡梦中的二儿子高恒树叫醒，让他赶快拨打110，说板子矶上的六个盗贼已经让她赶跑，文物完好无损。

打完电话，万甫兴号啕大哭了一场。这惊心动魄的一夜差不多耗尽了她全部的精力，想想刚才的经过，她忍不住筛糠一样浑身颤抖起来，如果不是自己急中生智说老伴见过他们，或许她这把老骨头已惨遭不测。转念又想，虽然从鬼门关过了一趟，但总算还好，她尽到了守矶人的责任，岛上的一砖一草都没有丢失。

五

9月10日上午，芜湖长航荻港水上派出所民警来到板子矶对现场进行勘查取证；随后，得到消息的繁昌文物部门也组织专家来到现场查看文物被盗情况。

万甫兴陪着他们走近镇风塔，失去夜幕的掩盖，一幅狼藉不堪的场景映入眼帘。地宫的盖子已被撬开，几块两米长的厚石条被搬开码放成一堆，泥痕随处可见，盗挖深度85厘米，已接近地宫的顶端隔板。显然，如果不是万甫兴及时赶来制止，不出半个小时，地宫内的文物便会清剿一空。

发掘工作进行了三天。地宫口长76厘米、宽70厘米、深56厘米。当地宫石板盖打开的那一刻，所有人都惊呆了。在底部呈正方形、边长仅为60厘米的地宫里，端坐着三尊佛像，严整地摆放着铜炉、瓷器、玉器、珍珠、玛瑙等珍贵文物。经专家鉴定，这批文物属明代万历四十年间，距今已有四百多年。

这些文物经文物专家的鉴定表述为：三尊佛像均为铜质鎏金，眉间饰圆形白毫，面相慈和宁静，形象生动。上身着袒右肩袈裟，右肩敷搭袈裟边角，下身着长裙，衣质厚重写实，衣服上刻满植物纹饰，手法细腻。坐具为束腰双层莲花座，莲瓣肥硕饱满。构思更为奇巧的是，佛像背后立砖上分别镶嵌有一枚铜镜作为其头光。三佛从左到右分别为阿弥陀佛像、释迦牟尼佛像、药师佛像。阿弥陀佛像通高20厘米，端身正坐，双手重叠置膝上作禅定手印；释迦牟尼佛像通高21厘米，端身正坐，左手掌心向上平置膝上，右手掌心向下置于膝下作降魔印；药师佛像通高20.5厘米，端身正坐，左手掌心向上平置膝上，右手捻一药丸。专家解释，从空间上，三尊佛像分别代表西方、中方和东方。

地宫出土文物中还有明青花瓷炉、铜薰炉各一件，鎏金铜炉一只，明青花净瓶一对，铜镜两枚，还有玉蝉、珍珠、玛瑙、银质八卦图、钱币等文物，器形十分精美，工艺技术纯熟精湛。这些地宫文物的发现，为研究明代佛教文化以及相关历史信息提供了非常珍贵的实物资料，具有极高的科学、艺术和历史价值。

万甫兴目睹了整个发掘过程。想起那个夜晚遭遇的一切，像做了一场梦。2023年暮春，在她家的小院里，几株叫不上名字的树枝叶翁郁，几丛不知名的花开得正艳，万甫兴坐在院子里的小凳上慢慢回忆往事的时候，这一院子红红绿绿的花树既热闹，又安静。往事一幕幕如逝去的江水，曾经惊心动魄，如今已千帆过尽。

后　记

记得第一次采访接近尾声时，万甫兴起身陪我们在板子矶上走了走。小雨渐渐沥沥，天空一片阴霾，湿漉漉的竹叶和树枝挂满了亮晶晶的雨珠。抬眼处，长江浩荡，在岛下宁静地流淌。险些被盗的古塔底座石板严密，已恢复原来的模样。不远处的黄公阁被藤萝薜荔紧紧缠绕，绿色的枝叶攀附其上，这大自然的杰作以独特的方式坚固了黄公阁，也成了一处旖旎的景观。

千年银杏树下躺着一根水桶粗细的枝干。万甫兴说，这是几年前从银杏树上断落下来的，大概是它太老了，加上风雨雷电，总有这么倒下的一天。"但是这么老的树枝，还是有很多用处的，倒下不久，就有人来锯下一段回家打木盆做砧板去了。"好像是在说年近古稀的自己。

第二次采访，我搭乘笔架村工作人员的车，随区文明办的同志去了万甫兴的家。她已忘记了15年前我的第一次采访，当然也忘记了我是谁。聊起儿子高恒树，她面露欣悦之色，说他手艺好，理发店里每天都是客满排队。聊到她守矶护文物的经历，仿佛是前尘往事。是的，如今的板子矶几乎每天都有游客和团队去研学、观摩，这个业已远近闻名的红色景点早已不是15年前那个孤寂的小岛，也不再需要她这样的守矶人去守护了。她又说，之前报道她的文章把时间弄错了，应该是9月7日而不是9日。本着负责任的态度，回程后，我反复向参与过当年发掘的文物专家和当年新闻报道的媒体多方打听，证实了她在岛上与盗贼斗智斗勇的那一刻，确实是9月9日夜。是岁月流逝到连她自己都记不清了吗？也许吧，一切过往已随云烟，一切过往皆为序曲，总之，板子矶上的那一夜，是她一生的勋章。

张诗群，中国作家协会会员，安徽文学院第四届签约作家，芜湖市作协副主席，繁昌区作协主席，一级作家。曾在《小说月报》《北京文学》《安徽文学》《边疆文学》《福建文学》《雨花》《西湖》等报刊发表过多部作品，部分作品入选年鉴或选本。出版著作多部，获首届丰子恺散文奖、中宣部《党建》杂志全国征文一等奖等奖项。